천년의 지혜 탈무드

천년의지혜
탈무드

1판 1쇄 인쇄 | 2024년 12월 25일
1판 1쇄 발행 | 2024년 12월 30일

지은이 | 마빈 토케이어
옮긴이 | 강영희
펴낸이 | 윤옥임
펴낸곳 | 브라운힐

서울시 마포구 토정로 214 (신수동 388-2)
대표전화 (02)713-6523, **팩스** (02)3272-9702
등록 제 10-2428호

© 2024 by Brown Hill Publishing Co. 2024, Printed in Korea
ISBN 979-11-5825-173-4 03190
값 17,000원

천년의 지혜
탈무드

마빈 토케이어 지음 ㅣ 강영희 엮음

브라운힐
BrownHillPub

차 례

2부 … 탈무드의 향기

3부 … 탈무드의 천재교육

제1장 지(知)를 위하여

차 례 ───

제2장 정(情)을 위하여

제3장 의(義)를 위하여

□ 머리말

유대인에 대해 연구해 보고자 결심한 한 사람이 먼저 ≪구약성경≫을 공부한 뒤 다른 여러 책들을 읽었다. 하지만 유대인이 아닌 그 사람은 끝내 유대인이라는 인간들에 대해 명확히 알 수가 없었다. 마침내 그는 유대인들이 법도로 삼고 있는 ≪탈무드≫를 연구해 보지 않고서는 그들을 진정으로 이해할 수 없을 것이라는 사실을 알게 되었다.

결국 그는 어느 날 랍비 한 사람을 방문했다. 랍비란 유대교의 지도자로, 유대인 사회에 있어서 경우에 따라 스승이 되기도 하고 때로는 재판관이 되기도 하며 또 어떤 때는 어버이가 되기도 하는 사람을 지칭한다.

랍비를 찾아간 방문객이 ≪탈무드≫를 공부하고 싶다고 말하자, 상대는 그에게 아직 ≪탈무드≫를 공부할 자격조차 갖추지 못했다고 대답하는 것이었다. 하지만 방문객은 ≪탈무드≫ 공부를 시작해 보고 싶다며 물러서지 않았다. 또한 자신에게 ≪탈무드≫를 공부할 만한 자격이 있는지 없는지 시험해 봐 달라고 끈질기게 졸랐다. 방문객의 간곡한 청을 못 이긴 랍비는 간단한 시험을 해 보자며 아래와 같은 질문을 던졌다.

"여름방학을 맞이한 두 명의 소년이 굴뚝을 청소하게 되었소. 굴뚝 청소를 끝마친 두 소년 가운데 한 소년은 온통 그을음투성이가 된 얼굴로 내려왔고, 다른 소년은 그을음이 전혀 묻지 않은 깨끗한 얼굴로 내려왔소. 그 두 소년 중에 어떤 소년이 세수를 하리라고 생각되오?"

"당연히 그을음으로 얼굴이 더러워진 소년이 세수를 하겠지요." 하고 방문객이 대답했다.

그러자 랍비는 냉담하게 "그러니까 당신에겐 아직 ≪탈무드≫를 공부할 자격이 없다는 것이오."라고 말하는 것이었다.

방문객은 랍비가 제시했던 문제의 해답을 요구했다.

"당신이 만일 ≪탈무드≫를 공부했다면, 이렇게 대답했을 거요."

그러면서 랍비는 다음과 같이 설명했다.

"굴뚝을 청소한 두 소년 가운데 한 소년은 더러운 얼굴로, 다른 한 소년은 아무것도 묻지 않은 깨끗한 얼굴로 내려왔소. 더러운 얼굴의 소년은 깨끗한 얼굴로 내려온 소년을 대하고는 자신의 얼굴 또한 깨끗할 것이라 생각하고, 반면에 깨끗한 얼굴의 소년은 더러운 얼굴의 소년을 보고 자신의 얼굴도 똑같이 더러우리라 느끼게 될 거요."

랍비의 설명이 끝나자 재빨리 "아, 이제 깨달았습니다!" 하고 외친 방문객은 다시 한 번 시험해 줄 것을 요청했다.

랍비는 앞서와 똑같은 질문을 던졌다. 그러자 이미 해답을 알고 있다고 생각한 방문객은, 당연히 깨끗한 얼굴로 내려온 소년이 세수를 할 것이라고 대답했다.

그러나 랍비는 또다시 "당신은 아직도 ≪탈무드≫를 공부할 자격이 없소."라고 냉정하게 말하는 것이었다. 크게 실망한 방문객은 "그럼 대체 ≪탈무드≫에서는 어떻게 가르치고 있단 말입니까?" 하고 물었다.

"같은 굴뚝을 청소하고 내려온 두 명의 소년 중 한 소년은 깨끗한 얼굴로, 다른 소년은 더러운 얼굴로 내려온다는 것 자체가 있을 수 없는 일이 아니오?"

랍비는 단호하게 그렇게 반문했다.

얼마 전에 있었던 일이다. 나는 한 저명한 대학교수로부터 ≪탈무드≫를 연구하려고 하는데 하룻밤만이라도 괜찮으니 좀 빌려 주면 안 되겠느냐는 내용의 전화를 받았다. 흔쾌하게 그의 부탁을 받아들인 나는 정중히 덧붙여 말했다.

"원하신다면, 아무 때라도 빌려 드리지요. 하지만 오실 때는 필히 트럭을 몰고 오셔야 합니다."

《탈무드》는 모두 20권으로 1만 2천여 페이지에 이르며, 그 속에 250만 개 이상의 낱말이 있고 무게로는 75kg에 달하는 엄청난 분량이다.

'《탈무드》란 무엇이며, 어떻게 만들어졌고, 어떤 책인가?' 하는 것을 몇 구절로 설명하기란 매우 곤란한 일이다. 지나치게 단순화시켜 설명하자면 진정한 의미를 변형시키게 되고, 그렇다고 자세히 설명하자면 한이 없기 때문이다.

《탈무드》는 책이 아니라 위대한 문학이다. 기원전 5백 년에서 기원후 5백 년까지 입에서 입으로 전해져 내려오던 것을, 10년이라는 긴 세월에 걸쳐 2천 명에 달하는 학자들이 힘을 합쳐 편찬해 낸 것이 바로 이 1만 2천여 페이지에 이르는 《탈무드》이며, 이것은 현재의 우리들에게까지 영향을 미치고 있다. 다시 말해 5천 년 유대인의 지혜이고, 총괄된 정보의 저장고라고 할 수 있는 것이다.

하지만 이것은 정치가나 관리, 부자 또는 유명한 사람들이 만든 게 아니다. 순수 학자들에 의해 문화, 윤리, 종교, 관습이 전해져 내려온 것이다.

이것은 법을 논하고 있지만 법전은 아니며, 역사를 얘기하고 있지만 역사책이 아니고, 수많은 사람들에 대한 이야기가 나오지만 인명사전이 아니다. 또한 백과사전이 아니면서 백

과사전과 같은 역할을 하고 있다.

  삶이란 어떤 의미를 갖고 있으며, 인간의 존엄성, 행복, 사랑이란 어디에서 기인하는가?

  5천 년에 걸친 유대인의 지적 자산과 정신적 자양분은 모두 여기에 집약되어 있다고 해도 과언이 아니다. 진정한 의미에서 뛰어난 문헌일 뿐만 아니라 웅장하고 호화로운 문화의 모자이크이므로, 《탈무드》를 제외하고서는 서양 문명의 모체가 되는 문화 형식과 사고방식을 이해할 수 없을 것이다.

  《탈무드》는 《구약성경》에 그 뿌리를 두고 있다. 유대인의 사고라기보다는 《구약성경》 가운데 모자라는 부분을 보충해 넣고, 한층 광범위하게 확대시켜 놓은 것이다. 때문에 그리스도 출현 이후의 유대 문화 전부를 무시하고자 했던 크리스천들은 《탈무드》의 존재를 인정치 않고 단호히 거부해 왔다. 활자화되기 전의《탈무드》는 스승에 의해 그 제자들에게로 구전되어 왔다. 《탈무드》의 많은 부분이 질문과 대답 형식으로 씌어져 있는 것은 바로 이런 이유 때문이다.

  그 내용이 담고 있는 범위는 대단히 넓고, 주제 전체가 헤브라이어와 아랍어로 이야기되고 있다. 처음 활자화 되었을 때는 구두점 따위는 전혀 없었고, 서문과 후기 또한 없이 오로지 내용만 가득 차 있었다.

그 당시엔 엄청나게 많은 분량이 이곳저곳으로 분산되어 있는 상태였기 때문에 유대인들은 ≪탈무드≫의 소중한 부분들이 상실될 것을 염려하여 여러 곳으로부터 전승자들을 불러 모았다. 그때 전승자들 중에서 두뇌가 우수한 사람은 의도적으로 제외시켰는데, 그 이유는 그들이 자신의 독단적인 생각을 삽입시켜 진실을 변형시키지나 않을까 염려해서였다.

이렇게 하여 수백 년 동안 구전되어 오던 ≪탈무드≫의 편찬 작업이 여러 도시에서 동시에 진행됐다. 그런 과정을 거쳐 현존하고 있는 것으로 바빌로니아의 ≪탈무드≫와 팔레스티나 ≪탈무드≫가 있는데, 그중 바빌로니아 ≪탈무드≫가 정통으로 취급되어 가장 권위 있는 것으로 알려져 있다. 따라서 일반적으로 ≪탈무드≫라고 하면, 이 바빌로니아 ≪탈무드≫를 일컫는다.

≪탈무드≫에 씌어져 있는 언어들은 이스라엘어를 위시해 바빌로니아어, 프랑스어, 독일어, 스페인어, 북아프리카어, 터키어, 폴란드어, 러시아어, 이태리어, 영어, 중국어 등이다. 제각기 위대함을 자처하는 나라들마다 ≪탈무드≫를 공부했고, 읽고 난 뒤 사람들은 늘 새로운 말을 추가해 놓았다.

새로운 판의 ≪탈무드≫ 마지막 한 페이지가 어김없이 여백으로 비워져 있는 것은, ≪탈무드≫가 항시 덧붙여 쓸 수 있는 여지를 남겨 두고 있다는 상징적 표시이기도 하다.

나는 나를 찾는 유대인들에게 이 여백에 뭔가를 써 넣어도 상관없다고 말해 주었다.

　《탈무드》는 그저 읽는 것이 아니라 배우는 것이다. 내가 이른 아침부터 《탈무드》를 공부하고 있는 광경을 본 나의 어린 딸은 세 시간이 지난 뒤에 돌아와 보아도 내가 기껏 열다섯 마디 정도밖에 진도를 나가지 못하고 있는 광경을 종종 목격한다. 하지만 이 열다섯 마디를 완벽히 이해하고 진정으로 그 뜻을 파악할 수 있다는 것은, 삶의 경험을 풍족하게 해 줄 뿐 아니라 사물에 대한 사고방식을 확립시켜 주어 스스로의 기분을 매우 흡족한 느낌으로 가득 차게 해 준다. 두뇌 회전이나 정신을 단련시키는 데 이것보다 더 훌륭한 책은 없을 것이라고 생각한다. 그러므로 《탈무드》는 유대인의 영혼과도 같다고 할 수 있다.

　오랜 유랑의 역사를 지니고 있는 유대 민족을 굳건히 연결해 준 것이 바로 《탈무드》였다. 오늘날의 유대인 모두를 《탈무드》 연구자라고 말할 수는 없지만, 그들이 정신적인 자양분을 《탈무드》에서 얻고 있으며 생활의 규범이 거기에서 비롯되는 것만은 사실이다. 유대인의 일부가 되고 있는 그것을 유대인이 지켜왔다기보다는 오히려 그것이 유대인을 지켜왔다고 말할 수 있다.

본래 '탈무드'란 위대한 학문, 위대한 연구 등의 뜻을 지니고 있다. 그 어느 권을 펴든 한결같이 두 번째 페이지에서부터 시작되고 있는데, 그것은 아직 ≪탈무드≫를 읽지 않았다 하더라도 당신은 이미 ≪탈무드≫ 연구자라는 것을 뜻한다.

유대인들은 ≪탈무드≫를 '바다'에 비유하기도 한다. 그 이유는, 바다는 광대하고 온갖 것들을 포용하고 있으며 또한 그 깊은 밑바닥에 어떤 것들이 있는지 알 수 없기 때문이다.

≪탈무드≫가 매우 방대한 것은 사실이지만, 그렇다고 기가 꺾일 필요는 없다.

≪탈무드≫에는 다음과 같은 이야기가 있다.

기나긴 여행으로 지치고 허기진 두 남자가 어떤 집에 들어가게 되었다. 먹음직스러운 과일이 담긴 바구니가 천장 높이 매달려 있는 것을 본 한 남자가 말했다.

"바구니가 너무 높은 곳에 매달려 있어서 과일을 꺼낼 수가 없겠어. 먹고 싶긴 한데 말이야."

그러자 다른 남자는 이렇게 말했다.

"정말 먹음직스럽군. 난 기어코 먹어야겠어. 분명 높은 곳에 매달려 있기는 하지만 저곳에 있다는 건 누군가가 매달았다는 얘기이기도 하지. 그렇다면 우리의 손이라고 저곳에 닿지 말라는 법은 없잖겠어."

결국 사다리를 찾아낸 그 남자는 천장 가까이 올라가 바구니 속의 과일을 꺼냈다.

제아무리 위대한 ≪탈무드≫라 하더라도 인간이 만든 것임에 분명한 이상, 같은 인간인 우리가 그것을 자기 것으로 만들지 못할 이유가 없다. 다만 사다리를 밟고 올라가듯 차근차근 올라가야 한다는 얘기일 뿐이다.

하지만 나는 독자 여러분을 고무하는 뜻에서 다음과 같이 말해 두고자 한다.

녹음 장치가 되어 있는 방에 당신이 알고 있는 세계 위인 100명을 모아 놓고 그들이 수백 시간 동안 이야기한 내용을 녹음했다고 가정한다면, 그것은 매우 값진 게 될 것이다.

≪탈무드≫는 바로 그것에 버금갈 만한 매력을 지니고 있다. 어느 권이든 한 페이지만 펼쳐 보더라도 당신은 세계 위인들이 천 년 동안 설파해 온 소리를 틀림없이 들을 수 있을 것이다. 나는 이 책에서 그 안내자의 역할을 하고자 한다.

1부

탈무드의 개념

제1장 · **탈무드의 마음**★

세 사람의 랍비

'탈무드'의 신학교에 간 나는 면접 시험관으로부터 "어떤 이유로 이 신학교에 들어오려고 하는가?"라는 질문을 받게 되었다. 나는 이 학교가 좋기 때문에 입학하려 한다고 대답했다.

그러자 시험관은 "만일 공부를 하기 위해서라면 도서관으로 가는 편이 나을 것이다. 학교는 공부하는 장소가 아니다."

★ 《탈무드》는 '위대한 학문' 또는 '위대한 연구'란 의미로서, 5천 년의 역사를 가진 유대인의 지주로 존재하는 총체적인 생활 규범서이다.

'제1장 탈무드의 마음'에서는 방대한 지침이 집대성된 본서에 관해 가능한 한 짧고도 충실히 요약하려 했다.

하지만 《탈무드》의 문을 여는 것은 당신 자신의 마음이며, 《탈무드》의 마음을 사로잡는 것은 당신의 명철한 두뇌와 꾸준한 노력뿐이라는 사실을 거듭 강조하고 싶다.

라고 말하는 것이었다.

"그렇다면 학교에 들어가야 할 이유가 있겠습니까?" 하고 내가 묻자, 그는 이렇게 말했다.

"위대한 사람과 마주 앉는 것이 학교이고, 학생들은 훌륭한 스승이나 랍비를 지켜봄으로써 배워나가는 것이다. 이론이 아닌, 살아 행동하는 본보기로부터 지혜를 터득하는 것이란 얘기이다."

따라서 나는 ≪탈무드≫에 나오는 훌륭한 랍비 3인을 여기에 소개하려고 한다.

랍비 히렐

그는 지금으로부터 2천 년도 더 전에 바빌로니아에서 태어났다. 스무 살이 되던 해 이스라엘로 간 그는 두 훌륭한 랍비 밑에서 공부를 했다. 그 당시 로마의 지배를 받고 있었기 때문에 유대인들의 생활은 몹시 곤란했다. 생활비를 벌기 위해 나선 그는 하루에 동전 한 닢밖에는 벌 수가 없었는데 그것을 쪼개어 반 닢은 수업료로 내야 했다.

그러던 어느 날, 일자리를 구하지 못해 그나마 동전 한 푼조차 벌지 못하게 되었지만, 그는 무슨 일이 있어도 강의만은 듣고 싶었다. 그래서 학교 지붕 위로 올라가 굴뚝에 귀를 댄 채 아래 교실에서 들려오는 강의 소리를 들었다. 그러다가 자신도 모르는 사이에 그대로 잠이 들고 말았다. 냉랭한 겨울 밤에 때맞추어 내리기 시작한 눈이 그의 전신을 덮어 버렸다.

다음 날 아침, 교실 안이 다른 때보다 어두운 것을 이상하게 생각한 학생들이 모두 천장을 올려다보게 되었고, 천장 채광 창에 누군가가 엎드려 있는 모습을 보았다. 히렐을 끌어내린 동료들은 그의 몸을 따뜻하게 하여 원기를 회복케 해 주었다. 그때부터 히렐은 수업료를 면제받게 되었으며, 유대 학교의 수업료가 무료로 된 것은 그 뒤부터의 일이었다.

히렐이 했던 말은 지금까지도 가장 많이 전해져 내려오고 있으며, 사실 그리스도의 말 중에도 히렐의 말을 인용한 부분 이 많이 있다. 매우 온화한 성격에 예의바른 천재였던 그는 마침내 랍비 가운데서도 대지도자가 되었다.

어느 날 히렐을 찾아온 비유대인 한 사람이 "내가 한쪽 발 로 서 있을 수 있는 시간 동안 유대 학문 전부를 가르쳐 달라." 고 억지를 부리자, 히렐은 "자기가 요구받기 싫은 일이라면 남에게도 요구하지 말라."고 대답했다.

한번은 사람들 사이에서 '과연 히렐을 성나게 할 수 있을 까?' 하는 문제를 놓고 내기가 벌어졌다. 금요일 낮 히렐이 안식일 준비를 위해 목욕을 하고 있는데, 한 남자가 찾아와 문을 두드렸다. 히렐이 젖은 몸을 닦고 옷을 입은 다음 문을 열어 주자, 그는 "사람의 머리는 어째서 둥근 모양일까요?" 하고 어리석은 질문을 했다. 히렐은 남자의 질문에 대답을 해 주고 나서 목욕탕으로 되돌아갔다.

그러자 그는 다시 문을 두드려 히렐을 나오게 해놓고 "흑인의 피부 색깔은 어째서 새까만가요?" 하고 우스꽝스런 질문을 했다. 히렐이 성의껏 그 이유를 설명해 주고 나서 다시 목욕탕으로 가면 그 남자는 또다시 문을 두드리곤 했다. 이렇게 하기를 무려 다섯 번이나 되풀이했다.

마침내 그 남자가 히렐에게 말했다.

"당신 같은 사람은 이 세상에 존재하지 않는 편이 훨씬 낫겠소. 나는 당신을 놓고 내기를 걸었다가 많은 손해를 보게 되었단 말이오."

이에 히렐은 "내가 자제력을 잃는 것보다 당신이 돈을 잃는 게 낫소."라고 대꾸했다.

또 언젠가는 히렐이 거리를 걷고 있는 모습을 본 학생들이 "선생님, 그렇게 서둘러 가셔야 될 곳이 대체 어딥니까?" 하고 물었다. 그러자 히렐은 "좋은 일을 하러 서둘러 가는 것이다." 라고 대답했다. 학생들이 뒤따라가 보자, 그는 목욕탕에 들어가 목욕을 하기 시작하는 것이었다. 어리둥절해진 학생들이 다시 물었다.

"선생님, 목욕하는 것이 그처럼 좋은 일입니까?"

"사람이 자신의 몸을 깨끗하게 하는 일은 매우 좋은 일이다. 로마 사람들을 보면 수많은 동상들을 아주 깨끗이 닦아 주고 있다. 하지만 동상을 닦기보다 자기 몸을 청결하게 하는 편이 훨씬 더 좋은 일을 하는 것이다."

히렐의 대답이었다.

랍비 요하난

유대 민족이 역사상 최대의 정신적인 위기에 처했을 때, 참으로 훌륭한 일들을 해 낸 랍비가 바로 요하난이다.

기원후 0년, 로마인들이 유대교 사원을 부수고 유대인을 멸종시키고자 획책했던 때 온건파였던 요하난은 강경파들에 의해 행동을 일일이 감시당하고 있었다. 유대 민족이 끝까지 살아남으려면 어떻게 해야 할까를 절박하게 생각하고 있던 요하난은 이윽고 한 묘책이 떠올라 로마 장군과 직접 논해야 겠다는 결심을 하게 되었다. 하지만 그는 꼼짝도 할 수 없는 처지에 놓여 있었다. 그 당시 유대인들은 모두 예루살렘 성 안에서 농성을 하고 있었기 때문이었다.

결국 요하난은 중병에 걸린 환자 행세를 했다. 대(大)랍비인 그의 병상으로 수많은 사람들이 병문안을 하러 왔다. 그가 위독하다는 말이 퍼진 뒤 얼마 지나지 않아 마침내 죽었다는 소문이 나돌았다.

제자들은 그를 성 밖에 매장할 수 있도록 허가를 요청했다. 예루살렘 성 안에는 묘지가 없기 때문에 매장할 수 없다는 것이 그 이유였다. 하지만 강경파 수비병들은 그가 정말 죽었는지 확인해 봐야겠다며 칼로 관 위를 찔러 보려 했다. 그러나 제자들이 그것은 망인을 모독하는 행위라며 필사적으로 항의했다.

일반적으로 유대인은 장례식 때 관을 밖에 내다 두지만, 제주들은 "이분은 대랍비이니만큼 격식대로 매장해야 한다."고 강경히 주장하여, 드디어 로마군 전선 쪽으로 가게 되었다.

하지만 그들이 로마군 전선을 지나려 할 때, 로마 수비병들이 갑자기 칼을 치켜들더니 관을 찔러 봐야겠다면서 내리치려 했다. 이에 놀란 제자들이 "만일 죽은 사람이 로마 황제였다 해도, 당신들은 칼로 관을 내리치고자 했을 것인가? 우리들은 아무것도 지니지 않은 비무장 상태이다!" 하고 항변했다. 그리하여 마침내 전선을 통과하는 데 성공했다.

관 뚜껑을 열고 밖으로 나온 랍비는 사령관을 만나게 해 달라고 요청했다.

로마 사령관의 눈을 지그시 응시하던 그는 "나는 당신에게 로마 황제에 대한 것과 동일한 경의를 표한다."고 말했다. 그 말을 들은 사령관은 자기네 황제를 모독했다면서 노발대발

했다.

"아니오, 내 말을 믿으시오. 당신은 반드시 다음번 황제가 될 것이오."

요하난은 그렇게 단언했다.

"얘기는 알아들었소. 그런데 당신이 원하는 게 대체 무엇이오?"

사령관이 묻자, 요하난은 한 가지 부탁이 있다고 말했다.

자, 그가 어떤 부탁을 했겠는지 잠시 생각해 보고 지나가자.

요하난은 다음과 같이 말했다.

"단 한 칸의 교실이라도 상관없으니 랍비 열 명쯤이 들어갈 수 있는 학교를 하나 지정해 주시오. 그리고 무슨 일이 있어도 그 학교만은 보호해 주십시오."

요하난은 오래지 않아 예루살렘이 로마군에 의해 점령당해 파괴될 것이며, 또한 유대 민족에 대한 대학살이 자행될 것이라는 사실을 예견하고 있었다. 하지만 그렇다 해도 학교가 존재해 있는 한 유대의 전통은 영원히 명맥을 이어갈 것이라고 그는 생각했던 것이다.

사령관은 염두에 두겠다는 긍정적인 언질을 주었고, 얼마 뒤 로마의 황제가 죽자 그가 황제로 추대되었다. 사령관은 황제로 취임한 후 병사들에게 유대인의 작은 학교 한 곳만은 그대로 두라고 명령했다.

그 당시 예의 작은 학교에 남아 있던 랍비들이 유대의 지식과 전통을 고수했고, 종전 후 유대인의 생활 방식 역시 그 학교가 지켜나갔다.

랍비 아키바

≪탈무드≫ 중에서도 가장 존경받고 있는 랍비 아키바는 유대 민족의 영웅이기도 하다.

대부호 집의 양치기였던 그는 주인 딸과 사랑에 빠지게 되었고, 주위의 맹렬한 반대에도 불구하고 혼례를 올렸다. 당연한 일이겠지만, 주인 딸은 집에서 쫓겨났다.

학교에 다닌 적이 없는 아키바는 읽기도 쓰기도 전혀 못했다. 아내는 그런 남편에게 공부할 것을 간곡히 부탁했고, 그는 아내의 간청을 받아들여 어린아이들과 더불어 학교에 다니기 시작했다.

13년 동안의 공부를 끝내고 집으로 돌아온 그는 이미 그 시대 최고의 학자로서 명성을 떨치고 있었다. 의학과 천문학을 공부했고, 여러 외국어를 구사할 수 있었던 그는 후에 ≪탈무드≫의 최초 편집자가 되기도 했다. 뿐만 아니라 여러 번 유대인 대표 사절로 선출되어 로마에 가기도 했다.

기원후 132년에 유대인들이 로마의 지배에서 벗어나고자 반란을 일으켰을 때, 아키바는 당시 유대 민족의 정신적 지도 자였다.

이 반란을 진압한 로마인은 유대인이 학문에 뜻을 두는 것을 금지시켰고, 그 명령에 따르지 않는 유대인이 있다면 그가 누구이든 사형에 처하겠다고 공표했다. 그들은 유대인들이 책을 통해서 진정한 유대인으로 거듭 태어난다는 사실을 깨닫게 되었던 것이다.

아키바는 그때 다음과 같은 이야기를 했다.

어느 날 시냇가를 걸어가던 여우가 물고기들이 몹시 허둥거리며 헤엄쳐 다니는 광경을 보게 되었다. 여우가 그토록 우왕좌왕하는 이유를 묻자, 물고기들은 "우리를 잡기 위해 던져질 그물이 두려워서 그런다."고 대답했다.

이에 여우는 "이리로 오면 내가 지켜줄 테니 아무 염려 말고 이 언덕으로 올라오너라." 하고 말했다. 그러자 물고기들이 입을 모아 외쳤다.

"여우야, 너는 매우 명석한 두뇌를 가졌다고 들었는데 이제 보니 멍청하기 짝이 없구나. 우리는 우리가 지금까지 살아온 물 속에서조차 이렇게 두려워하고 있는데, 언덕으로 올라가면 어떤 상태가 될지 네가 정말 모른단 말이냐?"

아키바는 이렇게 부연했다.

"유대인에게 있어 학문은 물과도 같은 것이다. 물고기가 물을 떠나 언덕으로 올라가면 살 수 없듯, 유대인은 학문을 멀리하고선 살아갈 수 없다."

로마인에게 체포되어 투옥된 아키바는 얼마 후 로마로 끌려가 사형을 당하게 되었다. 그때 대다수의 로마인들이 십자가에 매다는 방법은 그를 너무 편안히 죽이는 것이 되므로 더욱 잔혹한 수단을 동원해야 한다고 주장하여, 결국 불에 달군 인두로 전신을 지져서 죽이기로 합의가 되었다.

사형 집행일, 사형수가 유대인의 지도자라 하여 로마군 사령관이 입회하게 되었다. 때마침 아침 해가 산 위로 모습을 나타내기 시작하는 기도 시간이었다. 시뻘겋게 달구어진 인두가 전신을 누비고 있음에도 아랑곳없이 아키바는 아침 기도를 드리기 시작했다. 그 광경에 놀라 눈을 휘둥그렇게 뜬 로마군 사령관이 물었다.

"당신은 이토록 참혹한 일을 겪으면서도 아직 기도를 계속하는 건가?"

"진정으로 하느님을 믿고 있는 내가 아침 기도를 빠뜨릴 수는 없다. 지금 이렇게 죽어가는 순간까지 기도 드릴 수 있는 스스로를 통해, 진실되게 그분을 사랑하고 있는 나의 모습을 발견하게 되어 오히려 참된 기쁨마저 느끼고 있다."

이렇게 조용히 대답하고 나서 랍비는 생명의 불을 거두었다.

제2장 · **탈무드의 귀**★

마법의 사과

국왕의 단 하나뿐인 공주가 중병을 얻어 죽음을 눈앞에 두고 있었다. 신비의 명약을 쓰지 않는 한 소생할 가능성이 없다고 의사가 말하자, 국왕은 무남독녀의 병을 낫게 해 주는 사람을 사위로 맞아들이고 자기 뒤를 이어 왕위에 오를 수 있게 해 주겠다는 포고문을 써 붙였다.

멀리 떨어진 고장에 살고 있는 3형제 가운데 한 사람이 마

★ 귀는 듣는 사람의 의지와는 무관하게 각양각색의 정보를 받아들이므로 그 선택이 매우 중요하다.
'제2장 탈무드의 귀'에는 ≪탈무드≫ 가운데서 특별히 흥미로운 에피소드만을 간추려 수록했다. 에피소드는 사고능력에 큰 도움을 준다. 생각의 재료인 셈이다. 조미를 가해 맛있게 요리하든, 딱딱하게 굳혀 못 먹게 하든, 그것은 요리사인 당신의 솜씨에 의해 좌우되는 것이다.

법의 망원경으로 그 포고문을 보았다. 그러고는 공주를 가엾게 여겨서 어떻게든 셋이 힘을 합쳐 그녀의 병을 낫게 해 주자고 결정했다.

다른 한 사람은 날아다니는 양탄자를 갖고 있었고, 또 다른 사람은 먹기만 하면 어떤 병이든 나을 수 있는 마법의 사과를 갖고 있었다.

세 청년은 양탄자를 타고 궁전으로 갔다. 마법의 사과를 먹은 공주는 곧 완쾌되어 모든 사람들을 기쁘게 했다.

큰 잔치를 베푼 국왕은 이제 사위를 맞아들여야겠다고 생각했다. 그러자 세 청년 가운데 첫째가 나와서 "제가 망원경으로 포고문을 보았기 때문에 저희들이 이곳에 올 수 있었습니다." 하고 주장했고, 둘째는 "저희가 이토록 먼 곳까지 올수 있었던 것은 오직 마법의 양탄자가 있었기 때문입니다."라고 주장했다. 또한 막내는 "마법의 사과가 아니었더라면 공주님은 회복될 수 없었을 것입니다."라며 제각기 다른 주장을 내세웠다.

만약 당신이 국왕이라면, 3형제 가운데 어떤 청년을 사위로 삼겠는가?

그 답은 '마법의 사과를 가졌던 청년'이다.

날아다니는 양탄자의 주인인 청년은 지금도 그것을 갖고 있고, 망원경의 주인 또한 현재 망원경을 지니고 있다. 그러나 마법의 사과를 공주에게 주어 버린 청년은 현재 아무것도 가지고 있지 않기 때문이다. 그 청년은 자기가 가졌던 전부를 공주에게 주어 버린 것이다.

≪탈무드≫는 남에게 무엇인가를 베풀 때는 모든 것을 주는 것이 중요하다고 가르친다.

그 릇

매우 현명하지만 추하게 생긴 랍비가 로마 황제의 공주와 대면케 되었다. 공주는 대뜸 "비할 데 없는 현명함이 너무도 추한 그릇에 담겨 있군요." 하고 비아냥거렸다.

이에 랍비는 궁전 안에 술이 있느냐고 물었다. 공주가 고개를 끄덕여 보이자 그것이 어떤 그릇에 들어 있느냐고 재차 물었다. "항아리나 물 주전자처럼 흔히 볼 수 있는 그릇에 담겨 있지요." 하고 공주가 대답했다.

짐짓 놀라는 표정을 지어 보인 랍비는, 로마의 공주님이라면 금그릇이나 은그릇을 많이 소유하고 있을 텐데, 어째서 그토록 흔해빠진 항아리 따위를 쓰고 있느냐고 계속 물었다.

그러자 공주는 금이나 은그릇에 들어 있던 물을 보잘것없는 그릇으로 옮겨 담고, 대신 흔하디흔한 그릇에 들어 있던 술을 금과 은으로 만든 그릇으로 옮겨 담았다. 그러자 술맛이 금세 변해 버렸다.

진노한 황제는 "이런 그릇에다 술을 옮겨 담은 사람이 누구냐?"고 물었다.

"그러는 편이 더 좋을 듯싶어 제가 옮겨 담았습니다."

그렇게 대답한 공주는 랍비에게 가서 "랍비여, 당신은 어째서 이런 일을 권했습니까?" 하며 성을 냈다.

"저는 단지 공주님에게, 아무리 소중한 것일지라도 경우에 따라서는 하잘것없는 그릇 속에 넣어 두는 편이 훨씬 더 나을 수도 있다는 사실을 가르쳐 드리고자 했을 뿐입니다."

랍비의 대답이었다.

세 자매

먼 옛날, 각기 뛰어난 미모를 갖춘 세 딸을 둔 남자가 있었다. 하지만 딸들은 저마다 한 가지 결점들을 지니고 있었다.

첫째 딸은 게으름뱅이였고, 둘째 딸은 도벽이 있었으며, 막내딸은 남 헐뜯기를 매우 즐겨했다.

어느 날, 세 명의 아들을 둔 남자가 찾아와 그 딸들을 자기의 며느리로 줄 수 없겠느냐고 했다. 세 딸을 둔 남자가 자기 딸들이 각자 지니고 있는 결점을 털어놓자, 세 아들을 둔 남자는 그 점에 대해 항상 신경 쓰고 주의하겠노라고 말했다.

시아버지가 된 남자는 게으름뱅이 며느리를 위해 여러 명의 하인들을 고용했다. 그리고 도벽이 있는 며느리에게는 큰 창고의 열쇠를 주며 어떤 것이든 원하는 만큼 가져도 좋다고 말했다. 또한 남 헐뜯기를 좋아하는 셋째 며느리에게는 아침 일찍 일어나게 한 다음, 오늘은 누구를 헐뜯고자 하느냐고 매일 물어보았다.

시집간 딸들의 안부가 궁금해진 친정아버지가 어느 날 사돈네 집을 방문했다. 맏딸은 원하는 대로 실컷 게으름을 피울 수 있어 매우 행복하다고 말했고, 둘째도 갖고 싶은 물건을 무엇이든 손에 넣을 수 있어 기쁘다고 말했다. 단 한 사람, 막내딸만은 시아버지가 자신에게 정사를 요구하고 있기 때문에 괴롭다고 하소연했다.

그러나 친정아버지는 막내딸의 말만은 믿지 않았다. 시아버지마저도 중상모략하고 있다는 사실을 잘 알고 있었기 때문이다.

헐뜯지 않는다

세상의 모든 동물들이 한자리에 모이게 되었다.

한 동물이 뱀에게 물었다.

"사자는 먹이를 쓰러뜨린 뒤에 먹고, 늑대는 먹이를 찢어 나누어서 먹는다. 그런데 뱀, 너는 먹이를 통째로 삼켜 버리니 그건 무슨 이유에서냐?"

그러자 뱀은 이렇게 대답했다.

"나는 그것이 남을 헐뜯는 것보다 낫다고 생각한다. 입으로 상대방을 상처 입히지 않으니까."

혀(1)

한 장사꾼이 거리거리를 누비며 "참된 인생의 비결을 살 사람 없습니까?" 하고 큰 소리로 외쳐댔다.

그 소리를 들은 마을 사람들이 인생의 비결을 사기 위해 우르르 모여들었다. 그 가운데는 랍비도 몇 명 있었다.

모두들 빨리 그것을 팔라고 재촉하자, 장사꾼이 말했다.

"인생을 참되게 사는 비결은, 자신의 혀를 함부로 사용하지 않는 것이오."

혀(2)

한 랍비가 하인에게 값이 비싸더라도 맛있는 것을 사 오라고 시켰다. 하인은 혀를 사 가지고 돌아왔다.

이틀 뒤, 랍비는 다시 오늘은 맛이 없더라도 값싼 것을 사 오라고 일렀다. 그러자 하인은 이번에도 혀를 사 가지고 왔다.

랍비가 물었다.

"너는 내가 비싸더라도 맛있는 음식을 사 오라고 했을 때에도 혀를 사 왔고, 맛은 상관없으니 값싼 음식을 사 오라고 이른 오늘도 혀를 사 가지고 왔다. 도대체 어찌 된 일이냐?"

이에 하인은 "혀가 좋은 상태의 것일 때는 그것보다 더 좋을 게 세상에 없고, 나쁜 것일 때는 그보다 더 형편없는 것이 세상에 없습니다."라고 대답했다.

하느님의 보물

랍비 메이어가 안식일 날 교회에서 설교를 하고 있는 동안 집에 있던 그의 두 아이가 갑자기 죽었다. 아내는 두 아이의 시신을 위층으로 옮기고 하얀 천을 씌워 놓았다.

랍비가 돌아오자, 그 아내가 물었다.

"당신에게 한 가지 물어볼 것이 있습니다. 어떤 사람이 나에게 값비싼 보물을 맡기면서 잘 지켜달라고 부탁한 후 뒤돌아갔습니다. 그런데 그 사람이 예고도 없이 불쑥 나타나 맡겼던 보물을 돌려달라고 하면 어떻게 해야 좋을까요?"

랍비는 생각해 볼 여지도 없다는 듯 "그런 경우에는 즉시 주인에게 돌려주어야 해요."라고 대답했다.

그러자 아내는 "사실은 방금 하느님께서 귀중한 보물 두 개를 찾아가셨습니다." 하고 말했다.

충분히 납득한 랍비는 아무 말도 하지 않았다.

어떤 유서

예루살렘으로부터 멀리 떨어진 고장에 살고 있는 한 지혜로운 유대인이 아들을 예루살렘에 있는 학교에 입학시켰다.

아들이 학교에서 공부를 하고 있는 사이 병을 얻어 자리에 눕게 된 아버지는 아무래도 아들을 만나지 못하고 죽게 되리란 예감에 유서를 작성키로 마음먹었다.

재산 전부를 한 노예에게 물려주되, 그 가운데서 아들이 갖고자 하는 것 단 한 가지만은 아들에게 준다는 내용이었다.

마침내 그가 죽자, 노예는 자신에게 다가온 행운을 기뻐하며 예루살렘에 있는 아들에게로 달려가 아버지의 죽음을 알리며 유서를 내보여 주었다. 아들은 몹시 놀라면서 슬퍼했다.

아들은 장례식을 끝마친 다음 어찌해야 좋을까를 골똘히 생각하다가, 랍비를 찾아가 불만스럽게 자초지종을 이야기했다.

"아버지께선 무엇 때문에 제게 재산을 물려주지 않았을까요? 아버지의 노여움을 살 만한 짓이라곤 단 한 번도 한 적이 없는데요."

"천만에! 네 아버지는 너를 가슴속 깊이 사랑한 매우 지혜로운 분이셨다. 이 유서를 읽어 보면 그런 사실을 분명하게 알 수 있지 않느냐."

랍비가 그렇게 말하는 것이었다.

"네가 아버지처럼 지혜로운 생각을 가지고 아버지께서 진정 바란 것이 어떤 것이었는가를 되짚어 본다면, 너에게 모든 재산을 물려준 것이란 사실을 깨닫게 될 것이다."

당신이 그 아들이라면, 이 유서에서 어떤 사실을 발견해 낼 것인가?

"아버지는 너마저 없을 때 자신이 죽으면, 노예가 재산을 가지고 달아나거나 탕진해 버리거나 너에게 자신이 죽었다는 사실조차 숨겨 버릴지도 모른다는 생각에서 전 재산을 노예에게 준 것이다. 그러면 그 재산을 물려받은 노예는 좋아서 재빨리 너를 찾아갈 것이고, 재산 역시 소중하게 간직할 것이라고 여긴 것이지.”

“그것이 제게 어떤 이득이 된단 말입니까?”

“너는 역시 지혜롭지가 못하구나. 노예의 재산은 전부 주인에게 속해 있다는 걸 모르느냐? 네 아버지께서는 한 가지만은 너에게 준다고 유서에 밝혀놓으셨다. 그러니까 너는 전 재산을 물려받은 그 노예 한 사람만 택하면 되는 것이다. 어떤가, 이 유서 내용이야말로 아버지의 사랑이 고스란히 담긴 지혜가 아니겠느냐!”

뒤늦게나마 깨우친 아들은 랍비의 조언에 따랐고, 훗날 노예를 자유롭게 풀어 주었다. 그러고는 입버릇처럼 ‘노인의 지혜는 따라가기 어렵다.’고 뇌까리곤 했다.

붕 대

법률과 약은 의외로 유사한 부분이 많다.

어떤 나라의 국왕이 부상당한 자기 아들에게 붕대를 감아 주면서 말했다.

“네가 이 붕대를 하고 있는 동안에는 먹거나 뛰어다니거나 물 속에 들어가도 아프지 않을 것이다. 그러나 이 붕대를 풀어 버리면 상처는 더욱 악화된다."

인간도 이와 같다. 인간에겐 좋지 않은 것을 원하는 성질이 있다. 하지만 법률을 풀어 버리지 않는 한 그 성질이 나빠지지는 않는다.

견해 차이

알렉산더 대왕이 이스라엘을 방문했을 때, 유대인이 "우리가 가지고 있는 금과 은을 보고 싶지 않습니까?" 하고 물었다. 금이나 은은 자기에게도 많이 있기 때문에 욕심나지 않는다고 대답한 대왕은 "다만 당신들의 관습과, 당신들은 어떤 것을 정의라고 여기는지 알고 싶을 뿐이오."라고 말했다.

대왕이 머물러 있는 동안, 마침 두 남자가 현명한 결단을 요구하며 랍비를 찾아왔다.

사연인즉, 한 남자가 다른 남자로부터 넝마 한 더미를 샀는데, 그 넝마더미 속에 상당한 액수의 돈이 들어 있었다는 것이다. 그래서 그는 "내가 산 것은 넝마이지 이 많은 돈까지 산 게 아니오." 하고 판 사람에게 말했다. 하지만 판 사람은 "나는 당신에게 넝마를 송두리째 팔았으니, 그 속에 들어 있는 건 무엇이든 모두 당신 것이오."라고 했다.

양쪽 얘기를 들은 랍비는 "마침 당신한테는 딸이 있고, 또 당신에게는 아들이 있으니 그들을 결혼시키고 그 돈을 두 사람에게 주도록 하시오. 그것이 옳은 일이오."라고 조언해 주었다. 그런 다음 랍비는 알렉산더 대왕을 향해 질문했다.

"대왕님의 판단으로 이런 경우엔 어떻게 하실는지요?"

그러자 대왕은 서슴지 않고 말했다.

"두 사람을 모두 죽여 버리고 돈은 내가 가질 거요. 나에게 있어서는 그렇게 하는 것이 옳은 일이오."

포도원

어느 날, 여우 한 마리가 포도원 주변을 서성대며 무슨 수를 써서라도 그 안으로 들어가려고 했다. 하지만 울타리가 단단히 둘러쳐져 있었기 때문에 쉬운 일이 아니었다.

사흘 동안이나 굶어 살을 뺀 여우는 간신히 울타리 틈새로 기어들어가는 데 성공했다.

물려 버릴 때까지 포도를 따먹고 난 여우는 아까 들어왔던 곳으로 다시 빠져나가려 했으나, 배가 잔뜩 부른 상태라 도저히 나갈 수가 없었다.

어쩔 수 없이 다시금 사흘을 굶어 살을 뺀 여우가 울타리를 빠져나가며 중얼거렸다.

"배가 고픈 것은 들어갈 때나 나올 때나 결국 마찬가지로구나."

벌거숭이로 태어나 죽을 때 벌거숭이로 돌아가는 우리 인생도 이와 똑같은 것이다.

인간은 죽은 뒤 이 세상에 가족과 재산, 선행 세 가지를 남긴다. 하지만 선행을 제외한 나머지 것들은 그다지 대단한 것이 못 된다.

선과 악

대홍수가 지구를 휩쓸었을 때 갖가지 동물들이 노아의 방주로 몰려왔다. 선(善)도 황급히 뛰어왔으나 노아는 방주에 태워 주지 않았다.

"나는 무엇이든 짝이 있는 것만 태우고 있다."

숲으로 되돌아간 선은 자신의 짝이 되어 줄 상대를 찾아다녔다. 마침내 선은 악(惡)을 찾아내어 함께 방주로 갔다.

그로부터 선이 있는 곳에는 항상 악이 따라다니게 되었다.

유실수

한 노인이 정원에 나무를 심고 있었다. 때마침 그곳을 지나가던 나그네가 보고 "도대체 노인께선 언제 그 나무에서 열매를 거둘 수 있으리라 생각하십니까?" 하고 물었다. 노인은 70년쯤 지난 뒤에야 결실을 볼 수 있을 것이라고 대답했다.

나그네는 다시 물었다.

"노인께서 그토록 오래 사실 수 있겠습니까?"

그러자 노인은 "아니, 그렇지 않아. 그러나 내가 태어났을 때 과수원에 있는 많은 유실수엔 열매들이 풍성히 달려 있었다네. 이는 아버님께서 태어나지도 않은 나를 위해 나무를 심어 놓으셨기 때문이지. 그와 똑같은 일이라네." 하고 말했다.

맹인의 등불

한 치 앞도 볼 수 없는 캄캄한 밤길을 한 남자가 걸어가고 있는데, 맞은편에서 등불을 켜든 맹인이 다가왔다.

"당신은 맹인인데 어째서 등불을 켜들고 다닙니까?"

남자가 묻자, 맹인은 "이것을 들고 다니면 눈이 멀쩡한 사람들이 내가 걸어가고 있음을 알 수 있기 때문이죠." 라고 대답했다.

일곱째 사람

한 랍비가 내일 아침에 여섯 사람을 모아 어떤 문제를 해결하겠다고 선언했다.

그러나 다음 날 아침에 모인 사람은 일곱 명이었다. 불청객이 한 사람 끼어 있었던 것이다.

불청객이 누구인지 알 수가 없자, 랍비는 "이 자리에 참석할 필요가 없는 한 사람은 빨리 돌아가라."고 말했다.

그러자 모인 사람들 가운데서 가장 저명한 인물이며 어느 누가 생각해 봐도 부름을 받았을 만한 사람이 자리에서 일어서더니 밖으로 나갔다.

그 인물은 어째서 그렇게 행동했을까?

그는 혹시라도 부름 받지 않았거나, 어떤 착오로 인해 나왔던 사람이 굴욕감을 느끼게 될 것이 염려되어 스스로 물러났던 것이다.

가정의 화평

랍비 메이어는 연설을 잘하기로 유명했다. 수백 명의 사람들이 매주 금요일 밤마다 그의 설교를 들으려고 교회로 몰려

들었다. 그중에 그의 설교를 매우 좋아하는 한 여성이 있었다.

일반적으로 유대의 여자들은 금요일 밤이 되면 이튿날인 안식일을 위해 음식을 장만해 놓곤 했으나, 이 여성은 랍비의 설교를 듣기 위해 모든 일을 뒤로 미뤘다.

오랜 시간 계속되는 랍비의 설교를 들은 뒤, 그녀는 흡족한 마음이 되어 집으로 돌아갔다. 하지만 대문 앞에서 그녀를 기다리고 있던 남편은 '내일이 안식일인데, 아직까지 음식을 준비해 놓지 않았다.'며 마구 성을 내는 것이었다.

"대체 당신은 지금 어디 갔다 오는 거야?"

남편이 물었다. 그녀는 교회에 가서 랍비 메이어의 설교를 듣고 왔다고 대답했다.

남편은 아내의 대답을 듣고 나서 더욱 화를 냈다.

"당신이 그 랍비의 얼굴에 침을 뱉고 오기 전엔 절대 집에 들여놓지 않겠다!"

아내는 어쩔 수 없이 친구 집으로 가서 얹혀사는 처지가 되었다.

그 소문을 전해들은 메이어는 자기가 설교를 지나치게 오래했기 때문에 한 가정의 화평이 깨졌다고 자책하며, 그녀를 불렀다. 그러고는 눈이 몹시 아프다고 호소하면서 "이건 침으로 씻어야 나을 수 있어요. 그것이 약이 될 것입니다. 그러니 부인께서 좀 씻어내 주시오."라고 말했다.

그러자 그녀가 그의 눈에 침을 뱉었다.

제자들이 "선생님께선 그처럼 고명하신 랍비인데, 어째서 여성이 얼굴에 침을 뱉도록 그냥 두셨습니까?" 하고 질문하자, 랍비가 대답했다.

"가정의 화평을 되찾기 위해서라면 무엇이든 해야 한다."

지도자

한 마리 뱀이 있었다. 항상 머리에 의해 끌려 다니기만 하던 꼬리가 어느 날 도전적으로 불평을 털어놓았다.

"왜 나는 항상 너의 뒤에 붙어 맹목적으로 끌려 다녀야만 하지? 어째서 네가 나를 대신해 의견을 말하고 방향을 결정하는 거냐? 이건 공평치 않아. 나도 뱀의 일부분인데, 언제나 노예처럼 달라붙어 끌려 다니기만 한다는 건 말이 안 돼."

머리가 반론을 제시했다.

"아니, 그걸 말이라고 하는 거냐? 너한테는 앞을 살펴볼 눈도 없고, 위험을 감지할 귀도 없고, 행동을 결정지을 생각도 없다. 나는 오직 나만을 위해 이러는 것이 아니라, 너를 염려해서 늘 너를 이끌고 있는 거란다."

그러자 꼬리가 크게 소리 내어 비웃었다.

"그 따위 말은 귀가 따갑도록 들었다. 독재자나 압제자들은 모두가 자기를 따르는 이들을 위해서라는 명목 하에 모든 걸 멋대로 주무르고 있는 거야."

"그럼 내가 하는 일들을 네가 맡아서 해 봐."

머리가 그렇게 말하자, 꼬리가 좋아하며 앞서서 움직여 나가기 시작했다. 그러나 이내 웅덩이에 빠져 버리고 말았다. 하는 수 없이 머리가 이리저리 생각하고 고생한 덕분에 간신히 웅덩이에서 기어 나올 수 있었다.

얼마를 더 기어가던 꼬리는 이번에는 가시덤불 가까이에 이르렀다. 꼬리가 버둥거릴수록 더욱 가시덤불 속에 갇혀 버려 마침내는 움직일 수조차 없었다. 그러나 이번에도 머리의 도움으로 간신히 많은 상처를 입은 채 빠져 나올 수 있었다.

다시 앞장서 가던 꼬리가 들어서게 된 곳은 활활 타오르고 있는 불꽃 한가운데였다. 차츰 전신이 뜨거워지고, 갑자기 주위가 컴컴해지자 뱀은 무서워 떨기 시작했다.

다급해진 머리가 최선을 다해 달아나려고 애를 썼지만, 이미 때가 늦은 상태였다. 맹목적인 꼬리 때문에 결국 머리까지 파멸하고 만 것이다.

지도자를 선출할 때는 이처럼 꼬리가 아닌, 머리 같은 사람을 뽑아야 한다.

세 가지의 슬기로운 판단

예루살렘에 사는 어떤 사람이 긴 여행 끝에 병을 얻어 눕게 되었다. 아무래도 살아날 수 없겠다고 생각한 그는 숙소 주인을 불러 이렇게 부탁했다.

"난 곧 죽을 것 같소. 내가 죽은 뒤에 예루살렘에서 누가 찾아오거든 나의 소지품을 전해 주시오. 단, 슬기로운 판단 세 가지를 하지 않으면 절대로 내주지 마시오. 왜냐하면, 내 아들에게 만약 내가 여행 중에 죽게 되면 내 유산을 상속받되, 세 가지 슬기로운 판단을 하지 않으면 안 된다는 유언을 미리 하고 왔기 때문이오."

그 남자가 죽자, 숙소 주인은 유대 의례에 따라 매장함과 동시에 마을 사람들에게 그의 죽음을 알리고 예루살렘에도 사람을 보내어 기별했다.

예루살렘에서 부음을 접한 아들은 아버지가 죽은 마을 어귀에 이르렀다. 하지만 그는 아버지가 묵었던 집을 알지 못했다. 아버지가 아들에게 알리지 말라고 유언했으므로, 아들은 스스로 그 집을 찾지 않으면 안 되었다.

고심하던 아들의 눈에 장작장수가 장작을 한 짐 지고 지나가는 게 보였다. 아들은 그를 불러 세워 장작을 산 다음, 예루살렘에서 온 여행객이 죽은 집으로 그 장작을 가져가라고 이른 후 장작장수 뒤를 따라갔다.

숙소 주인이 장작을 주문한 적이 없다고 말하자, 장작장수는 "그게 아니고 지금 내 뒤에 오는 청년이 이 장작을 사서 여기 갖다 주라고 했습니다."라고 말했다.

이것은 첫 번째 슬기로운 판단이었다.

숙소 주인은 기꺼이 그를 맞아들여 저녁을 차려 주었다. 식탁에는 비둘기 다섯 마리와 닭 한 마리가 요리되어 나왔다. 그 청년 외에 집주인과 그의 아내, 두 아들과 두 딸 등 모두 일곱 명이 식탁 앞에 둘러앉았다.

집주인이 이 요리들을 모두에게 나누어 주라고 청년에게 말하자, 그는 "아닙니다. 주인인 당신께서 나누는 것이 좋겠군요." 하고 대답했다.

그러나 주인은 "당신이 손님이니, 당신 하고 싶은 대로 하시오."라고 말했다.

이에 청년은 요리를 나누기 시작하여, 먼저 한 마리의 비둘기를 두 아들에게 주었다. 딸들에게도 한 마리의 비둘기를 주고, 또 한 마리는 주인 부부에게 주었으며, 자신은 두 마리의 비둘기를 차지했다.

이것은 그의 두 번째 슬기로운 판단이었다.

이것을 보고 집주인은 매우 언짢은 표정을 지었지만 아무 말도 하지 않았다.

다음에 그는 닭 요리를 나누었다. 먼저 머리 부분을 부부에게 주고, 두 아들에게는 다리를 한 쪽씩 주었다. 두 딸에게는 양 날개를 나누어 주고, 나머지 몸통 전체를 자기가 가졌다.

이것이 세 번째의 슬기로운 판단이었다.

집주인은 마침내 화가 잔뜩 나서 소리쳤다.

"당신네 고장에서는 이렇게 합니까? 당신이 비둘기를 나누어 줄 때만 해도 잠자코 있으려 했지만 더 이상 참을 수가 없소. 대체 이게 무슨 경우요?"

그러자 청년이 설명했다.

"나는 음식 나누는 일을 맡고 싶지 않았습니다만, 당신이 부탁하기에 최선을 다했던 것입니다. 당신과 부인과 비둘기를 합쳐 셋, 두 아들과 비둘기를 합쳐 셋, 딸 둘과 비둘기 한 마리로 셋, 그리고 비둘기 두 마리와 나를 합치면 각기 셋이 되니 이것은 대단히 공평한 것입니다. 또 당신은 이 집에서 제일 높은 가장이니 닭의 머리를 드린 것이고, 당신의 아들 둘은 이 집의 기둥이니 다리 두 개를 주었습니다. 딸들에게 날개를 준 것은 이제 곧 나이가 차서 남의 집으로 출가해 버릴 것이므로 그렇게 한 것입니다. 나는 '배'를 타고 여기에 왔고, 또 돌아갈 터이므로 '배'가 있는 몸통을 가진 것이오. 자, 어서 아버님 유산을 주십시오."

질 서

어떤 여성을 짝사랑하고 있는 남자가 있었다. 병을 얻은 남자를 진찰해 본 의사가 말했다.

"이것은 당신이 사랑을 이루지 못해 생긴 병이니, 상대 여성과 성 결합을 하면 틀림없이 완쾌될 거요."

그래서 남자는 랍비를 찾아가 의사의 말을 그대로 전하며 어떻게 해야 좋겠느냐고 상의했다. 랍비는 결단코 그와 같은 성 교섭을 해서는 안 된다고 말했다.

만일 그 여성이 그의 병을 고쳐 주기 위해 아무것도 입지 않은 알몸으로 그의 앞에 선다면 그의 우울함이 걷혀져 병도 나을 것이므로 좋은 방법이 아니겠느냐고 누군가가 묻자, 랍비는 그것 또한 안 된다고 했다.

이번엔 다른 사람이 물었다.

"그가 그녀와 담을 사이에 두고 마주서서 이야기만 주고받으면 어떻겠습니까?"

랍비는 그것 역시도 안 된다고 했다.

《탈무드》에는 이 여성이 기혼녀인지 독신녀였는지 밝혀져 있지는 않다. 하지만 그 남자를 위시한 많은 다른 사람들이 "랍비께선 어째서 그토록 단호하게 모든 제안을 반대하십니까?" 하고 항의하자, 랍비는 "우선 모든 인간은 순결해야 한다. 만일 사모한다는 이유를 앞세워 곧바로 성 교섭을 갖는다면 사회 질서는 엉망이 되어 버릴 것이다."라고 대답했다.

재 산

어떤 배 위에서 일어났던 일이다. 승객들은 전부 대단한 부자였는데, 그 가운데 한 사람의 랍비가 타고 있었다. 각자 자기가 소유한 재산을 자랑하고 있는 부자들을 지켜보던 랍비가 말했다.

"나는 내가 가장 큰 부자라고 생각합니다. 하지만 내 재산을 지금 당신들에게 보여 줄 수는 없소."

얼마 뒤 그 배는 해적들의 습격을 받았고, 부자들은 그 많던 재산 전부를 약탈당했다. 해적이 사라진 다음 배는 간신히 어느 항구에 이르렀다.

그 항구 부근의 사람들 사이에서 금세 덕망 높다는 평판을 받게 된 랍비는 제자들을 모아 가르칠 수 있게 되었다.

시간이 흐른 뒤, 랍비는 같은 배를 탔던 과거의 부자들과 만났다. 그들은 한결같이 초라해져 있었다. 그제야 그들은 "확실히 당신이 옳았소. 배운 사람은 이미 모든 것을 소유한 거요."라고 입을 모았다.

지식은 남에게 빼앗기는 일 없이 항상 지니고 다닐 수 있기 때문에, 가장 귀중한 것은 교육이라는 말이 여기에서 생겨난 것이다.

세 친구

한 남자가 국왕의 사신으로부터 곧 궁전으로 오라는 명령을 하달 받았다.

그 남자에겐 세 명의 친구가 있었다. 첫째 친구는 줄곧 소중하게 여겨왔으므로 매우 친한 사이라고 생각했고, 두 번째 친구는 첫째 친구만큼 소중하지는 않지만 역시 사랑하고 있었고, 세 번째 친구는 친구이기는 하지만 크게 관심을 두지 않는 사이였다.

국왕의 사신이 왔을 때, 자기가 무슨 잘못을 저질러 벌 받을 일이 있는 것이 아닌가 하고 겁을 먹은 그는 단신으로 왕 앞에 나갈 용기가 나지 않아, 세 친구들을 찾아가 도움을 청하기로 했다.

맨 처음 제일 친하고 귀중하게 생각하던 친구를 찾아가 함께 가 달라고 부탁하자 그 친구는 이유도 대지 않고 "나는 가기 싫다."며 일언지하에 거절했다. 부탁을 받은 두 번째 친구는 "궁전 문 앞까지만 같이 가 주지. 그 이상은 안 돼." 하고 말했다. 세 번째 친구는 예상외로 "좋아. 같이 가 줄게. 너는 어떤 나쁜 일도 저지른 적이 없으니, 그처럼 두려워할 필요 없어. 내가 같이 가서 국왕께 그런 사실을 말해 주지." 하고 흔쾌히 승낙했다.

각각 다르게 반응한 세 친구에 대해 생각해 보자.

첫 번째 친구는 제아무리 귀중히 여기고 사랑해 봤자 죽을 때는 남겨 두고 가야 하는 '재산'이다. 두 번째 친구는 장지까지는 따라와 주지만 그곳에다 그를 팽개쳐 버리고 돌아가는 '혈육'이다. 세 번째 친구는 '선행'이다. 이 친구는 평소에는 그다지 드러나지 않지만, 그가 죽은 뒤에도 줄곧 같이 있어 준다.

술의 기원

포도 씨를 심고 있는 이 세상 최초의 인간 앞에 악마가 불쑥 나타나 뭘 하고 있느냐고 물었다. 인간이 아주 훌륭한 식물을 심고 있다고 대답하자, 악마는 "이런 식물은 처음 본다."고 말했다.

인간은 다시 "이 식물에선 달고 맛있는 열매가 열리는데, 그 열매의 즙을 마시면 매우 행복해진다."고 설명했다. 그러자 악마는 자기도 같이 마시게 해 달라고 부탁한 다음, 양과 사자와 돼지와 원숭이를 끌고 와 그 짐승들을 죽인 다음 피를 비료로 뿌렸다. 이렇게 해서 만들어진 것이 포도주이다.

최초로 마시기 시작했을 때에는 양처럼 온순하다가, 조금 더 마시면 사자처럼 광폭해지고, 거기서 더 마시면 돼지처럼 지저분해지며, 도를 넘어 마시게 되면 우스꽝스런 원숭이처럼 춤을 추고 노래를 부르기 시작한다.

이것은 사람의 품행에 대한 악마의 선물이다.

두 시간의 길이

국왕의 포도원에서 여러 일꾼들이 일을 하고 있었다. 그 가운데 다른 일꾼들보다 월등하게 일을 잘하는 매우 능력 있는 일꾼이 한 명 있었다.

어느 날 포도원을 둘러보러 나온 왕은 그 뛰어난 능력을 지닌 일꾼과 둘이서 포도원을 산책했다.

유대 풍속엔 품삯을 그날그날 지불하는 전통이 있다. 그날도 일이 끝나자 일꾼들은 품삯을 받기 위해 줄지어 섰고, 그들 모두가 똑같은 액수의 품삯을 받았다. 그러나 뛰어난 일꾼이 똑같은 품삯을 받는 것을 본 다른 일꾼들이 화를 내며 항의했다.

"저 사람은 두 시간밖에 일하지 않고 나머지 시간 동안 폐하와 함께 놀기만 했는데, 어째서 우리와 똑같은 액수의 품삯을 주시는 겁니까? 이건 공평치 못한 처사입니다."

그러자 국왕이 말했다.

"이 사람은 너희들이 하루 종일 걸려 한 것보다 더 많은 양의 일을 두 시간 안에 해냈다."

인간으로서 중요한 것은 몇 년 살았느냐가 아니라, 얼마만큼의 업적을 쌓아 올렸느냐 하는 것이다.

남자의 생애

≪탈무드≫에 따르면 남자의 생애는 일곱 단계로 나뉜다.

1단계 : 1세 때는 왕이다! 모두들 왕을 모시듯 비위를 맞추고 어르며 달래 준다.

2단계 : 2세 때는 돼지이다! 더러운 진흙탕이건 어디건 가리지 않고 뛰어 논다.

3단계 : 10세 때는 어린 양이다! 그저 웃고, 장난치며, 마냥 뛰어다닌다.

4단계 : 18세 때는 말이다! 웬만큼 성장하여 누구에게든 자기 힘을 과시하고 싶어 한다.

5단계 : 결혼하면 당나귀이다! 가정이란 무거운 짐을 지고 끝없이 터벅터벅 걸어야 한다.

6단계 : 중년엔 개가 된다! 가족을 부양하기 위해 여러 사람들에게 도움을 받기 위해 굽실대야만 한다.

7단계 : 노년엔 원숭이가 된다! 어린아이와 같아지지만, 아무도 관심을 기울이지 않는다.

자 루

최초로 쇠가 만들어졌을 때, 온천하의 나무들이 두려움에 떨었다. 그러자 하느님께서 말씀하셨다.

"염려하지 마라. 쇠는 네가 자루를 제공하지 않는 한 너를 해칠 수 없으리라."

영원한 생명

랍비가 시장에 나와 "이 시장 안에는 영생을 약속받을 만한 사람이 있다."고 말했다. 모두들 주위를 둘러보았지만 랍비가 얘기한 대로의 인물은 없는 듯했다.

그 순간 두 남자가 랍비 있는 곳으로 걸어왔다. 그러자 랍비가 말했다.

"이 두 사람이야말로 영원한 생명을 주어야 마땅할 훌륭한 선인이다."

주위 사람들이 다투어 물었다.

"대체 당신들은 어떤 일을 하고 있소?"

그러자 그 두 남자는 "우리는 광대입니다. 외로운 이에겐 웃음을 선사하고, 다투는 사람을 보면 평화를 나누어 주지요." 하고 대답했다.

거미와 모기와 미치광이

다윗 왕은 전부터 거미란 놈은 아무 데나 거미줄을 쳐놓는 더럽고 쓸모없는 미물이라 생각하고 있었다.

어느 전쟁 때, 적에게 포위당해 퇴로가 차단되자 그는 궁여지책으로 마침 거미 한 마리가 입구에다 거미줄을 치고 있는 동굴 안으로 피신해 들어갔다. 추격해 오던 적군 병사가 동굴 앞까지 다가와서 멈춰 섰으나, 입구에 거미줄이 쳐져 있는 것을 보고는 그대로 돌아가 버렸다.

또 다른 때, 다윗 왕은 적장의 침실에 숨어 들어가 칼을 훔치고는 다음 날 아침 '너의 칼을 가져올 정도이니, 죽이는 것 또한 간단한 일이었다.'고 호통을 쳐 기를 죽이려 궁리하고 있었다. 하지만 그런 기회가 좀처럼 오지 않았다.

어느 날, 결국 침실 안까지는 숨어들어 갔지만 칼이 적장의 발밑에 깔려 있어 아무리 애써도 빼낼 수가 없었다. 어쩔 도리가 없다고 생각한 다윗 왕이 막 되돌아가려고 했을 때 모기한 마리가 날아와 적장의 발끝에 앉았다. 적장은 무의식중에 발을 움직였고, 다윗 왕은 그 순간을 이용해서 칼을 빼내는 데 성공했다.

또 언젠가 한 번은 적에게 포위당해 위기 직전에 처한 다윗 왕이 미치광이 흉내를 냈다. 그러자 적병들은 '설마 이런 미치광이가 왕이랴.' 하는 생각에 그대로 돌아가 버렸다.

어떠한 것이든 이 세상에 전혀 쓸모없는 것이라곤 없다. 아무리 미천하고 보잘것없어 보이는 것일지라도 소홀히 여겨서는 안 된다.

교훈적 이야기

항해 중이던 선박 한 척이 때마침 몰아닥친 폭풍우로 인해 항로에서 벗어나고 말았다.

다음 날 아침이 되자, 바다는 다시 잔잔해졌다. 배가 아름다운 섬에 인접해 있음을 알게 되자, 모두는 닻을 내린 뒤 그곳에서 잠시 쉬어가기로 의견을 모았다.

그 섬에는 아름다운 꽃들이 만발하고, 먹음직스러운 과일이 주렁주렁 열린 나무들이 아름다운 녹색의 그늘을 드리우고 있었으며, 새들은 정겹게 지저귀고 있었다.

선객들은 자연스럽게 다섯 개의 그룹으로 나뉘어졌다.

첫 번째 그룹 사람들은 섬이 아무리 아름답다 해도 목적지에 빨리 도착해야 한다는 일념으로 배에 그대로 남아 있었다. 자신들이 섬에 가 있는 동안 순풍이 불어와 배가 떠나 버릴지도 모른다는 우려 때문이었다.

두 번째 그룹에 속한 사람들은 재빨리 섬에 상륙하여 꽃향기를 흠뻑 들이마시고, 나무 그늘 아래서 신선한 과일을 따먹고는 원기를 회복한 뒤 곧장 배로 돌아왔다.

세 번째 그룹의 사람들은 상륙하여 섬 안으로 들어갔는데, 지나치게 오랜 시간을 지체하다가 때마침 바람이 불어오자 배가 출항할까 봐 헐레벌떡 달려오는 바람에 소지품들을 잃어버렸거나 어렵사리 배 안에 잡아 놓았던 좋은 자리들을 잃고 말았다.

네 번째 그룹은 순풍이 불어오고 선원들이 닻을 올리는 광경을 보면서도 아직 돛을 올리지 않았다든가, 선장이 우리를 남겨 둔 채 출발할 리 없다는 등 여러 가지 이유를 붙여가며 계속 섬에 머물러 있었다. 잠시 후 정말로 배가 출발하려 하자, 당황한 그들은 허겁지겁 헤엄쳐 와서 뱃전을 부여잡고 간신히 올라탈 수가 있었다. 그러나 그들은 너무 서두르는 바람에 바위나 뱃전에 긁히고 부딪혀 부상을 당했고, 그 상처는 목적지에 도착할 때까지도 아물지 않았다.

지나치게 많이 먹고 흥분한데다 아름다운 섬에 완전히 넋이 빠진 다섯 번째 그룹 사람들은 출발을 알리는 뱃고동 소리조차 듣지 못했기 때문에 그대로 섬에 남아 있다가 숲 속의 맹수에게 잡아먹히거나, 독성 있는 열매를 먹고 탈이 나기도 하여 결국 모두 죽고 말았다.

당신이라면 어떤 그룹에 속했을 것인지 잠시 생각해 보기 바란다.

이 이야기 속에 나오는 배는 인생에 있어 '선행'을 상징하고, 섬은 '쾌락'을 상징한다.

첫 번째 그룹은 인생에서 약간의 쾌락도 가까이하지 않았다. 두 번째 그룹은 잠시 쾌락에 젖어들긴 했지만 배를 타고 목적지까지 가야 한다는 자신들의 의무를 결코 잊어버리진 않았다. 가장 지혜로운 그룹이다. 세 번째 그룹은 지나치게 쾌락에 빠지지 않고 되돌아오기는 했지만 다소 고생을 했고, 네 번째 그룹도 돌아오기는 했지만 너무 늦게 왔기 때문에 목적지에 도착할 때까지 갖가지 상처로 고통을 받아야 했다. 그러나 인간이 가장 말려들기 쉬운 것은, 일생을 허영의 늪 속에 빠져 지내거나 내일이 있다는 걸 망각한 채 눈앞의 달콤해 보이는 과일에 현혹되어 그것이 독을 품고 있다는 사실조차 알아내지 못하고 먹어 버리는 다섯 번째 그룹이다.

실질적인 이득

길을 가던 몇몇 랍비가 사람의 골수까지도 빨아먹어 버릴 만큼 교활하고 잔인무도한 악한 무리들과 맞닥뜨리게 되었다. 한 랍비가 이런 악한들은 물 속에라도 빠져 모조리 죽어 버렸으면 좋겠다고 말했다. 그러나 그들 중에서 가장 현명한 랍비는 이렇게 말했다.

"아닐세. 유대인은 그런 생각을 해서는 안 되네. 아무리 이들이 죽어 마땅할 만큼 잔인한 인간들이라 생각되더라도 그런 기원은 하지 말아야 돼. 악한들의 멸망을 기원하기보다는 그들이 회개하기를 기원해야 하네."

악한들을 단죄하는 것은 이편에 아무런 이득도 되지 않는다. 그들을 회개시켜 이편에 서게 하지 않는 한 손해가 될 따름이다.

남겨 놓은 것

《구약성경》에 인류 최초의 여성인 이브는 아담의 갈비뼈 한 대를 뽑아 만들었다고 기록되어 있다. 한 랍비의 집을 방문한 로마 황제가 물었다.

"하느님은 결국 도둑이 아닌가? 어째서 잠자고 있는 남자의 갈비뼈를 허락도 없이 훔쳐갔느냔 말이다."

그러자 옆에 서 있던 랍비의 딸이 황제에게 청했다.

"약간 난처한 일이 생겨 그 일을 조사시키고자 하니 신하 중 한 사람을 보내 주십시오."

황제는 어렵지 않은 부탁이니 기꺼이 들어주겠다고 말하고 나서 물었다.

"그런데 그 난처한 일이란 무엇인가?"

그녀는 어젯밤 집에 도둑이 들어와 금고를 훔쳐가 버리는 대신 금그릇 하나를 놓고 갔는데, 대체 무슨 영문인지 이유를 알아보고자 한다고 대답했다.

"그것 참 부러운 일이로군. 그런 도둑이라면 내게도 한 번 들르라고 하고 싶은걸." 하고 황제가 말했다.

그러자 랍비의 딸이 다음과 같이 말했다.

"그러실 테지요. 그건 결국 아담의 몸에서 일어났던 것과 같은 이치의 일입니다. 갈비뼈 한 대를 뽑아내신 하느님께서는 대신 이 세상에 여자를 남겨 놓으신 거지요."

여성 상위

한 선량한 부부가 그만 이혼을 하게 되었다. 남편은 오래지 않아 재혼했는데, 불행하게도 못된 여자를 만나 새로 얻은 아내와 똑같이 못된 남자가 되어 버렸다.

얼마 뒤 아내도 재혼하게 되었는데, 그녀 역시 못된 사람을 남편으로 맞게 되었다. 하지만 못된 남편은 그녀와 똑같이 착한 남자가 되었다.

남자는 언제나 여자가 조종하는 대로 움직이는 법이다.

유대의 은둔자

만일 어떤 유대인이 세상 모든 것으로부터 자기를 단절시킨 채 30년 동안 공부만을 계속했다면, 30년 후 신에게 희생을 바치며 용서를 빌어야만 한다.

왜냐하면 제아무리 훌륭한 공부를 했다 하더라도 사회로부터 자신을 단절시키는 행위는 죄가 되기 때문이다. 따라서 유대 민족 중엔 은둔자가 거의 없다.

왕이 된 노예

매우 선량한 마음씨의 소유자인 한 부자가 있었다. 그 부자는 어느 날 자기가 부리던 노예를 기쁘게 해 주기 위해 배를 한 척 내고 거기에 많은 물건까지 실어 주며 "어디든 네가 가고 싶은 곳으로 가서 그 물건들을 팔아 행복하게 살아라."고 하면서 해방시켜 주었다.

넓디넓은 바다를 항해하던 배는 이내 폭풍우를 만나 암초에 부딪쳐서 가라앉고 말았다. 노예는 간신히 목숨만을 부지하여 가까이에 있는 섬으로 헤엄쳐 갔다. 하지만 모든 것을 잃은 실의와 외로움에 넋을 잃고 큰 슬픔에 잠겨 있었다.

그러다가 가까스로 기운을 차려 섬 안쪽으로 들어가 보니 예상치도 못했던 큰 마을이 있었다. 그 마을 사람들은 실오라기 하나 걸치지 않은 벌거숭이로 나타난 그를 대대적으로 환영하며 "우리 왕 만세!" 하고 외치는 것이었다.

호화스런 궁전의 주인이 된 그는 어쩌면 자신이 꿈이라도 꾸고 있는 게 아닌가 생각했다. 도무지 현실이 믿어지지 않아, 그가 한 마을 사람에게 물어보았다.

"대체 이게 무슨 일이오? 맨몸으로 이 섬에 닿은 내가 갑자기 왕으로 추대되다니, 뭐가 어떻게 된 일이오?"

그러자 마을 사람이 설명해 주었다.

"우리들은 살아 있는 인간이 아니라 영혼들입니다. 1년에 한 번 살아 있는 사람이 이 섬에 들어와서 우리들의 왕이 되어 주기를 희망하고 있지요. 하지만 이것을 염두에 두십시오. 1년이 지난 뒤 당신은 이곳에서 쫓겨나 생물이라곤 찾아볼 수 없는 죽음의 섬으로 보내지게 될 것입니다."

"대단히 고맙소. 그렇다면 오늘부터라도 1년 후를 대비해 여러 가지 준비를 해야겠소." 하고 왕이 된 노예가 말했다. 그리고 그는 틈이 나는 대로 사막과도 같은 섬으로 가서 각종 채소와 유실수를 심기 시작했다.

마침내 1년이 지나자, 왕이었던 그는 그 즐거운 섬에서 추방되어 마을에 처음 들어왔을 때처럼 벌거숭이로 죽음의 섬을 향해 가야 했다. 거의 불모지였던 섬에 도착해 보니 이미 과일이 열리고 채소가 자라 살기 좋은 곳으로 변해 있었고, 먼저 추방되어 온 사람들도 반갑게 맞아 주었다. 그리하여 그는 그들과 더불어 행복하게 살았다.

이 이야기에는 여러 상징적 의미가 함축되어 있다. 맨 처음 등장하는 선량한 부자는 자애로우신 하느님이고, 노예는 사람의 영혼을 뜻한다. 또한 그가 오르게 된 첫 번째 섬은 현세

이며, 그곳에 살고 있던 마을 사람들은 인류이다. 그리고 1년이 지난 뒤 추방되어 간 사막과도 같은 섬은 죽은 다음에 가게 될 세상, 즉 내세이고 그곳에 있던 채소와 과일은 선행을 상징한다.

잔 치

한 왕이 종들을 잔치에 초대했다. 하지만 잔치가 언제 시작될지는 아무에게도 알려 주지 않았다. 슬기로운 종은 "왕께서 하시는 일이니 아무 때든 잔치가 시작될 거야. 그러니 준비하고 있어야지." 하고 생각하며 미리 궁전 문 앞에 가서 기다렸다. 어리석은 종은 잔치를 준비하자면 시간이 걸릴 터이므로 그때까지는 아직 많은 시간이 남아 있으리란 생각에 아무런 준비도 하지 않았다.

잔치가 시작되자, 슬기로운 종은 곧바로 궁전 안으로 들어가 잔치에 참석했다. 그러나 어리석은 종은 끝내 시간에 맞춰 궁전으로 들어가지 못하고 말았다.

인간은 하느님의 부르심이 언제 있을지 전혀 알지 못한다. 그러므로 그분의 잔치에 초대되었을 때 당황하지 않도록 언제나 준비되어 있어야 한다.

육체와 영혼

어느 왕이 오차라는 맛있는 열매가 열리는 과일나무를 가지고 있었다. 왕은 그 열매를 지키기 위해 경비원 두 명을 고용했다. 한 사람은 맹인이고 또 한 사람은 절름발이였다. 그런데 그들 둘이 합심하여 오차 열매를 훔치자고 모의했다. 맹인은 절름발이를 목말 태워 지시하는 방향으로 움직여 가서 마음껏 맛있는 과일을 훔쳤다.

진노한 왕이 두 사람을 다그쳤다. 그러자 맹인은 "저는 앞을 보지 못하므로 훔치려야 훔칠 수가 없습니다." 하고 말했다. 왕은 분명 그럴싸한 말이라고 여겼으나 두 사람의 말을 믿지는 않았다.

어떤 일에든 둘의 힘은 하나의 힘이 가해질 때보다 훨씬 강하다. 인간은 육체와 영혼 중 한 가지만으로는 아무것도 할 수 없다. 육체와 영혼이 합치되어야만 좋은 일이든 나쁜 일이든 할 수 있는 것이다.

분실물

방문차 로마에 간 한 랍비가 길거리 벽마다 다음과 같은 포고문이 나붙어 있는 것을 보았다.

'왕비께서 고가의 장식품을 잃어버리셨다. 30일 이내에 그것을 찾아가지고 오는 사람에게는 후한 상금을 줄 것이나, 30일이 지난 후 그것을 가지고 있는 자가 발견된다면 사형에 처할 것이다.'

우연히 예의 장식품을 발견하게 된 랍비는 31일째가 되는 날에야 비로소 그 장식품을 들고 궁전으로 들어가 왕비 앞에 내놓았다. 그러자 왕비는 당신은 30일 전 포고문이 나붙었을 때 이곳에 있었냐고 랍비에게 물었다. 랍비는 그렇다고 대답했다.

왕비가 또다시, 30일이 지난 뒤에 그 장식품을 가지고 오면 어떤 일을 당해야 하는지도 알고 있느냐고 묻자, 그는 알고 있다고 대답했다.

왕비는 다시금 "만일 이 장식품을 어제 돌려주었더라면 후한 상금을 받았을 텐데, 어째서 당신은 30일이 지날 때까지 이것을 그대로 갖고 있었지요? 당신은 생명이 아깝지 않습니까?"라고 물었다.

그러자 랍비는 "만일 누군가가 30일 안에 장식품을 돌려주었더라면, 사람들은 왕비인 당신이 두려웠거나 당신에 경의를 표하기 위해 돌려준 것이라고 여길 것입니다. 내가 30일이 지난 오늘에야 비로소 이 장식품을 돌려주기 위해 찾아온 이유는, 진실로 두려워해야 할 대상은 왕비님이 아니라 하느님이라는 사실을 사람들에게 깨우쳐 주기 위함이었습니다."라고 대답했다.

랍비의 말에 감동한 왕비는 그처럼 훌륭한 생각으로 하느님을 모시고 있는 당신에게 깊은 경의를 표한다고 말했다.

희 망

랍비 아키바가 당나귀와 개와 함께 조그만 램프를 가지고 여행 중이었다. 밤의 장막이 드리워지자, 헛간 한 곳을 발견한 아키바는 그곳에서 하룻밤 유하기로 했다.

하지만 잠자리에 들기에는 좀 이른 시간이었기 때문에 램프를 켜고 독서를 하기 시작했다. 그러나 때마침 불어온 바람에 불이 꺼지자, 하는 수 없이 잠을 자기로 했다.

그런데 한밤중에 여우가 나타나서 랍비가 데리고 왔던 개를 죽였고, 사자가 와서 당나귀를 물어 죽여 버렸다.

개와 당나귀를 잃은 랍비는 이튿날 아침이 되자 램프를 들고 혼자 터덜터덜 길을 걸어서 어느 마을에 이르렀다. 그러나 사람이라고는 그림자도 볼 수 없을 만큼 폐허가 되어 있었다. 그는 전날 밤 도둑 떼가 마을로 쳐들어와 모든 걸 파괴하고 사람들을 모조리 죽여 버렸다는 사실을 알았다.

만일 램프가 바람에 꺼지지 않았더라면 그도 도둑에게 발각되었을 것이고, 개가 살아 있었더라면 짖어대는 소리로 인해 도둑에게 들켰을지도 모르며, 당나귀 또한 대소동을 피웠을 것이다. 그런데 소유했던 것 전부를 잃은 덕분에 그는 도둑들에게 들키지 않았다.

인간은 아무리 최악의 상태에 놓인다 하더라도 희망을 잃어서는 안 되며, 나쁜 일이 좋은 일로 곧장 연결될 수도 있다는 사실을 믿어야만 한다.

유대인

해드리우스는 역대 로마 황제들 중 유난히 유대인을 싫어한 인물이었다.

어느 날 황제 앞을 지나가던 한 유대인이 "안녕히 주무셨습니까, 황제 폐하!" 하고 경의를 표했다. 황제가 "도대체 너는 누구냐?"고 묻자, "저는 유대인입니다."라고 그가 대답했다. 그러자 황제는 "당장 저놈의 목을 쳐라!" 하고 명령했다.

이튿날 또한 유대인이 황제 앞을 걸어가고 있었다. 그러나 이번에는 어떤 인사도 하지 않았다. 그러자 황제는 "로마의 황제에게 아무 경의도 표하지 않은 죄로 저놈의 목을 쳐라!"
하고 부하들에게 명령했다. 그때 황제 주위에 있던 대신들이
물었다.

"황제 폐하, 당신께서는 어제 당신에게 경의를 표시한 사람
을 죽였습니다. 그리고 오늘은 또 경의를 표시하지 않았다는
이유로 죽였습니다. 대체 어찌 된 일입니까?"

그러자 황제가 말했다.

"내가 한 일은 두 가지 다 정당한 일이다. 너희들은 모르겠
지만 나는 유대인을 어떻게 다루어야 하는지를 잘 알고 있다."

아무튼 유대인을 싫어했던 해드리우스 황제는 유대인이 무
엇을 하든 유대인이라는 이유 하나만으로 죽여 버렸다는, 널
리 알려진 이야기이다.

암 시

한 로마 장교가 랍비를 방문하여 "유대인은 매우 슬기롭다
고 들었소. 오늘 밤 내가 어떤 꿈을 꾸게 될지 얘기해 주시오."
하고 말했다. 그 당시 로마의 최대 적은 페르시아였다.

"페르시아가 로마로 쳐들어와 로마군을 물리친 뒤 로마를
지배하며 로마인들을 노예로 삼고, 로마인이 제일 싫어하는

일을 강요하는 꿈을 꿀 거요."

랍비가 그렇게 말했다.

이튿날 아침 로마 장교가 다시 랍비를 찾아와 물었다.

"당신은 어떻게 내가 어젯밤 꾼 꿈을 사전에 알 수 있었소?"

꿈은 암시에 의해 꾸게 된다는 사실을 알지 못했던 그 로마 장교는 자신이 암시에 걸려 있다는 사실조차 모르고 있었던 것이다.

무언극

로마의 황제가 자신과 생일이 같은 이스라엘 최고의 랍비와 친교를 맺고 있었다. 양국 관계가 그다지 좋지 않을 때에도 그들 두 사람은 변치 않는 친분을 유지했다.

하지만 양국 정부 관계를 고려해 볼 때 황제가 랍비와 친하게 지낸다는 사실엔 어려운 점이 많았기 때문에, 황제는 랍비와 무엇인가를 의논하고 싶을 때마다 사신을 보내 우회적인 방법으로 넌지시 의견을 물어보곤 했다.

어느 날 황제는 랍비에게 사신을 보내어 '내겐 이루고 싶은 일이 두 가지 있다. 한 가지는 내가 죽은 다음 내 아들이 뒤를 이어 황제에 즉위하는 것이고, 또 하나는 이스라엘의 티베리아스라는 곳을 자유 관세 도시로 만들고 싶은 것이다. 난 지금 그 두 가지 중 한 가지밖에 이룰 수 없는 처지에 놓여 있는데, 어떻게 하면 두 가지 모두를 성취할 수 있겠는가?' 하고 물었다.

그러나 랍비 역시 황제의 질문에 답을 보내 줄 수가 없었다. 양국 관계가 매우 껄끄러운 상태였기 때문에 로마 황제의 질문에 랍비가 묘안을 알려 준 사실이 밝혀지면 국민들에게 악영향을 끼칠 우려가 있었던 것이다.

사신이 돌아오자 황제는 "내 이야기를 전했을 때 랍비가 어떤 행동을 취하더냐?" 하고 물었다. 그러자 사신은, 랍비가 아들을 목말 태우고 비둘기를 아들에게 주자 아들이 그 비둘기를 하늘로 날려 보냈으며, 말이라곤 단 한 마디도 하지 않더라고 보고했다.

황제는 랍비가 무언중에 보인 행동의 의미를 깨달을 수 있었다. 우선 왕위를 아들에게 물려준 다음, 아들로 하여금 관세를 자유화하도록 하면 된다는 뜻이었다.

얼마 뒤 다시 황제로부터 '우리 정부의 관리들이 내 마음을 괴롭히고 있다. 어떻게 대응해야 하겠는가?' 하는 문의가 있었다. 랍비는 또 먼저와 같은 무언극으로, 정원에 딸린 채소밭에 나가 채소 한 포기를 뽑아 들고 왔다. 몇 분이 지난 뒤 다시 밭에 나가더니 아까처럼 채소 한 포기를 뽑아왔다. 그리고 조금 뒤에 같은 일을 반복했다. 그것으로 끝이었다.

로마 황제는 랍비의 그와 같은 행동 속에는 일시에 적을 물리치려 하지 말고 몇 차례로 나누어 하나하나 제거시켜 나가라는 의미가 담겨져 있음을 곧 알아챘다.

인간의 생각은 말이나 글에 의지하지 않고서도 얼마든지 전달할 수 있는 것이다.

마 음

보고, 듣고, 걷고, 서고, 기뻐하고, 경직되고, 부드러워지고, 탄식하고, 두려워하고, 파괴하고, 거만해지고, 설득당하고, 사랑하고, 증오하고, 시기하고, 참고, 반성하는 모든 것을 마음이 한다. 인간의 모든 기관은 마음의 지시를 받고 있는 것이다.

이런 마음을 제어할 수 있는 인간이야말로 가장 강인한 인간이다.

기 도

세계 여러 나라 사람들이 배에 타고 있었다. 갑작스럽게 폭풍이 불어 닥치자 사람들은 제각기 자기 나라의 신에게 자기들의 방법대로 기도했다. 그러나 폭풍은 계속 더 사나워질 뿐이었다.

사람들이 그때까지 잠자코 있는 유대인에게 당신은 어째서 기도하지 않느냐고 묻자, 그도 기도를 하기 시작했다. 그러자 폭풍은 금방 수그러들었다.

배가 항구에 도착하자, 사람들이 "우리가 그토록 열심히 기도했는데도 받아들여지지 않았는데, 어째서 당신이 한 기도는 금방 효력을 나타냈을까요?"라고 물었다.

그러자 유대인은 "나도 확실한 이유는 알지 못합니다. 다만 여러분은 각자 자기 나라 신에게 기도를 드렸지요. 바빌로니아 사람은 바빌로니아 신에게, 로마 사람은 로마의 신에게 기도를 드렸습니다. 하지만 바다는 그 어떤 나라의 것도 아닙니다. 다만 우리의 신은 우주 전체를 다스리는 유일신 하느님이시기 때문에 내가 바다에서 기도 드렸을 때에도 응답하신 겁니다."라고 대답했다.

현명한 어머니가 결혼을 앞둔 딸에게 하는 당부

사랑하는 나의 딸아, 네가 남편을 왕처럼 받든다면 남편은 너를 여왕처럼 대접할 것이다. 하지만 네가 하녀처럼 행동한

다면 남편도 너를 노예처럼 다룰 것이다. 네가 지나치게 높은
자존심으로 인해 남편에게 봉사하지 않는다면, 남편은 자기
힘을 동원해 너를 계집종으로 삼고 말 것이다.

남편이 친구를 찾아갈 때에는 그에게 목욕을 권하고 몸치
장을 정성껏 하여 내보낼 것이며, 남편의 친구가 찾아오면
힘닿는 한 최대한 융숭하게 대접해야 한다. 그렇게 한다면
남편은 너를 귀히 여길 것이다.

언제나 가정에 마음을 쓰고 남편의 물건들을 소중하게 다
루어라. 그러면 남편은 기꺼이 네 머리 위에 애정의 왕관을
바칠 것이다.

비유대인

하느님께서는 유대화한 비유대인을 사랑하신다.

양떼를 소유하고 있는 한 왕이 양치기를 시켜 방목하고 있
었다. 어느 날 양과 비슷하지만 양은 아닌 한 마리 짐승이
양떼에 끼어들었다.

"낯선 짐승이 양떼 속에 끼어들어 왔는데, 어떻게 하면 좋
겠습니까?" 하고 양치기가 보고하자, 왕은 그 짐승을 각별히
잘 돌봐 주라고 지시했다. 이에 양치기가 어리둥절해 하자

왕이 계속 말했다.

"이 양들은 본시 나의 양으로 길들여졌으니 염려할 필요가 없다. 하지만 이 짐승은 전혀 다른 환경에서 자랐을 터임에도 불구하고 이렇듯 나의 양떼들과 행동을 같이하고 있다. 얼마나 대견스러운 일이냐!"

유대의 전통 속에서 자라지 않은 사람이 유대 문화를 이해하고 유대인과 같은 행동을 한다면, 그는 유대인으로 태어난 사람보다 더욱 존경을 받는다.

≪탈무드≫엔 세상 사람들을 유대인처럼 만들기 위해 특별히 애쓸 필요는 없다고 되어 있다. 어떠한 신앙을 갖고 있건, 선한 사람은 누구나 구원받을 수 있기 때문이다.

바보의 보물

한 남자가 '나의 아들에게 전 재산을 상속하겠다. 그러나 아들이 바보가 되지 않는다면, 위의 약속은 무효다.'라는 내용의 유서를 작성했다.

랍비가 찾아와서 물었다.

"당신은 참으로 어처구니없는 유서를 작성했군요. 아들이 바보가 되지 않는다면 재산을 상속시키지 않겠다니, 그건 무슨 이유에서입니까?"

그러자 남자는 갈대 한 줄기를 입에 물더니 괴상스런 울음소리를 내며 마룻바닥 위를 엉금엉금 기어 다녔다. 그의 이같은 행동은, 자기 아들에게 아이가 생겨 그 아이와 어울려 놀게 되면 재산을 상속시키겠다는 뜻이었다.

'아이가 생기게 되면 인간은 바보가 된다.'는 속담이 바로 여기에서 비롯된 것이다.

유대인에게 있어 아이는 매우 소중한 존재이며, 그들은 아이를 위해 모든 것을 희생한다.

유대 민족에게 십계명을 내리실 때, 하느님께서는 유대인들이 틀림없이 그것을 지키겠다는 서약을 원하셨다. 유대인들은 그들 최초의 위대한 조상인 아브라함, 이삭, 야곱의 이름을 걸고 틀림없이 지키겠다는 서약을 했지만, 하느님께서는 고개를 저으셨다. 그렇다면 지금부터 모든 유대인들이 소유하게 될 재산 전부를 걸고 맹세하겠다고 했으나 역시 받아들여지지 않았다. 그러자 유대인들은 유대가 배출한 모든 철학자의 이름으로 서약하려 했으나 그것 또한 거절당했다.

끝으로 자식들에게 틀림없이 십계명을 전할 것이며, 그 아이들을 걸고 맹세한다고 하자 하느님께서는 쾌히 승낙하셨다.

교 사

위대한 랍비가 두 명의 감찰관을 북쪽 마을에 파견했다.

목적지에 당도한 감찰관들이 잠시 조사할 일이 있어 이 마을을 지키고 있는 사람을 만나려 한다고 하자, 북쪽 마을에서 제일 높은 경찰관이 나왔다.

그러자 감찰관들은 "아닙니다. 우리는 마을을 지키는 사람을 만나고자 합니다."라고 말했다.

그러자 수비대장이 찾아왔다.

두 명의 감찰관은 입을 모아 말했다.

"우리가 만나고 싶은 사람은 경찰서장도 아니고, 수비대장도 아닌 바로 학교 교사입니다. 경찰이나 군대는 마을을 파괴하지만, 교사는 진정으로 마을을 지키니까요."

공로자

어느 나라의 왕이 매우 희귀한 병에 걸렸다. 암사자의 젖을 구해 마시면 좋다고 의사가 말했지만, 문제는 어떤 방법으로 암사자의 젖을 구하느냐 하는 것이었다.

그 말을 전해들은 명석한 두뇌를 지닌 한 남자가 암사자가 살고 있는 동굴 근방에 가서 새끼 사자를 귀여워해 주고, 또한 마리씩 암사자에게 건네주곤 했다. 열흘째 그렇게 하자, 그는 암사자와 아주 친해지게 되어 국왕의 병에 약으로 쓸 젖을 조금 얻을 수가 있었다.

궁전으로 돌아오고 있을 때, 그 남자는 자기 신체의 각 부분이 서로 다투고 있는 백일몽을 꾸게 되었다. 그것은 신체 중 어떤 부분이 제일 소중한가를 겨루고 있는 꿈이었다.

발은 만일 자기가 아니었더라면 암사자가 있는 장소까지 갈 수 없었을 것이라고 주장했고, 눈은 볼 수 없다면 아무것도 보지 못했을 것이라고 주장했으며, 심장은 자신이 없다면 도저히 이곳까지 올 수 없었을 것이라고 했다. 그때 느닷없이 혀가 나서서 말했다. "만약 말을 못했다면 너희들은 어떤 역할도 하지 못했을 거야." 그러자 신체의 각 부분이 제각기 "건방진 얘긴 집어치워! 뼈도 없고, 아무 값어치도 없는 조그만 부분인 주제에!" 하고 몰아세워 혀를 침묵시켰다.

남자가 궁전에 당도했을 때, 그 혀가 "좋아. 이제 내가 과연 누가 가장 소중한지를 너희들에게 가르쳐 주겠다." 하고 불쑥 말했다.

왕이 남자에게 "이게 무슨 젖이냐?" 하고 묻자, 남자는 갑자기 "이것은 개의 젖입니다!" 하고 외쳤다.

방금 전에 제각각 나서서 자기의 소중함을 주장하던 신체

각 부분들은 그제야 비로소 혀가 참으로 큰 힘을 지녔다는 사실을 깨닫고 모두 용서를 빌었다.

그러자 혀는 비로소 "아닙니다. 좀 전에는 제가 잘못 얘기했던 것이고, 이건 틀림없는 암사자의 젖입니다." 하고 바로 잡았다.

중요한 부분일수록 자제력을 상실하면 엄청난 일을 저지르고 마는 것이다.

감 사

최초의 인간인 아담은 빵을 먹기까지 밭을 갈고, 씨를 뿌리고, 키우고, 거둬들이고, 빻아서 가루를 만들고, 반죽하고, 굽고 하는 등의 열다섯 단계를 밟지 않으면 안 되었다.

오늘날에는 돈만 있으면 빵 가게에 가서 완성되어 있는 빵을 얼마든지 사 올 수가 있다. 옛날에는 혼자서 해야 했던 열다섯 단계의 일을 오늘날에는 수많은 사람들이 나누어 하고 있는 것이다. 따라서 빵을 먹을 때는 그 많은 사람들에게 감사하는 마음을 가져야 한다.

혼자였던 인류 최초의 사람은 자기 몸에 걸칠 옷을 만들기 위해 대단한 노력을 기울였다. 양을 잡아다가 키우고, 털을

깎고, 실을 뽑고, 옷감을 짜고, 꿰매어 입기까지 많은 수고를 감수해야만 했다. 오늘날에는 돈만 있으면 옷가게에 가서 마음에 드는 옷을 얼마든지 사 입을 수가 있다. 옛날에는 혼자서 해야 했던 일을 지금은 수많은 사람들이 대신해 주는 것이므로 옷을 입을 때에도 늘 감사하는 마음을 가져야 한다.

방 문

환자에게 병문안을 가면 그 환자의 병세가 60분의 1만큼 호전되지만, 그렇다고 60명이 동시에 몰려간다고 해서 환자가 완쾌되는 것은 아니다.

죽은 사람의 묘지를 찾아가는 것은 가장 아름다운 행위이다. 환자의 병문안은 완쾌된 환자로부터 감사의 인사를 받을 수도 있지만, 죽은 사람은 어떤 인사도 없다. 감사를 바라지 않고 취하는 행위야말로 가장 아름다운 것이다.

결 론

《탈무드》에는 자그마치 4개월, 6개월, 7년이라는 기나긴 시간 동안 여러 사람들이 여러 가지 것에 대해 문제를 제시한 이야기가 많이 나와 있다. 그 가운데는 결론이 나지 않은 것도 있는데, 그런 것에는 맨 끝에 '알 수 없다.'라고 기록되어 있다.

이 이야기 속에는 알지 못할 때는 '알지 못한다.'고 말하는 편이 정당하다는 교훈이 담겨 있는 것이다.

≪탈무드≫ 가운데는 갖가지 결론이 내려진 이야기가 많지만, 거기엔 반드시 소수의 의견도 부연되어 있다. 소수의 의견은 기록해 두지 않으면 사라져 버리기 때문이다.

강 자

이 세상에는 강한 것이 두려워하는 약한 것, 네 가지가 존재한다.

사자는 모기를, 코끼리는 거머리를, 전갈은 파리를, 매는 거미를 두려워한다.

제아무리 크고 힘이 강한 것이라 할지라도, 반드시 최강의 것이라고는 할 수 없다.

가장 약한 것도 어떤 조건이 갖추어진다면 강한 것을 이길 수 있기 때문이다.

일곱 가지 계율

'탈무드' 시대의 유대인들이 비유대인과 더불어 일하고 생활하는 것은 흔히 있었던 일이다. 유대인들에게는 천사가 지키라고 제시한 613가지의 원칙이 있었지만, 비유대인을 유대화시키려고 하지 않았던 유대교에서는 선교사를 파견하거나 하진 않았다. 다만 상호간에 평화관계를 지속시키기 위해서 비유대인에게 일곱 가지만 지켜 달라는 요청을 했다.

첫째, 살아 있는 짐승을 죽인 다음 곧 날고기를 먹지 말라.
둘째, 남의 험담을 하지 말라.
셋째, 도둑질하지 말라.
넷째, 법을 어기지 말라.
다섯째, 살인하지 말라.
여섯째, 근친상간하지 말라.
일곱째, 불륜 관계를 맺지 말라.

하느님

랍비를 찾아온 한 로마인이 "당신들은 하느님 얘기만 하고 있는데, 하느님이 어디 있는지 보게 해 주시오. 그렇게만 해 준다면 나도 하느님을 믿겠소."라고 말했다.

물론 랍비는 로마인의 억지 질문이 불쾌했다. 로마인을 밖으로 데리고 나간 랍비는 태양을 가리키며 똑바로 바라보라고 말했다.

순간적으로 힐끗 태양을 바라보고 난 로마인은 "말도 안 되는 소리요! 어떻게 태양을 똑바로 쳐다볼 수가 있단 말이오?" 하고 소리쳤다.

그러자 랍비가 반문했다.

"하느님께서 빚어내신 많은 것 가운데 하나인 태양조차 똑바로 바라볼 수 없다면, 어찌 위대한 하느님을 한눈에 볼 수 있겠소?"

작별 인사

매우 긴 여행으로 인해 피로와 굶주림에 지치고 목이 타는 듯한 갈증에 시달리며, 오랜 시간 사막을 걷던 여행자가 이윽고 나무가 우거진 곳에 당도했다.

나무 그늘 아래 앉아 휴식을 취하며 잘 익은 과일로 굶주린 배를 채우고, 옆에 있는 물을 마시고 난 그는 흡족한 듯 한숨을 내쉬었다.

그러나 여행을 계속하기 위해 이내 길을 떠나야만 했다. 그는 그늘을 드리워 준 나무에 큰 고마움을 느껴 다음과 같이 말했다.

"나무야, 고맙다. 어떻게 보답해야 할까. 너의 열매를 달게 해 달라고 기도하고 싶지만 너의 열매는 이미 충분하게 달고, 시원한 나무 그늘을 갖게 해 달라고 기도하고 싶지만 너는 벌써 그것을 가지고 있고, 네가 더욱 잘 성장하도록 넉넉한 물이 있게 해 달라고 기도하고 싶어도 네겐 그 물마저 충분하구나. 그러므로 내가 너를 위해 기도할 수 있는 것은 네가 될수록 많은 열매를 맺고, 그 열매가 많은 나무가 되어 너처럼 아름답고 훌륭하게 성장하도록 해 달라는 것 한 가지뿐이구나."

당신이 작별하는 사람을 위해 무엇인가 기도하고 싶을 때, 그가 보다 슬기롭게 되도록 기도하려 해도 벌써 충분히 슬기롭고, 돈을 많이 벌도록 해 달라고 기도하려 해도 이미 충분한 부자이며, 누구나 좋아하는 선한 사람이 되라고 기도하려 해도 그가 비할 데 없이 선한 사람일 경우, 다음과 같이 기도하는 것이 가장 지혜롭다.

'당신의 자녀들이 당신처럼 훌륭한 사람으로 성장하기를 기도하겠습니다.'

엿새째

성경에 따르면 이 세상은 하루, 이틀, 사흘……의 순서로 만들어지고, 엿새째 되는 날에 완성되었다.

인간은 그 최후의 날인 엿새째에야 비로소 만들어졌다. 그런데 어째서 인간이 최후에 만들어졌고, 그건 무엇을 의미하는 것일까?

≪탈무드≫에 의하면, 파리 한 마리라도 인간보다 먼저 만들어졌다고 생각하면 인간은 지나친 오만에 빠질 수 없기 때문에, 인간으로 하여금 자연에 대해 겸손한 마음을 지니도록 가르치기 위해서라고 한다.

조미료

안식일인 토요일 오후에 로마 황제가 친분 있는 랍비를 방문했다. 사전에 아무 연락도 없이 랍비의 집에 불쑥 들이닥쳐, 그곳에서 매우 즐거운 시간을 보냈다. 음식은 모두 맛있었고 식탁에 둘러앉은 여러 사람들은 입을 모아 노래를 부르거나 ≪탈무드≫에 대한 이야기를 나누었다. 황제는 참으로 흐뭇해하면서 수요일에 다시 방문하고 싶다고 자청했다.

황제가 수요일에 다시 와 보니, 미리 맞이할 준비를 해 놓고 기다리고 있던 사람들은 제일 좋은 그릇을 꺼내 놓았고, 안식일엔 쉬던 하인들까지 전부 나와 접대하기에 이르렀다. 요리사가 없어서 찬 음식밖에 내놓지 못했던 안식일과는 달리 제대로 된 음식도 많이 차려졌다.

그러나 황제는 역시 음식은 지난 토요일 것이 맛있었다고 말하며, 그날 사용했던 조미료가 대체 무엇이었느냐고 물었다.

그러자 랍비는 "로마 황제께서는 그 조미료를 결코 구하실 수가 없습니다." 하고 대답했다.

황제는 가슴을 내밀며 "아니요, 로마 황제는 무슨 조미료든 다 구할 수가 있소."라고 장담했다.

랍비가 다시 말했다.

"유대의 안식일이라는 조미료, 이것만은 로마 황제이신 당신께서 아무리 애쓰신다 해도 구하실 수가 없는 것입니다."

말로 되찾은 지갑

한 마을에 들어온 장사꾼이 며칠 뒤 그곳에서 바겐세일이 있다는 사실을 알고 그때까지 기다렸다가 물건을 사기로 작정했다. 하지만 많은 현금을 지니고 온 그는 그것을 지니고 있어야 하는 것이 매우 염려스러웠다. 그래서 한적한 장소를 물색하여 자기가 지니고 있던 현금을 모조리 그곳에 묻어 두었다.

그러나 이튿날 다시 그 장소에 가 봤더니 돈이 모두 사라지고 없었다. 아무리 생각을 거듭해 봐도 어떻게 해서 돈이 없어졌는지 알아낼 길이 없었다. 자기가 돈을 파묻는 것을 본 사람이라곤 아무도 없었기 때문이었다.

마침내 그는 그곳에서 멀리 떨어진 장소에 집이 한 채 있고 그 집 담에 구멍이 뚫려져 있다는 사실을 알아채게 되었다. 그는 그 집에 살고 있는 사람이 그 구멍으로 돈을 파묻는 광경을 훔쳐보고 있다가 나중에 파내어 간 것이 거의 확실하다고 생각했다.

장사꾼은 그 집을 방문해 그곳에 살고 있는 남자를 만나 다음과 같이 말했다.

"당신은 도시에서 살고 있으니 대단히 비상한 두뇌를 지녔겠지요. 난 지금 당신의 그 지혜를 빌리고 싶어서 이렇게 찾아왔습니다. 사실 나는 지갑 두개를 가지고 이 마을로 물건을 사러 왔답니다. 지갑 하나에는 5백 개의 은화를 넣었고, 나머지 하나에는 8백 개의 은화를 넣었지요. 나는 그중 작은 지갑을 아무도 모르는 어떤 장소에 묻어 두었어요. 그런데 나머지 큰 지갑까지 묻어 두는 게 좋을까요, 아니면 누군가 믿을 만한 사람에게 맡아 달라고 부탁하는 것이 좋겠습니까?"

그러자 남자는 "내가 만일 당신 입장이라면, 그 누구도 믿지 않고 차라리 작은 지갑을 묻었던 것과 동일한 장소에 큰 지갑마저 묻어 두겠소."라고 대답했다.

장사꾼이 집을 떠나자, 욕심꾸러기 남자는 자기가 훔쳐왔던 작은 지갑을 전에 묻혀 있던 장소로 가져가서 다시 묻어 놓았다.

그 광경을 지켜보고 있던 장사꾼은 자기 지갑을 무사히 되찾았다.

솔로몬의 재판

안식일 날 예루살렘에 간 세 사람은 각자 지니고 있던 돈을 같이 땅에 파묻었다. 그 당시에는 돈을 맡겨 둘 은행 같은 것이 없었기 때문이었다. 그런데 그 셋 중에 한 사람이 몰래 그 장소로 되돌아가서 돈을 꺼내가 버렸다.

다음 날 세 사람은 현명하기로 유명한 솔로몬 왕을 찾아가서, 셋 중에 누가 돈을 훔쳐갔는지 판결을 내려 달라고 부탁했다.

이에 솔로몬 왕은 "당신들 세 사람은 매우 지혜로운 사람들이니, 내가 현재 해결하지 못하고 있는 재판 문제를 먼저 도와달라. 당신들의 문제는 그 후에 내가 해결하리라." 하고 말했다. 그러면서 솔로몬 왕이 이야기를 시작했다.

어떤 청년과 결혼을 언약한 아가씨가 있었다. 얼마 뒤 그 아가씨는 다른 청년과 사랑에 빠지고 말았다. 그래서 약혼자를 찾아간 그 아가씨는 위자료를 요구해도 좋으니 파혼에 동의해 달라고 말했다. 그러자 약혼자는 위자료 따위는 받지 않겠다면서 그녀와의 약혼을 취소해 주었다. 그런데 부자였던 그 아가씨가 어느 날 한 노인에게 납치를 당했다. 아가씨가 '내가 결혼을 언약한 약혼자에게 파혼을 요청했더니 위자료도 필요 없다면서 나의 요청대로 해 주었다. 그러니 당신도 그와 같이 해야 한다.'고 말하자, 노인은 돈도 요구하지 않고 그녀를 풀어 주었다.

"이들 중에서 어떤 사람이 가장 칭찬받을 만한사람이겠는가?" 하고 솔로몬 왕이 질문했다.

첫 번째 남자는 "약혼까지 했다가 위자료도 받지 않고 파혼에 동의해 준 청년이 가장 칭찬받아야 합니다. 그는 위자료도 요구하지 않았고, 또한 약혼녀의 진심을 무시하면서까지 결혼하려 하지도 않았으니까요." 하고 대답했다.

두 번째 남자는 "아니지요. 정말 칭찬받아야 될 사람은 아가씨입니다. 그녀는 용기를 갖고 진정으로 사랑하고 있는 남자와 결혼하려 했으므로 당연히 칭찬받아야 합니다." 하고 대답했다.

세 번째 남자는 이렇게 대답했다.

"이 이야기는 전혀 이치에 닿지 않아, 저로서는 판단을 내리지 못하겠습니다. 우선 노인의 경우만 보더라도 그렇습니다. 돈 때문에 아가씨를 납치했는데 돈도 요구하지 않고 풀어주다니, 도대체 말이나 되는 소리입니까?"

그러자 솔로몬 왕이 소리쳤다.

"네가 바로 돈을 훔친 도둑이다! 두 사람은 아가씨와 약혼자 사이에 존재하고 있는 애정이나 인간관계, 그 사이에 긴장된 기분 등에 이내 신경이 쓰였는데, 네가 골몰해 있는 부분은 오로지 돈밖에는 없다. 그러므로 네가 틀림없는 범인이다."

위대한 '탈무드'

6백만 명의 유대인들이 나치 수용소에서 살해된 뒤, 살아남은 유대인이 트루먼에게 답례로 ≪탈무드≫를 선물했다. 그 ≪탈무드≫는 전후 독일에서 인쇄된 것이었다.

그처럼 유대인 전멸에 갖은 노력을 기울였던 나라에서도 ≪탈무드≫를 인쇄하여 발행하고 있다는 사실은 ≪탈무드≫의 위대성을 증명해 주는 무엇보다도 값진 증거이다.

교 역

유대인들은 대단히 오랜 역사를 갖고 있다. 성경시대의 유대는 농경사회였기 때문에 교역은 거의 행해지지 않았고, 상인이라는 말은 곧 비유대인을 일컫는 말처럼 사용되고 있었다.

따라서 유대인들은 물건을 사고파는 따위의 행위는 별로 하지 않았다. 단지 유대인이 상업에 임해야 할 경우 저울을 정직하게 사용하라든지, 속이지 말라는 등의 몇 가지 단순한 계율이 있었을 뿐이다.

하지만 '탈무드' 시대에 와서는 상업이 매우 활발하게 이루어졌고, 《탈무드》에서도 교역에 관해 매우 큰 관심을 나타내게 되었다. 《탈무드》를 저술한 사람들은 세계가 차츰 발전되어 간다는 사실을 전제로 삼아 교역이 활발한 세계를 발전된 사회 형태로 표현하고 있고, 상업적 행위를 함에 있어 지켜야 할 도리가 무엇인가 하는 데 대해 많은 지면을 할애하고 있다.

《탈무드》를 저술한 사람들의, 교역이 미래에 중요한 역할을 담당하리라고 예지했던 안목은 참으로 비상한 선견지명이었다. 장차 그와 같은 세계가 도래할 것을 미리 짐작했던 그들은 여러 가지 준비를 하고자 했다. 그리하여 상업이란 것을 원칙으로 삼게 된 그들은, 상행위를 할 때의 규칙은 일반적인 생활의 범위 밖에 있는 특별한 것이 되어야 한다고 생각했다.

그러므로 상행위라는 것은 결단코 탈무드적인 세계는 아니다. 아무리 고결한 사람일지라도 상업은 상업적으로 행해도 상관없다고 할 수 있는 것이다.

하지만 ≪탈무드≫는 어떻게 하면 유능한 장사꾼이 될 수 있는가를 생각했던 건 아니다. 그것은 ≪탈무드≫가 자유방임주의의 교역에 반대하고 있다는 사실로서도 잘 알 수 있다.

실례를 들자면, 구매자 쪽은 사전에 어떠한 보증이 없더라도 사들인 물건의 품질이 좋아야 한다는 것을 요구할 권리가 있다. 물건을 산다는 것은 결함이 없는 것을 산다는 의미이다. 만일 그 물건에 결함이 있어도 반품해 주지 않는다면, 조건을 붙여 물건을 팔았을 때라도 실상 물건에 결함이 있다면 구매자 쪽에서 물건을 반품시킬 권리를 가지고 있는 것이다.

단 한 가지 경우의 예외가 있다. 처음부터 결함이 있는 물건이라는 사실을 구매자가 알고서도 구입했을 때이다. 예를 들면, 어떤 장사꾼이 '이 자동차에는 엔진이 없습니다.' 하고 사전에 알려 준 다음 자동차를 팔았을 때, 그러한 사실을 알고서도 자동차를 구입한 상대방은 그 자동차를 반품시킬 권리가 없다.

≪탈무드≫에는 판매자에 대해 만일 결함 있는 물건을 팔려고 한다면, 그 결함을 사는 사람에게 자세히 설명해 주어야 한다고 적혀 있다. 따라서 구매자는 일단 결함과 사기 그리고 판매자가 소홀하게 흘려버린 과오로부터 보호받게 된다.

물건을 판다는 것은, 상대방이 물건의 대가를 지불한다는 것과 그 물건이 산 사람 쪽으로 넘어간다는 것, 이 두 가지 요소로 성립된다. 그것은 판 물건을 구매자의 손에 안전하게 넘겨주어야 할 의무가 판매자 쪽에 있다는 말이 된다. 다시 말해, ≪탈무드≫에서는 어디까지나 구매자 쪽을 보호하고 있는 것이다.

판매자는 또한 팔 물건을 분명하게 갖고 있어야 한다고 되어 있는데, 이것은 물론 남의 물건을 팔거나 해서는 안 된다는 의미이다.

매매 규범

계량을 감독하는 관리는 탈무드 시대부터 생겨났다. 땅의 넓이를 재는 줄도 여름과 겨울에 쓰는 것이 따로 있었다. 기온의 차이에 따라 줄어들기도 하고 늘어나기도 하기 때문이다.

또한 액체 상태인 것을 파는 경우, 단지 바닥을 항상 청결하게 유지하도록 엄히 단속했다. 단지 바닥에 먼저 들어 있던 것이 굳어진 채로 남아 있거나 해선 안 되기 때문이었다.

물품에 따라 다르기는 하지만, 물건을 구입한 다음 1주일 동안 다른 사람에게 보이고 그들의 의견을 들을 권리가 구매자 쪽에 있었다. 왜냐하면 자기가 전혀 알지 못하는 물품을 구입한 경우, 구매자로선 그 물건에 대해 올바른 판단을 내릴 수 없기 때문이다.

'탈무드' 시대에는 물건에 일정한 값이 매겨져 있지 않았다. 오늘날에는 가령 어느 회사 차는 가격이 얼마다 하는 식으로 가격이 거의 결정되어 있지만, 예전에는 판매자가 자기 마음대로 값을 결정했다. 만일 평균적으로 거래되는 가격보다 6분의 1이상 더 비싼 값으로 물건을 구입했을 경우, 이 거래는 무효가 된다는 것이 ≪탈무드≫의 통례이다.

또한 판매자가 계량을 잘못 했을 경우, 구매자는 다시 올바른 계량을 하도록 요구할 권리가 있었다. 또한 구매자가 살 의사도 없으면서 물건을 흥정해서는 안 된다는 건 판매자를 보호하기 위해서였다. 그리고 다른 사람이 이미 사겠다는 의사를 표한 물건을 가로채서는 안 된다는 사항 등이 정해져 있었다.

토 지

같은 지역의 토지를 두 명의 랍비가 사려고 했다. 첫 번째 랍비가 그 토지에 값을 매기고 있을 때, 두 번째 랍비가 와서 그 땅을 모두 사 버렸다.

그러자 어떤 사람이 두 번째 랍비에게 가서 물었다.

"한 남자가 과자를 사기 위해 과자가게에 갔는데, 이미 와 있던 다른 남자가 그 과자의 질을 알아보고 있었습니다. 그러던 중 뒤에 온 사람이 그 과자를 몽땅 사 버렸지요. 그런 경우, 그 뒤에 온 사람을 어떻게 설명해야 될까요?"

두 번째 랍비는 주저 없이 "그 나중 남자는 분명히 나쁜 사람이다."라고 대답했다.

"당신이 지금 이 토지를 매입하신 행위는 방금 이야기했던, 나중에 와서 과자를 사 버린 그 두 번째 남자와 똑같은 것입니다. 다른 랍비께서 먼저 와 이 땅의 가격을 흥정 중이었으니까요. 그런데도 이 땅을 사 버린 건 괜찮은 일입니까?" 하고 그가 다시 물었다.

그러자 도대체 이 일을 어떻게 해결하면 좋겠는가 하는 문제가 제기되었다.

한 가지 해결책으로 제안된 것은, 두 번째 랍비가 첫 번째 랍비에게 그 땅을 되파는 것이었다. 그러나 두 번째 랍비는 사자마자 곧바로 다시 판다는 것은 불길한 일이기 때문에 싫다고 거절했다.

두 번째 랍비가 첫 번째 랍비에게 그 토지를 선물하면 어떨까 하는 것이 다음 해결책으로 제시되었다. 그러나 첫 번째 랍비가 절대 그 땅을 그냥 선물로 받을 수는 없다고 했기 때문에 또다시 문제로 남게 되었다.

결국 두 번째 랍비는 그 토지를 학교에 기부했다.

제3장 · **탈무드의 눈**★

인 간

• 동물은 마음으로부터 먼 곳에 아내가 있지만, 인간은 마음 가까운 곳에 아내를 가지고 있다. 이것은 하느님의 깊은 배려이다.

• 깊이 반성하는 인간이 서 있는 땅은 가장 훌륭한 랍비가 서 있는 땅보다 고귀하다.

★ 눈은 얼굴의 각 부분 중 가장 작으면서도 입에 못지않게 의사 표시를 확실하게 하며, 격언이나 속담 등에서 일컬어지는 그대로의 매력을 지니고 있다. 또한 오랫동안 이야기로만 전해져 오던 유대인의 슬기가 응집된 ≪탈무드≫의 기능을 최대한 발휘케 하는 역할을 하기도 한다.
'제3장 탈무드의 눈'에서는 그중에서도 극히 일부에 속하는 것만 수록했으나, 그럼에도 당신의 사고 원천이 메마르지 않고 항상 고양되도록 하기에 충분한 밑거름이 되리라 믿는다.

- 진실과 법, 평화. 세계는 이 세 가지 기반 위에 서 있다.
- 휴일이 인간에게 주어진 것이지, 인간이 휴일에게 바쳐진 것은 아니다.
- 평범한 사람들의 소리가 곧 하느님의 소리이다.
- 하느님께서 말씀하셨다. "내겐 네 명의 아이가 있고, 네게도 네 명의 아이가 있다. 네게 있는 네 명의 아이는 아들, 딸, 하인, 하녀이고, 내게 있는 네 명의 아이는 미망인, 고아, 이방인, 예배이다. 내가 네 아이들을 보살펴 주리니, 너는 내 아이들에게 어려움이 없는지를 돌보아 주어라."
- 사소한 남의 피부병은 염려하면서도, 자신의 중병을 모르는 게 인간이다.
- 진실을 말했을 때도 누구 하나 믿어 주는 사람이 없다는 것, 이것이 거짓말쟁이에게 주어지는 가장 큰 벌이다.
- 인간은 20년이란 세월을 소비해 외운 것을 단 2년 동안에 잊어버릴 수가 있다.
- 인간은 친구를 셋 가지고 있다. 자식과 재산과 선행이 그것이다.
- 인간은 세 개의 이름을 갖게 되는데, 하나는 태어났을 때 부모가 지어 주는 이름이고, 또 하나는 친구들이 애정을 담아 부르는 이름이다. 그리고 나머지 하나는 자기 생명이 다하는 날까지 얻어지는 명성이다.

인 생

• 인간은 경우에 따라 명예가 높아지는 것이 아니고, 스스로 그 경우의 명예를 높이는 것이다.

• 모든 인류는 단 한 명의 조상밖에 갖고 있지 않다. 따라서 어떤 인간이 다른 인간보다 우월하다는 건 있을 수 없다.

• 요령 좋은 인간과 현명한 인간의 차이는, 현명한 인간이라면 절대 빠지지 않을 난관을 요령 좋은 인간은 잘 헤쳐 나온다는 것이다.

• 자기 자신의 결점만을 염려하는 사람은 타인의 결점을 알아채지 못한다.

• 배가 고픈 인간이라면, 결코 음식을 장난감으로 삼지 않으리라.

• 몰염치와 자만은 형제 사이이다.

• 하루를 공부하지 않으면 그것을 만회하기까지 이틀이 걸리고, 이틀을 공부하지 않으면 그것을 만회하는 데 나흘이 걸린다. 1년 동안 공부하지 않았다면 그것을 만회하기 위해서 당연히 2년을 소비해야 한다.

• 천성이 좋지 않은 인간은 이웃 사람의 수입에만 신경을 쓰고 자신의 낭비는 염두에 두지 않는다.

• 눈이 보이지 않는 것보다 마음이 보이지 않는 편이 더

두려운 일이다.

- 만나는 사람 모두로부터 무엇인가를 배우는 사람이 세상에서 가장 지혜로운 사람이다.
- 마음먹은 대로 자제할 수 있는 사람과, 적을 친구로 만들 수 있는 사람이 가장 강한 사람이다.
- 자기가 소유하고 있는 것에 만족을 느낄 줄 아는 사람이 가장 부유한 사람이다.
- 남을 찬양할 수 있는 사람이야말로 진정으로 명예로운 사람이다.
- 진실은 무거운 것이기 때문에 젊은 사람들밖에 옮길 수가 없다.

평 가

- 유대인에게는 인간을 평가하는 기준이 세 가지 있다. 첫째는 돈을 넣는 지갑이고, 둘째는 술을 마시는 잔이며, 셋째는 성격이다.
  이것으로 그 사람이 돈을 어떻게 쓰는지, 술 마시는 품행이 깨끗한지 지저분한지, 인내심이 있는지 없는지를 평가하는 것이다.

• 인간은 다음과 같은 네 가지 유형으로 구분해 볼 수 있다.

첫째는 일반적인 유형으로, 내 것은 내 것이고 네 것은 네 것이라는 인간.

둘째는 이색적인 유형으로, 내 것은 네 것이고 네 것은 내 것이라는 인간.

셋째는 강한 정의감을 소유한 유형으로, 내 것도 네 것이고 네 것도 네 것이라는 인간.

넷째는 나쁜 심성을 지닌 유형으로, 내 것도 내 것이고 네 것도 내 것이라는 인간.

• 현자 앞에 앉은 인간은 세 가지로 분류할 수 있다.

첫째, 무엇이든지 흡수하는 스펀지 형.

둘째, 오른쪽 귀로 듣고 왼쪽 귀로 흘려버리는 터널 형.

셋째, 중요한 것과 그렇지 못한 것을 선별해 내는 어레미 형.

• 현명한 사람이 되는 조건은 일곱 가지가 있다.

첫째, 자기보다 현명한 사람 앞에서는 침묵을 지킨다.

둘째, 남이 이야기를 하는 도중에 자르지 않는다.

셋째, 대답할 때는 서두르지 않는다.

넷째, 언제나 요점이 뚜렷한 질문을 하고, 사리에 맞는 대답을 한다.

다섯째, 먼저 해야 할 일과 나중에 해도 될 일을 정확히 구분한다.

여섯째, 모를 때는 모른다고 시인한다.

일곱째, 진실을 인정한다.

친 구

• 아내를 선택할 때는 한 계단 아래로 내려가고, 친구를 선택할 때는 한 계단 위로 올라서라.

• 화내고 있는 친구는 달래려 하지 말고, 슬퍼하고 있는 친구는 위로하려 하지 말라.

우 정

• 만일 친구가 채소를 가지고 있다면 고기를 주어라.

• 친구가 꿀처럼 달다 하더라도 모조리 핥아 버려선 안 된다.

여 자

- 여자의 기묘한 아름다움에 저항할 수 있는 남자는 아무도 없다.
- 여자의 질투심엔 단 한 가지 원인밖에 없다.
- 여자는 자신의 외모를 가장 소중하게 생각한다.
- 여자는 남자보다 지각 능력이 뛰어나다.
- 여자는 남자보다 정이 두렵다.
- 여자는 비합리적인 신앙에 빠져들기 쉽다.
- 불순한 동기에서 시작된 애정은 그 동기가 사라지는 순간 사멸되어 버린다.
- 사랑에 빠진 사람에겐 남의 충고를 들을 여유가 없다.
- 여자가 술을 한 잔 마시면 아주 좋은 일이 되지만, 두 잔 마시면 기품이 떨어지고, 세 잔째 마시면 부도덕한 일이 되며, 네 잔째 마시게 되면 자멸하고 만다.
- 흔히 정열 때문에 결혼하지만, 정열은 결혼보다 오래가지 못한다.
- 남자에게 여성 호르몬이 있고 여성에게 남성 호르몬이 있는 건, 하느님께서 만든 최초의 남자가 양성이었기 때문이다.
- 남자가 여자에게 이끌리는 것은, 하느님께서 남자의 갈비뼈를 빼내어 여자를 만드셨으므로 그 잃어버린 자신의 것

을 되찾으려 하기 때문이다.

• 여자가 남자를 지배해서는 안 되기 때문에 하느님께서는 최초의 여자를 만드실 때 남자의 머리를 취하지 않으신 것이다. 그렇다고 남자의 노예가 되어서도 안 되기 때문에 남자의 발을 취해 만들지도 않았다.

• 갈비뼈를 취해 여자를 창조한 것은, 여자로 하여금 언제나 남자의 마음 가까운 곳에 있게 하기 위해서이다.

술

• 머리에 술이 들어가면 비밀이 밀려나온다.

• 시중드는 이의 태도가 좋으면, 어떤 술이라도 미주(美酒)가 된다.

• 악마는 누군가를 항상 찾아다니는데, 너무도 바쁠 때엔 자신의 대리로 술을 보낸다.

• 포도주는 오래 묵을수록 맛이 좋아진다. 지혜도 이와 같다. 나이가 들수록 그것은 빛난다.

• 한나절이 될 때까지 늦잠을 자고 낮에 술을 마시며 저녁에 쓸데없는 말이나 지껄이고 있으면, 인생을 쉽게 소비할 수 있다.

가 정

• 부부가 진정으로 사랑하고 있을 때는 칼날만한 침대 위에서도 잘 수 있지만, 불화할 땐 16미터나 되는 널따란 침대도 비좁게만 느껴진다.

• 좋은 아내를 얻은 남자야말로 이 세상에서 가장 행복한 사람이다.

• 남자는 결혼과 더불어 죄가 늘어난다.

• 이유 없이 아내를 학대해서는 안 된다. 하느님께서 그녀의 눈물방울을 세고 계신다.

• 모든 질병 가운데서 가장 괴로운 것은 마음의 병이며, 모든 악 가운데서 가장 나쁜 것은 악처이다.

• 이 세상에서 다른 것으로 갈아 치울 수 없는 것은 젊은 시절 결혼하여 함께 살아온 늙은 아내이다.

• 아내는 남자의 집이다.

• 아내를 선택할 때는 소심해야 한다.

• 상대를 만나보지도 않고 결혼해선 절대 안 된다.

• 한 형제를 차별해서 키워선 안 된다.

• 자식이 어렸을 때는 엄하게 꾸짖고, 성장한 후엔 꾸짖지 말라.

• 어린아이는 엄하게 가르쳐야 하지만 기가 꺾이게 해서는

안 된다.

- 아이를 꾸짖을 때는 잔소리를 늘어놓지 말고, 단 한 번 엄하게 꾸중하라.

- 어린아이는 부모의 말씨를 그대로 모방한다. 그 말씨로 성격을 알 수 있다. 어린아이와 한 약속은 틀림없이 지켜야 한다. 지키지 않는다면 아이에게 거짓말을 가르치는 격이 된다.

- 가정에서 부도덕한 일을 하는 것은 과일에 벌레가 붙은 것과도 같다. 의식하지 못하는 사이에 계속 번져나가고 있기 때문이다.

- 아이는 아버지를 존경해야 한다.

- 아이가 아버지 자리에 앉으면 안 된다.

- 아버지에게 말대꾸를 해서는 안 된다.

- 아버지가 남과 의견 대립을 보이고 있을 때 남의 편을 들어선 안 된다.

- 아이들이 아버지를 받들고 따르는 것은 아버지가 그들을 위해 먹고 입을 것을 가져다주기 때문이다.

돈

- 고민과 언쟁, 빈 지갑, 이 세 가지가 인간의 마음을 상하

게 하는 것들이다. 그중에서도 가장 인간을 상하게 하는 건 빈 지갑이다.

• 신체의 각 부분은 모두 마음에 의지하고, 그 마음은 돈지갑에 의지한다. 돈은 장사를 위해 써야지, 술을 위해 써선 안 된다.

• 돈은 악도 저주도 아니다. 그것은 인간을 축복하는 것이다.

• 하느님으로부터의 선물을 살 수 있는 기회를 제공해 주는 것이 돈이다.

• 돈을 빌려 준 사람에게 분노를 느끼는 사람은 없다.

• 부는 요새이고, 빈곤은 폐허이다.

• 돈이나 물건은 그냥 주지 말고 빌려 주어야 한다. 그냥 주면 받은 사람이 준 사람에게 종속되지만, 빌려 주고 빌려 쓰면 대등한 관계를 유지할 수 있기 때문이다.

섹 스

• 헤브라이어로 '야다'라는 단어는 섹스, 즉 남자 여자의 성별을 뜻하는 것과 동시에 성행위 자체를 의미하기도 한다. 또한 '상대방을 안다.'라는 뜻도 포함된다. 예를 들어, 아담이 이브를 알고 아이를 낳았다고 기록된 성경에서의 '알고'라는

말은 성행위를 했다는 의미를 내포하고 있다.

일반적으로 '사랑한다는 것은 곧 상대방을 안다는 것이다.'라고 하는데, 이것을 '사랑한다는 것은 동침하는 것이다.'라고 해석해도 무리는 없다.

• 야다는 창조 행위이며, 이것 없이는 자기완성을 성취할 수 없다.

• 야다는 일생 동안 단 한 사람의 상대에게만 허락해야 한다.

• 야다는 자연의 일부이다. 그러므로 성행위를 함에 있어서 본래 부자연스러운 것이라곤 아무것도 없다.

• 야다는 지극히 개인적인 관계로 친밀한 분위기 속에서 행해져야 한다.

• 스스로를 통제하지 못할 환경에 처해 있을 때 성행위를 하면 안 된다.

• 아내의 동의 없이 아내와 성행위를 하면 안 된다. 아내가 승낙하지 않는데 남편이 손을 내미는 행위는 금지되어 있다.

교 육

• 향수가게에 들어갔다가 나오면 향수를 사지 않았다 하더

라도 몸에서 향수 냄새가 풍기고, 가죽가게에 들어갔다가 나오면 가죽을 사지 않았다 하더라도 몸에서 고약한 냄새가 풍긴다.

- 무기를 들고 일어선 사람이 글로 흥할 수는 없다.
- 자신을 아는 것이 가장 큰 지혜이다.
- 의사의 충고를 듣고만 있어야 한다면, 의사에게 돈을 지불할 필요가 없다.
- 값비싼 진주를 잃어버렸을 때, 그것을 찾기 위해 값싼 양초가 쓰인다.
- 인류에게 예지를 가져다주는 것은 가난한 집 자식이므로, 그들이야말로 칭찬받아 마땅하다.
- 기억 증진에 더없이 좋은 약은 감복하는 것이다.
- 학교 없는 고장에선 인간이 살아나갈 수 없다.
- 고양이에게서 겸허함을 배울 수 있고, 개미로부터 정직함을 배울 수 있으며, 비둘기로부터는 정절을 배울 수가 있고, 수탉에게서는 재산 관리를 배울 수가 있다.
- 이름은 알려지면 금방 잊혀지고, 지식은 깊지 않으면 금방 잊게 된다.
- 아이들에게 교육을 시킨다는 것은 깨끗한 백지 위에 써넣는 것과 같다. 그러나 노인에게 뭔가를 가르친다는 것은 이미 잔뜩 씌어 있는 종이 위에 여백을 찾아 써넣으려는 것과 마찬가지이다.

악

• 악에의 충동은 구리와도 흡사한 것이어서, 불 속에 있을 때는 어떤 형태로도 만들 수 있다.

• 만약 인간의 마음속에 악에로의 충동이 없다면 집을 짓고, 아내를 얻고, 아이를 낳고, 일하는 따위는 생각지도 않을 것이다.

• 만일 악에로의 충동이 느껴지면 그것을 몰아내 버리기 위해 무엇이든 배우기 시작하라.

• 보통 사람보다 뛰어난 사람은 악에로의 충동도 그만큼 강하다.

• 항시 옳은 일만 하고 사는 인간이란 결코 이 세상에 존재하지 않는다.

• 최초의 악의 충동은 매우 감미롭지만, 최후에는 몹시 쓴 맛을 남긴다.

• 13세, 그때부터 인간 내면에 있는 악의 충동이 선의 충동보다 차츰 강해진다.

• 태아 때부터 그 마음속에 움트기 시작한 악은 인간이 성장해 감에 따라 함께 자라나 강인해진다.

• 죄는 미워하되, 인간은 미워하지 말라.

• 처음에는 여자처럼 약하지만 방치해 두면 남자처럼 강

해지고, 처음에는 거미줄처럼 가늘지만 방치해 두면 배를 묶어 두는 밧줄처럼 강해지며, 손님으로 찾아온 것을 방치해 두면 그 집 주인으로 들어앉아 버리는 것. 이것이 바로 악이다.

험 담

• 험담을 하는 것은 살인보다 위험하다. 살인은 한 사람만을 죽이나, 험담은 반드시 세 명을 해치게 된다. 험담하는 장본인과 그것을 제지하지 않고 듣고 있는 사람, 그리고 험담의 대상이 된 사람이다.

• 험담하는 사람은 흉기를 사용하여 남을 해치는 것보다 더 큰 죄를 짓는 것이다. 흉기는 가까이 다가가지 않으면 상대방을 해칠 수 없지만, 험담은 멀리 떨어져 있는 사람도 해칠 수 있기 때문이다.

• 불타고 있는 장작에 물을 끼었으면 속까지 젖어들어 꺼지지만, 험담을 전해 듣고 분노에 차 있는 사람에겐 아무리 사죄한다 해도 그 마음속의 불을 꺼줄 수 없다.

• 제아무리 착한 사람이라 할지라도 남의 험담을 즐겨 한다면 훌륭한 궁전 옆에 위치한 지독스런 악취의 무두질 집과

도 같다.

- 인간이 하나의 입과 두 개의 귀를 가지고 있는 것은 말하기보다 듣기를 배로 더하라는 뜻이다.

- 손가락이 자유자재로 움직이는 것은 남의 험담을 듣지 않기 위해서이다. 험담이 들려오면 재빨리 두 귀를 막아라.

- 물고기가 언제나 입으로 낚시 바늘을 물어 잡히듯, 인간 또한 입이 문제이다.

판 사

- 늘 선행에 앞장서고, 겸손하며, 단호히 결단을 내릴 만한 용기를 지녀야 하고, 현재까지의 생애가 결백한 사람만이 판사의 자격을 갖췄다고 할 수 있다.

- 사형을 언도하기 직전의 판사는 자신의 목에 칼이 꽂힌 것과 같은 마음가짐을 지녀야 한다.

- 판사는 항상 진실과 평화, 이 두 가지를 추구해야 한다. 하지만 진실을 추구하고자 하면 평화가 깨지고 만다. 따라서 진실도 깨지 않고 평화도 지킬 수 있는 도리를 찾아내야 하는데, 그것을 타협이라고 한다.

동 물

• 고양이와 쥐도 먹이가 되는 것을 함께 먹고 있을 땐 다투지 않는다.

• 여우의 머리가 되느니보다 사자의 꼬리가 되는 편이 낫다.

• 한 마리의 개가 짖기 시작하면 많은 개가 덩달아 짖는다.

• 동물은 자기와 같은 부류의 동물과만 어울린다. 늑대가 양과 같이 노는 일은 없고, 하이에나는 개와 함께 생활하지 않는다. 부자와 가난한 자 역시 그와 마찬가지다.

처 세

• 선행의 문을 닫는 자는 다음엔 의사를 위해 문을 열지 않으면 안 된다.

• 좋은 단지를 가지고 있다면 오늘 당장 사용하라. 내일이면 깨져 버릴지도 모른다.

• 올바른 인간은 자신의 욕망을 통제하지만, 그렇지 못한 인간은 그것에 끌려 다닌다.

• 타인의 자비로 살아야 할 처지라면 차라리 가난하게 사는 편이 낫다.

• 이 세상에는 도가 지나치면 안 되는 것 여덟 가지가 있다. 여행과 여자와 재산, 일, 술, 수면, 약, 향료가 그것이다.

• 이 세상에는 지나치게 많이 사용해서는 안 되는 것 세 가지가 있다. 빵을 만들 때 넣는 이스트와 소금, 망설임이 그것이다.

• 한 닢의 동전이 들어 있는 단지는 요란한 소리를 내지만, 동전이 가득 채워진 단지는 조용하다.

• 전당포라고는 해도 과부나 가난한 여자, 아이들의 물건을 저당 잡아서는 안 된다.

• 명성을 잡으려고 뛰어다니는 사람은 명성을 붙잡을 수 없지만, 명성을 피해 달아나는 사람은 그것에 붙잡히게 된다.

• 결혼은 기쁨을 그 목적으로 하지만, 장례식에 참석한 사람들은 마땅히 침묵을 지켜야 한다. 강의의 목적은 청취라는 것을 잊지 말고, 남을 방문할 때엔 일찍 도착해야 한다. 가르칠 때엔 오로지 집중하며, 금식의 목적은 그만한 돈으로 자선을 베푸는 것이다. 이것들이 맞는 도리이다.

• 인간에게는 여섯 가지의 매우 요긴한 부분이 있다. 그 가운데 눈, 코, 귀 세 부분은 자신이 지배할 수 없는 부분이고, 나머지 입과 손, 발은 자신의 힘으로 움직일 수 있는 부분이다.

• 자신의 혀에게 '나로선 알 수 없습니다.' 하는 말을 열심히 가르쳐라.

- 장미꽃은 가시 틈에서 자라난다.
- 무보수로 처방전을 쓰는 의사의 충고는 귀담아 듣지 말라.
- 단지를 보지 말고, 그 내용물을 보라.
- 나무는 그 열매로 평가되고, 인간은 그가 한 일에 의해 평가된다.
- 막 열리기 시작한 오이를 보고, 장차 맛이 있을지 없을지를 알 수 없다.
- 행동은 말보다도 소리가 크다.
- 남이 자기를 칭찬하게는 해도, 자기 입으로 스스로를 칭찬하지는 말라.
- 높은 사람이 아랫사람의 이야기를 들어 주고, 노인이 젊은 사람의 이야기에 귀 기울이는 세상은 마땅히 축복받을 것이다.
- 두려움과 분노, 아이와 악처가 인간 노화를 재촉하는 네 가지 원인이다. 좋은 음악, 고요한 풍경, 은은한 향기는 인간 마음을 평온히 가라앉힌다.
- 좋은 가정, 좋은 아내, 좋은 옷, 이 세 가지는 남자에게 자신감을 갖게 한다.
- 제아무리 엄청난 부자라도 자선을 베풀지 않는다면, 진수성찬이 차려진 식탁 위에 소금이 놓여 있지 않은 것과 같은 꼴이다.

- 자선을 베풀 때의 태도는 다음 네 가지 유형으로 분류해 볼 수 있다.

첫째, 질투심이 많은 유형은 스스로 나서서 물건이나 돈을 내놓지만 다른 사람이 내놓는 것은 싫어한다.

둘째, 스스로를 비하하는 유형은 남이 행하는 자선은 당연하게 받아들이지만 자신은 자선 따위를 베풀고 싶어 하지 않는다.

셋째, 매우 선량한 유형은 자기도 흔쾌히 자선을 베풀고 다른 사람 역시 그러기를 바란다.

넷째, 악인이라고 할 만한 유형은 자기도 자선 베풀기를 싫어하고 남이 베푸는 것도 극히 싫어한다.

- 촛불 한 자루로 여러 자루의 초에 불을 붙인다 해도, 애초의 촛불 빛은 흐려지지 않는다.

- 가난한 사람이 물건을 주워 그것을 주인에게 되돌려주는 것, 부자가 수입 가운데 10분의 1을 떼어 남몰래 가난한 사람에게 주는 것, 도시에 살고 있는 독신자가 아무런 죄도 짓지 않는 것, 이 세 가지야말로 하느님께 칭찬받을 일이다.

- 식사할 수 있는 내 집에 있지 않고, 언제나 여자 엉덩이 아래 깔려 있으며, 늘 이곳저곳이 아프다고 호소하며 지내는 남자는 목숨은 붙어 있으나 존재 가치가 없는 사람이다.

- 평생에 단 한 번 고기요리를 실컷 먹고 나머지 날을 굶주

리며 지내기보다는 평생 양파만 먹고 지내는 편이 낫다.

• 자기 보존은 모든 것에 우선하지만, 살인했을 때와 부적절한 성관계를 맺었을 때, 근친상간을 했을 때의 세 가지 경우에는 생명을 버리는 편이 낫다.

• 과대 선전, 값을 올릴 목적으로 하는 매점매석, 계량을 속이는 짓, 이상 세 가지는 상인이 해선 안 될 일이다.

• 달콤한 과일에는 그만큼 벌레가 많이 붙고, 재산이 많으면 걱정 또한 많다. 여자가 많으면 잔소리가 많고, 하녀가 많으면 풍기가 문란해지며, 하인이 많으면 집안 기물을 많이 도둑맞는다.

• 스승보다 깊이 배우면 인생은 보다 풍요로워지고, 오랜 시간을 명상으로 보내면 보다 지혜가 늘어나고, 사람들을 만나 유익한 말을 들으면 좋은 길이 열리고, 보다 많은 자선을 베풀면 보다 나은 평온이 찾아온다.

• 남들이 모두 옷을 입고 있을 때에는 벌거벗지 말고, 남들이 모두 벌거벗고 있을 때에는 옷을 입지 말라. 남들이 모두 앉아 있을 때에는 일어서 있지 말며, 남들이 모두 서 있을 때에는 앉아 있지 말라. 남들이 모두 웃고 있을 때에는 울지 말고, 남들이 모두 울고 있을 때에는 웃지 말라.

제4장 · **탈무드의 머리**[*]

애 정

이 세상에는 강한 것 열두 가지가 있다.

맨 먼저 돌이다. 하지만 돌은 쇠로 깎을 수 있고, 쇠는 불에 녹는다. 불은 물에 의해 꺼져 버리지만, 물은 구름이 되고, 그 구름은 다시 바람에 흩어진다.

그러나 바람도 인간을 날려 보내진 못한다. 하지만 그런 인간도 공포에 의해 산산조각으로 깨어진다.

---

[*] 머리는 모든 인간 행동의 사령탑이다. 그러므로 《탈무드》 속의 에피소드나 격언들을 그저 읽는 것으로만 끝낸다면 아무런 의미도 발견하지 못한다. 머리를 써서 생각할 때 비로소 《탈무드》의 진가가 살아나게 되는 것이다.

필자는 반나절이고 한나절이고 단 한 개의 낱말에 대해 골똘히 생각해 보곤 할 때가 있다. 이 '제4장 탈무드의 머리'에서는 필자가 생각했던 일부분을 소개해 보고자 한다. 지혜로운 당신이 그 뒤를 계속 이어나갈 수 있게 되길 바란다.

공포는 술로 없애 버릴 수 있지만, 술은 잠에 의해 깨어나고, 잠 또한 죽음만큼 강하지는 못하다. 그렇지만 그 죽음도 애정을 이겨낼 수는 없는 것이다.

죽 음

항구에 지금 막 출항하려는 배 한 척과 방금 입항한 배 한 척이 승객을 잔뜩 싣고 떠 있었다.

사람들은 일반적으로 배가 출항할 때는 떠들썩하게 환송해 주지만, 입항할 때는 그다지 환영하지 않는다.

≪탈무드≫에 의하면, 이와 같은 행동은 매우 어리석은 관습이라고 할 수 있다.

출항하는 배의 미래는 누구도 알 수 없고 폭풍을 만나 침몰하게 될지도 모르는데, 어째서 그처럼 떠들썩하게 환송하는 것일까? 그에 비해 기나긴 항해를 마치고 무사히 귀환했을 때야말로 하나의 책무를 성공적으로 끝마친 기쁨을 누릴 수 있는데 말이다.

인생 또한 마찬가지이다. 갓 태어난 아기에게는 모두가 축복을 아끼지 않는다. 마치 출항하려는 배를 떠들썩하게 환송하는 것과 같다. 그러나 그 아기의 미래에 어떤 일이 있을지는 그 누구도 알지 못한다.

그에 비해 인간이 죽음을 맞이하게 될 때는 주어진 인생으로 어떤 일을 해 왔는가 하는 것이 모두에게 알려져 있으므로, 이때야말로 진심으로 축복을 빌어야 한다는 얘기다.

'진실'이라는 낱말

헤브라이어의 알파벳을 아이들에게 가르칠 때는, 하나하나의 글자에 담긴 의미를 일깨워 준다.

헤브라이어에서 '진실'이라는 낱말은 최초의 알파벳 문자와 최후의 알파벳 문자, 그리고 중간의 문자로 엮어져 있다.

왜냐하면 유대인에게 있어서 '진실'이라는 것은 왼쪽 것도 옳고 오른쪽 것도 옳으며, 한가운데 역시 옳다는 것을 가르치기 위해서이다.

맥 주

《탈무드》에선 하인이나 노예도 주인들과 똑같은 음식을 먹어야 하고, 주인이 방석에 앉으면 하인에게도 방석을 내주어야 하며, 높은 사람이라고 해서 높은 자리에 앉으면 안 된다고 가르치고 있다.

내가 이스라엘 전선에 갔을 때 부대장의 초대를 받아 식사를 함께한 적이 있었다. 당번병이 맥주를 가지고 오자, 부대장이 병사들도 마셨느냐고 물었다.

"오늘은 맥주가 조금밖에 없어 이곳에만 가져왔습니다." 하고 당번병이 대답했다. 이에 부대장은 "그렇다면 나도 오늘은 마시지 않겠다."고 말했다.

바로 이것이 유대인의 전통적 사고방식이다.

죄

인간은 누구든지 죄를 짓는다. 그러므로 유대의 가르침에는 동양 도덕에서처럼 엄격하고 긴장된 느낌은 없다. 죄를 지었어도 유대인은 유대인인 것이다. 예를 들어, 화살을 과녁에 맞힐 능력이 충분함에도 불구하고 맞히지 못할 수 있는 것처럼, 본시 저지를 리가 없는데도 어쩌다 저질러졌다는 것이 유대인이 생각하는 죄의 관념이다.

유대인이 죄에 대한 용서를 빌 때는 결코 '나'라 하지 않고, '우리들'이라고 한다. 유대인들은 모두를 한 집안의 대가족으로 생각하고 있으므로 비록 혼자 죄를 저질렀어도 모두가 죄를 저지른 것이 된다.

따라서 자신이 도둑질을 하지 않았더라도 도둑질이라는 행위가 저질러진 것에 대해 하느님께 용서를 빌어야 한다. 그것은 자신의 자선이 부족해서 일어난 일이라 여기기 때문이다.

손

갓 태어날 때의 인간은 손을 꽉 부르쥐고 있지만, 죽을 때에는 펴고 있다. 그 이유는 무엇일까?

태어나는 인간은 이 세상의 모든 것을 움켜잡으려 하기 때문이고, 죽을 때는 모든 것을 뒤에 남은 인간에게 주고 아무것도 지니지 않은 채 떠난다는 의미이다.

스승

유대인 가정에서는 아버지가 아이들에게 ≪탈무드≫를 가르친다. 하지만 아버지의 성격이 지나치게 신경질적이거나 엄격하면 아이들은 아버지를 두려워하게 되어 가르침을 받아들일 마음의 여유를 가질 수가 없다.

헤브라이어의 '아버지(father)'란 낱말은 '스승'이라는 의미로도 쓰인다. 가톨릭 신부가 영어로 'father'라 불리는 이유는 바로 이 헤브라이어의 개념을 갖고 있기 때문이다.

유대에서는 자기 아버지보다도 스승을 더 존귀하게 여긴다. 아버지와 스승이 함께 감옥에 갇혀 있고 그 가운데 한 사람만 빼낼 수 있을 경우, 아이는 자연스럽게 스승을 택한다.

유대에서는 지식을 전수하는 스승을 매우 소중한 존재로 인식하기 때문이다.

거룩한 것

우리말이나 영어엔 없지만 유대에만 있는 것이 있다. 인간에게는 동물에서부터 천사에 이르기까지의 차이가 있고, 천사에 근접해 갈수록 거룩한 것에 가까워진다는 관념이다.

랍비가 제자들에게 과연 거룩한 것이 무엇이겠느냐고 물었다. 대다수의 제자들은 하느님을 위해 생명을 바치는 것이라고 대답했고, 다른 제자들은 끊임없이 기도하는 것이라 했으며, 그 외에도 갖가지 대답이 난무했다.

하지만 랍비는 "어떤 것을 먹느냐와 어떻게 야다를 하느냐에 달려 있다."고 말했다. 제자들은 웅성거리며 "돼지고기를 안 먹는다든지, 어떠어떠한 때에는 야다를 하지 않는다든지 따위가 거룩한 것입니까?" 하고 물었다.

랍비는 그 이유를 다음과 같이 설명했다.

"안식일을 지키고 있는 상태는 어떤 사람이라도 알 수 있는 사실이다. 하느님을 위해 생명을 바치는 것도 단번에 알 수 있다. 하지만 자신의 집을 방문했을 때나 거리에 나왔을 때 유대인 모두가 계율을 지켜 식사를 했다 하더라도 집으로 돌아가면 다른 음식을 먹을지도 모르고, 야다를 하고 있을 때 역시 다른 사람이 볼 수 없는 것이다. 때문에 집에서 음식을 먹고 있을 때와 야다를 하고 있을 때, 인간은 동물에서부터 천사 사이의 그 어디든지 있을 수 있다. 이런 때 자기 자신을 숭고하게 지킬 수 있는 사람이 진정으로 거룩한 사람이다."

담보물

유대인은 박해와 살육지변의 오랜 역사를 지니고 있지만, 증오에 대해 쓴 문학이나 문헌은 단 한 가지도 없다. 유대인은 격렬한 증오심을 품지 않는 민족이기 때문이다. 나치에 의해 6백만 명에 이르는 엄청난 인명이 죽임을 당했지만, 독일이나 독일인을 저주하는 저서 따위는 하나도 없다.

이스라엘은 아랍인과 전쟁을 하지만 미워하지는 않으며, 크리스천들로부터 박해를 당하고 있지만 그들을 미워하지 않는다. 그러므로 셰익스피어의 희곡 ≪베니스의 상인≫에 등장하는 샤일록이 증오에 불타 '만일 당신이 돈을 갚을 수 없다면 1파운드의 살, 그것도 심장으로 잘라 갚아야 한다.'고 한 이야기는 완전히 허구일 뿐, 현실의 유대인에게는 있을 수 없는 얘기이다.

베드로가 바울에 대해 말한 것은, 바울이 어떤 사람인가가 아니라 베드로가 어떤 사람인가를 나타내고 있는 것에 불과하다. 이와 마찬가지로 셰익스피어 역시 자기가 크리스천이므로 그 사고방식을 극명하게 반영하고 있을 따름이며, 실상 유대인과는 아무 관련도 없다.

만약 유대인이 교활하고 잔인하며 욕심꾸러기인데다 정직하지 못하고 인간에 대해 증오를 불태우고 있었다면, 어째서 가톨릭에서 자금이 필요했을 때 같은 크리스천들에게 가지 않고 유대인들에게로 왔던 걸까? 그런 사실은 오히려 유대인이 가장 따뜻한 마음을 가졌고 가장 정직하며 가장 신뢰할 수 있는 인간이란 사실을 증명해 주는 것이다.

유대인은 풍부한 감정의 소유자로도 잘 알려져 있다. 그러므로 그들에게 슬픈 이야기를 하면 틀림없이 위로받을 수 있을 것이다. 유대인은 돈을 빼앗긴 경우에도 절대 그것을 벌하지 않는다. 그들이 관심을 기울이는 것은 상대방의 단죄가 아니라, 빼앗긴 것을 되찾는 데에만 있다. 따라서 돈 대신 자동차나 시계를 받기는 하지만, 팔이나 심장 따위를 내놓으라고 하지 않는다. 그런 것을 받아 봤자 아무 쓸모도 없다는 사실을 잘 알고 있기 때문이다.

≪탈무드≫에 따르면, 인간은 모두 같은 가족의 일부이다. 그러므로 만일 오른손으로 무엇을 하려 하다가 실수해서 왼손을 다쳤다 하더라도, 복수를 하기 위해 왼손이 오른손을 자르는 일 따위를 해서는 안 된다는 말이다.

'탈무드' 시대의 유대인 사회는 매우 빈한한 농경사회였기 때문에 고리대금업자 따위는 존재하지도 않았다. 따라서 셰익스피어를 읽을 때에는 크리스천들이 얼마나 유대인을 미워하고 멸시했었는가에 대해 먼저 깨달아야만 한다.

크리스천들은 돈을 경멸한다. 특히 ≪신약성경≫에는 예루살렘의 환전상인 유대인을 그들의 마을에서 내쫓았다고 기록되어 있다. 하지만 환전상이 없다면 외국인은 다른 나라에 가서 살 수가 없는 것이다. 유대인은 1년에 세 번 정도 예루살렘을 방문해야 했으며, 그곳에서 자기가 지니고 온 시리아 돈이나 바빌로니아 돈, 그리스 돈을 바꿔야만 했다. 때문에 ≪신약성경≫에서는 돈을 악이라 칭하고 있지만, 유대인들은 단 한 번도 돈을 악이라고 생각한 적이 없다.

만일 누군가가 어떤 사람에게서 돈을 빌렸다면, 돈을 빌려 준 사람은 자기가 빌려 준 돈이 되돌아올 것을 보증 받아야 한다. 하지만 ≪탈무드≫에 따르면 어떤 담보물을 잡았을 경우, 그 담보 잡은 물건이 둘 이상 있지 않으면 그것을 자기 것으로 만들 수 없게 되어 있다.

예를 들어 옷을 담보물로 했을 경우, 상대방이 옷이라곤 그것 하나밖에 갖고 있지 않다면 담보물로 취할 수가 없다. 또 접시를 담보로 잡았을 경우에도 그것이 하나뿐이라면 취할 수 없고, 집을 담보로 했을 때도 거기에 살고 있던 사람이 길거리에 나앉아야만 할 처지라면 그 집을 취할 수 없는 것이다. 다만, 하나뿐일 때라도 그 물건이 사치를 위한 것일 땐 예외가 되지만 생계유지를 위해 없어서는 안 될 물건이라면 절대 취할 수 없다.

만약 상대방이 생계유지를 위한 당나귀를 소유하고 있다면, 그 당나귀를 받을 수는 없지만 사용하지 않는 밤에는 가질 수 있다. 옷을 담보물로 가졌을 경우, 이스라엘의 밤은 대단히 추우므로 밤이 되면 그 옷을 되돌려주어야만 한다. 하지만 내준 사람이 가서 그 옷을 되찾아오는 행위는 허락되지 않는다. 반드시 받은 사람이 되돌려주기 위해 가야 한다. 그래야만 인간의 존엄성이 상실되지 않기 때문이다.

담

유대인들은 인간은 인간답게 자연스러운 상태로 살아가는 것이 가장 좋다고 여겼기 때문에 수도원이나 아내가 없는 수도사의 존재를 무가치하게 생각했다.

《탈무드》에는 '1미터의 담이 100미터의 담보다 낫다.'는 얘기가 있다. 다시 말해, 1미터의 담은 반듯하게 서 있지만 100미터 되는 담은 힘없이 쓰러질 수 있다는 말이다.

이와 마찬가지로 인간이 일생 동안 섹스를 하지 않고 지낸다는 것은 도저히 불가능한 일이며, 그것이 바로 100미터의 담에 해당한다는 얘기인 것이다.

아내가 없는 유대인은 즐거움이 없고 하느님으로부터 축복받을 수도 없으며 선행을 쌓을 수도 없다. 그러므로 남자가 열여덟 살이 되면 결혼하는 것이 가장 좋다고 되어 있다.

학 자

있는 것 전부를 팔아서라도 딸을 학자에게 시집보내도록 하라. 또한 학자의 딸을 얻기 위해서라면 모든 재산을 들여도 괜찮다.

새 해

유대인에게 있어서 '7'이라는 숫자는 대단히 중요한 의미를 지니고 있다.

우선 7일째에 안식일이 된다. 7년째에는 밭을 쉬게 하며, 49년째는 매우 경사스런 해로서 밭을 쉬게 함은 물론 빌렸던 돈은 모두 소멸된다.

1년에 두 번 있는 대축제인 출애굽을 기념하는 유월절과, 수확의 기쁨과 그에 대한 감사를 드리는 초막절은 각각 7일 동안 계속된다.

유대의 달력은 세계에서 가장 정확하다. 모든 유대인이 노예로 있었던 이집트에서 탈출한 날이야말로 유대의 역사에 있어 가장 큰 의의가 있는 만큼, 그때를 제1월로 하여 그로부터 7개월 후에 새해가 된다.

미국의 경우, 새해는 물론 1월 1일이다. 그러나 미국에서 제일 중요한 달은 독립을 선포한 7월이 된다. 예산 연도도, 학교 연도도 모두 7월에 시작된다.

그와 마찬가지로 유대인들도 이집트를 벗어난 때가 첫 달이 되는 것이다. 유월절이 1월, 그리고 거기서부터 7개월째에 새해를 맞아 초막절 축제를 갖는다.

먹을 수 없는 것

유대인이 고기를 먹을 때는 그 살에 있는 피가 전부 제거되어 있지 않으면 안 된다. 피는 곧 생명이기 때문이다. 생선이나 고기를 먹을 때 거기에 있는 피를 완전히 제거해 버리기 때문에, 유대인이 먹는 고기는 매우 말라 있다.

동물을 잡을 때도 때려잡거나 전기를 이용하면 피가 그대로 굳어 버리기 때문에 그런 방법은 절대 쓰지 않는다.

옛날부터 유대인은 고통을 주지 않고 피를 남김없이 제거해 버리는 방법을 연구했다. 우선 짐승을 죽인 뒤 그 고기를 30분 동안 물에 담갔다가 꺼내어 굵은 소금을 뿌린다. 그러면 그 소금이 피를 빨아내는 것이다. 빨려 나온 붉은 피는 다시 물에 씻긴다.

신체 중 간장이나 심장처럼 피가 많은 부분은 그것을 증발시켜 버리기 위해 먼저 불에 그슬린다. 하지만 그 모든 의식이 피가 더럽다는 관념에서는 아니다.

닭이나 소 등을 잡는 사람은 노련한 전문가들이며, 랍비처럼 대단한 훈련을 받은 해부학의 권위자들이고, 신앙심도 매우 깊어 사람들로부터 존경받는 위치에 있다.

유대인은 4천 년 전부터 해부학에 조예가 깊었다. ≪탈무드≫에도 랍비가 인간을 해부한 이야기가 나올 정도이다.

아마 그 당시부터 해부의 지식을 거의 완벽하게 알고 있었던 듯하다.

해부를 할 땐 그때마다 새로 간 매우 예리한 칼을 사용하는데, 우선 해부할 동물을 거꾸로 매달아 놓고 목을 찌르면 피가 쏟아져 나온다. 그리고는 그 동물을 세심히 살펴보는데, 이 과정은 다른 어떤 나라의 식육 검사보다도 엄격하다.

유대인은 피를 기피하지 않는다. 제단에 양을 바칠 때에도 피를 부정한 것으로 취급하지 않는다. ≪탈무드≫에서는 자기가 새우를 먹지 않는다고 해서 새우를 먹는 사람보다 건강하다고 말하면 안 된다고 가르친다. 자신이 새우를 먹지 않으므로 새우가 나쁜 것이라고 말할 순 없는 것이다. 다만 아무 이유도 없이, 그저 하느님께서 유대인에게 새우를 먹지 말라고 하셨으므로 먹지 않을 뿐이다.

또한 네 개의 발을 가진 짐승이라도 두 개 이상의 위가 있고 발굽이 둘로 갈라져 있는 것이 아니면 먹지 못하도록 되어 있다. 돼지는 위가 하나밖에 없으므로 먹을 수가 없고, 말도 발굽이 하나로 붙어 있기 때문에 먹을 수 없다.

생선은 지느러미와 비늘이 없으면 먹을 수 없으므로 장어는 못 먹는다. 또 고기를 먹는 새인 독수리와 매 등도 금한다.

거짓말

특별한 경우라면 거짓말도 용서받을 수 있을까?

≪탈무드≫에 따르면, 다음과 같은 두 가지 경우에는 거짓말을 하라고 했다.

첫째, 누구든 이미 사 버린 물건에 대해 의견을 물어올 때 설령 그 물건이 별로 좋지 않은 것이라 할지라도 좋다고 거짓말을 해야 한다.

둘째, 친구가 결혼했을 때 비록 신부가 뛰어난 미인이 아닐지라도 반드시 굉장한 미인이라고 말하며 행복을 기원해야 한다.

선한 사람

이 세상에는 매우 필요한 것 네 가지가 있다. 금, 은, 철, 구리가 그것이다. 하지만 그것들은 모두 다른 것으로 대신할 수도 있다.

진정 다른 어떤 것으로 대신할 수 없으면서 필요한 것은 선한 사람뿐이다.

≪탈무드≫에서 이르는 선한 사람이란, 큰 야자수같이 우

거지고 레바논의 삼나무처럼 늠름하게 솟아 있는 사람이다. 야자수는 한 번 잘라내면 다시 무성하게끔 성장하는 데 4년이 걸리고, 레바논의 삼나무는 아주 먼 곳에서도 보일 정도로 매우 크다.

자 선

'탈무드' 시대의 유대 가정에서는 안식일 전날인 금요일 저녁이면 어머니가 촛불을 켠다. 그러면 아버지가 아이들의 머리에 손을 얹고 축복을 기원한다.

유대인의 집에는 반드시 '유대인 기금'이라고 씌어진 상자가 있어서 아이들에게 동전(헤브라이어로 '주즈'라고 하며, 화폐 단위인 동시에 '움직이다.'라는 의미도 있다.)이 주어지고, 촛불을 켤 때에 아이들은 자선을 위해 그 상자에 돈을 넣는다. 이것은 어릴 때부터 자선 행위를 가르치기 위한 것이다.

금요일 밤에는 가난한 사람들이 자선을 구하기 위해 부자들의 집을 차례로 돈다. 그러면 어른들이 가난한 사람들에게 직접 돈을 주는 것이 아니라, 반드시 아이들을 시켜서 그 상자 속의 돈을 꺼내 주게 되어 있다. 이것은 아이들에게 자선 행위를 직접 실천시키기 위함이다.

지금도 세계에서 자선을 위해 가장 많은 돈을 쓰고 있는 민족이 유대인들이다.

두 개의 머리

《탈무드》에는 비현실적인 것이라 할지라도 원칙을 강조한 이야기가 많이 실려 있는데, 이것은 하나의 사고법을 단련시키기 위해서이다. 한 가지 실례를 들어 함께 생각해 보고자 한다.

'만일 두 개의 머리를 가지고 태어난 아기가 있다면 이 아기를 두 사람으로 보아야 하는지, 한 사람으로 보아야 하는지?' 하는 가설적인 질문이 있다.

이 질문은 언뜻 어리석게 생각되기도 하지만, 인간은 두 개의 머리가 있어도 몸체가 하나라면 한 사람이라든지, 한 개의 머리를 한 사람으로 헤아려야 한다든지 하는 식의 원칙을 세우기 위해서는 꼭 필요한 가설인 것이다.

유대인들 역시 아기가 태어난 지 한 달이 되면 시나고그에 데리고 가서 축복을 받는다. 그럴 경우 머리가 두 개 있으면 축복을 두 번 받아야 하는지, 아니면 한 번만 받아도 좋은지? 그리고 기도할 때 작은 머리 덮개를 써야 한다. 그런데 이럴 경우 한 사람이므로 한 개만 필요한 것인지, 아니면 머리가 두 개이므로 덮개도 두 개가 필요한 것인지?

《탈무드》는 그에 대해 명쾌한 해답을 제시한다. 한쪽 머리에 뜨거운 물을 부었을 때 다른 쪽 머리도 비명을 지르면 한 사람이고, 다른 한쪽 머리가 아무 반응도 나타내지 않으면 각기 다른 사람이라는 것이다.

나는 유대인이 어떤 민족인가에 대해 정의할 때, 종종 이 이야기를 응용한다. 즉 이스라엘이나 러시아에 있는 유대인들이 박해받았다는 이야기를 듣고 직접적인 아픔을 느껴 비명을 지르면 틀림없는 유대인이고, 아무 반응도 없으면 유대인이 아니라는 것이다.

이처럼 응용 범위가 넓은 에피소드는 《탈무드》에 수도 없이 많이 수록되어 있다. 랍비들이 설교할 때 많은 에피소드를 적절히 이용하는 것은, 설교 자체는 잊기 쉽지만 에피소드 속에 담긴 교훈은 오래도록 기억되어 실생활에 도움이 되기 때문인 것이다.

간 음

'탈무드' 시대의 타민족들에겐 만일 아내가 남편 아닌 남자와 성관계를 가졌을 경우, 이는 물론 남편에 대한 죄이므로 남편은 아내와 아내의 정부에게 어떤 판결을 내려도 좋도록 되어 있었다.

남편은 아내와 정부에게 벌을 줄 수도 있고, 용서를 베풀 수도 있었던 것이다.

하지만 그런 행위를 하느님에 대한 모독이라고 여기는 유대인 사회에서는 남편에게 벌을 내리거나 용서할 아무런 권한도 주지 않았다. 그것은 유대인을 유대인이게 하는, 우주의 율법에 대한 죄이기 때문이었다.

다시 말해 인간에 대한 죄가 아니라, 하느님께 죄를 진 것으로 생각했던 것이다.

자 백

유대의 법에서는 스스로에게 불리한 증언을 하면 무효가 되므로 자백을 인정하지 않는다. 왜냐하면, 자백이란 고문에 의해 얻어지는 경우가 대다수라는 것을 오랜 경험으로 알고 있기 때문이다.

오늘날에도 이스라엘에선 자백을 인정치 않는다.

섹스의 세계

올바르고 깨끗하게 행해지는 성행위는 기쁨이므로, 그 관계에 있어 '더럽다.'는 말을 들을 만한 행위를 해서는 안 된다.

《탈무드》에 '모든 교사와 랍비에겐 아내가 있어야 한다.'라는 말이 있는데, 아내를 거느리지 않으면 완전한 인간이 될 수 없다는 관념에서 비롯된 말이다.

《탈무드》에서는 섹스를 '생명의 강'이라 말하고 있다. 강이 난폭해지면 홍수를 일으키고 갖가지 것들을 파괴하게 되지만, 반면에 갖가지 결실을 맺도록 하고 상쾌한 기분을 느끼게도 하는 등 세상에 도움이 되는 일도 하기 때문이다.

남자의 성적 흥분은 시각에 의해서 얻어지고, 여자의 성적 흥분은 피부 감각에 의해서 얻어진다.

《탈무드》에선 남자에게 여자를 어루만질 때 주의하라 이르고, 여자에겐 옷차림에 주의하라 가르치고 있다.

계율이 엄격한 유대인 사회에서는 장사꾼이 거스름돈을 내어줄 때도 상대가 여성일 경우 절대 손으로 직접 건네주지 않고, 반드시 어딘가에 놓아서 그것을 집어가게 한다.

또한 계율을 존중하는 이스라엘 여성들은 미니스커트 같은 옷은 절대 입지 않고, 긴 소매 상의에 긴 스커트를 입었다.

랍비는 남자가 절정에 이를 때와 여자가 이를 때 사이에 시간적 차이가 있다는 것을 환기시켰다. 남자는 여자가 미처 흥분하기 전에 끝마칠 수도 있기 때문이다.

아내의 승낙 없이 품에 안는 것은 강간과도 같은 일이므로 남편은 섹스를 원할 때마다 아내를 설득해야 한다. 다정하게 이야기를 나누고 부드럽게 애무해 주는 시간을 충분히 가져야 하는 것이다.

아내가 생리 중일 때는 섹스를 할 수 없고, 생리가 끝난 뒤에도 7일 동안은 금하고 있다. 부부라고 해도 십이삼 일 동안은 절대로 서로 안을 수가 없는 것이다. 때문에 그동안 남편은 아내를 향한 그리움이 깊어져서, 계율의 날이 끝났을 때 부부는 신혼 때와 같은 관계를 유지시킬 수 있게 되었던 것이다.

결혼한 여자는 절대 다른 남자와 동침해서는 안 된다. 하지만 남편이 다른 여자와 동침하는 것은 용서된다. 이처럼 '탈무드' 시대에는 두 사람 이상의 아내를 거느릴 수가 있었지만, 일부일처제가 정착되면서부터는 아무도 여러 명의 아내를 갖지 않게 되었다. 또한 아내 이외의 다른 여자와 동침하는 것은 불성실한 남편이라는 통념이 생겨났다.

하지만 ≪탈무드≫에는 매춘부를 사는 이야기가 몇 군데 나온다. 자위행위를 하기보다는 매춘부에게 가는 것이 나으므로, 아내에게 계속 거절당할 때 남자가 그런 곳에 가는 것은 어쩔 수 없는 일이라 여겨지고 있다. 하지만 그러한 매춘부는 금전 때문에 몸을 파는 천한 여자로 취급되었고, 유대 사회는 학문을 중하게 여기고 계율과 종교를 존중했기 때문에 매춘부가 번성하지는 못했다.

'탈무드' 시대 때부터 랍비는 피임법에 정통해 있었고, 어떤 피임법을 쓰는 게 좋겠다는 것까지 지도했다.

그러고 피임은 여자만이 행했는데, ≪탈무드≫엔 임신한 여자와 유아를 기르고 있는 여자, 소녀, 이렇게 세 가지 경우에는 피임을 해도 좋다고 되어 있다.

당시 랍비의 지식으로는 임신 중인 동안 또 임신할 수도 있다고 생각했으므로 임신부의 피임이 허락되었고, 어린아이를 기르고 있는 어머니는 아이가 최소한 네 살이 될 때까지는 당연히 그 아이를 보살펴 주어야 한다고 생각했기 때문에 또 아기를 낳는 것을 권장하지 않았다. 소녀인 경우에는, 약혼을 했건 나이가 어려서 결혼을 했건 몸에 해롭다고 생각했기 때문이었다.

한편 광범위하게 기근이 들었을 때나 민족적인 위기를 맞았을 때, 또는 전염병이 창궐할 때에도 마찬가지로 피임이 권장되었다.

동성애

랍비들로서는 동성애란 용서할 수 없는 행동이었다.

유대인에게는 동성애자가 극히 드물었는데, 그 이유는 강인한 아버지와 상냥한 어머니가 그들 유대 남녀의 이상적인 모습이었기 때문이다.

사 형

사형 판결을 내려야 될 경우, 판사 전원이 일치한 판결은 무효이다. 재판에 있어선 항상 두 가지 견해가 있을 수 있기 때문에 일방적인 의견밖에 드러나지 않은 것은 그만큼 공정한 재판이 아니라는 생각에서였다.

때문에 사형을 결정할 때만은 판사 전원의 의견이 일치하면 안 되었다.

물레방아

'A'와 'B', 두 사람이 있었다. 'A'가 'B'에게 물레방아를 빌려 주는 대신, 'B'는 'A'의 곡식 전부를 무보수로 빻아 주기로 계약했다.

그동안에 'A'는 부자가 되어 다른 물방앗간 몇 채를 더 사들였다. 때문에 'A'는 굳이 'B'에게 곡식을 빻아 달라고 할 필요가 없게 되자, 'B'를 찾아가 물레방아 사용료를 돈으로 지불해 달라고 요구했다. 그러나 'B'는 계속 'A'의 곡식을 빻아 주는 것으로 사용료를 지불하고 싶어 했다.

이런 경우엔 어떻게 해야 좋을까?

《탈무드》의 판결에 따르면 다음과 같다.

만일 'B'가 돈으로 지불할 능력이 없다면 원래의 계약대로 'A'의 곡식을 빻아 줌으로써 사용료를 대신해야 할 것이지만, 만일 다른 사람의 곡식을 빻아 주어 번 돈으로 지불할 수 있다면 그렇게 해야 한다.

계 약

어느 회사의 종업원이 고용주를 위해 일해 주고 일주일 단위로 임금을 받기로 계약했는데, 현금이 아니라 근처 상점에서 임금에 해당하는 물건을 사고 상점 책임자가 그의 고용주로부터 현금을 받는다는 조건이었다.

일주일 후, 불만스러운 표정으로 고용주를 찾아온 종업원은 "상점에서 현금을 가져오지 않으면 물건을 내주지 않겠다고 하니, 현금을 지급해 주십시오." 하고 말했다.

그런데 잠시 뒤 상점의 책임자가 와서는 "당신네 종업원이 이러이러한 상품을 가지고 갔으니 그 값을 지불해 주십시오." 라고 하는 것이었다.

이런 경우에 고용주는 어떻게 해야 할까?

우선 사실 여부를 확인해 볼 필요가 있어서 충분히 조사를 해 봤지만, 종업원에게도 상점의 책임자에게도 아무런 증빙 자료가 없었다. 이들 두 사람은 선서를 한 뒤에도 자신들의 주장을 굽히지 않았으므로, 결국 《탈무드》에서는 두 사람 모두에게 돈을 지불하라고 고용주에게 지시했다.

그 이유는 이렇다. 종업원은 상점의 청구와 직접적인 관계가 없고, 상점 책임자 역시 종업원과 직접적인 관계가 없다. 하지만 고용주는 양쪽 모두와 관계가 있으므로, 그와 같은 관계를 맺고 있는 이상 고용주는 양쪽 모두에게 책임이 있다는 것이다.

오랫동안 갖가지 논쟁을 불러 일으켰던 이야기이지만, 이 판결이 옳은 것에 가장 가깝다. 어느 쪽이 거짓말을 하고 있는지는 모르나 양쪽 다 선서를 했고, 고용주는 양쪽 모두에 관여되어 있으므로 다른 방법이 없는 것이다.

다시 말해, 계약을 체결할 땐 명백한 선을 그으라는 것이 이야기에 담긴 교훈이다.

광 고

현대의 사회에서는 광고를 할 때 거짓을 알리지 못하도록 규제하고 있다. 하지만 그럼에도 불구하고 자동차나 맥주, 담배 등 오늘날 범람하고 있는 광고가 반드시 올바른 상품 정보만을 전달하고 있다고 보긴 어렵다.

'A'라는 상품이 'B'라는 상품보다 훨씬 좋다고 주장하지만, 뒤집어서 보면 다른 상품의 광고도 이와 똑같은 주장을 하고 있는 것이다.

상품과 직접적인 상관이 없는 포장이나 디자인도 널리 이용되고 있다. 예를 들어, 미국의 담배 광고를 보면 아름다운 여자가 자동차 안에서 기분 좋은 표정으로 담배를 피우고 있는데, 물론 이것은 거짓말을 하고 있는 것은 아니지만 실제로 그 여자와 흡연과는 아무런 관련도 없다.

≪탈무드≫에서는 그러한 판매 방식을 허용하지 않는다. 어떤 의미에서 이것은 사람을 유혹한다고 볼 수 있는 것이다.

≪탈무드≫에서는 소를 팔 때 다른 색깔을 칠하지 못하도

록 하고 있다. 남을 속일 목적으로 상품에 색깔을 입히는 일이 금지되어 있다는 말이다. 또한 신선한 과일을 오래된 과일 위에 올려놓고 팔아서도 안 된다고 적혀 있다.

또한 《탈무드》엔 건물의 안전 지침에 대해 구체적인 예까지 들어가며 처마 길이의 제한, 발코니 기둥의 굵기에 이르기까지 자세히 설명하고 있다. 노동 시간에 대해서는 그 지방의 평균적인 노동 시간을 초과하여 고용인에게 일을 시켜서는 안 된다고 되어 있으며, 만약 과일 따는 일꾼을 고용했을 때 그 일꾼이 어느 정도 과일을 따먹는 행위를 금할 순 없다고도 되어 있다.

또한 《탈무드》에서는 상품을 팔 때 그 상품에 걸맞지 않은 수식어를 붙이지 말라고 지시하고 있다.

오늘날 미국의 광고를 보면 킹사이즈라든가 풀 야드라든가 등의 과장된 표현이 난무하고 있다. 풀 야드라는 말은 실상 1야드밖에 안 되는 것이므로, 그러한 표현은 애초부터 사용치 못하도록 하고 있는 것이다.

소유권

소유권에 대해서 살펴보자.

만일 동물을 소유하고 있다면 그 동물의 몸에 낙인을 찍음으로써 소유권을 보장받는다. 시계 등엔 이름을 새겨 넣을 수 있고, 양복에는 재봉질로 표시할 수 있으며, 자동차나 집 따위는 각각 관할 관청에 등기를 함으로써 소유권을 증명할 수 있다.

하지만 이름을 새기거나 등기하기가 어려운 것도 있다.

돈을 길거리에서 잃어버렸는데, 누군가가 이미 주운 다음에 돌아와서 '내가 방금 전에 돈을 잃어버려 되돌아왔다.'고 말해 봤자 그 사람이 진짜 돈을 잃어버렸는지 아닌지 증명할 수가 없다. 돈에 표시를 해놓았다 해도, 그 돈을 쓰고 난 후에도 표시는 남아 있으므로 자기 것이라고 우긴다 해도 소용이 없는 것이다. 하지만 돈이 특별한 편지 등과 같이 있어서 그것이 자기 것임을 증명할 수 있다면 물론 사정은 달라진다.

그렇다면 극장 통로에 떨어진 은화 꾸러미를 양쪽에 앉은 두 남자가 서로 자기 것이라고 말할 경우 그것의 소유권이 누구에게 있는지를 어떤 방법으로 증명해야 할까?

우선 갖가지 경우를 생각해 본 뒤 원칙을 세워야 하는데, ≪탈무드≫에서도 의견이 분분하다.

먼저 두 사람이 똑같이 나누어 가지면 된다는 의견이 있지만, 이것을 원칙으로 삼을 수는 없다. 그 이유는 발견된 은화 꾸러미가 그들의 옆에 있었으니까 두 사람만 나누어 가지라고 할 경우 뒤나 앞에 앉아 있던 사람이 끼어들 수도 있고, 또 다른 사람이 자기 것이라고 주장할 수도 있기 때문이다.

그렇다고 발견한 모든 사람에게 권리가 있다는 것을 원칙으로 삼을 수도 없다. 보지 못했으면서도 뒤에 가서 보았노라고 나서는 사람에게까지 권리를 주어야 하는 일이 생길 수도 있으므로 이 방식 또한 곤란한 것이다.

이때 《탈무드》는 '성경에 손을 얹고 선서하라. 양심에 비추어 자기 것이라고 생각되면 나누어 가지라.'고 하고 있지만, 이 경우에도 그것에 반대되는 견해가 대두되기 마련이다.

예상했던 것처럼, 한 사람이 그렇다면 선서도 소용없지 않느냐는 의견을 피력했다. 다시 말해, 자기 것이라고 선서를 했음에도 나누어 가져야 한다는 것은 선서를 모독하는 행위란 얘기였다.

그렇다면 주장하는 것의 절반만 자기 것이라고 선서를 하면 어떻겠느냐고 또 다른 사람이 말했다. 그러나 그와 같은 경우에도 한 사람이 100%, 다른 사람이 50%를 주장하여 재판소에 갔을 경우, 처음 사람은 절반을 인정받는 데 비해 50%라고 말한 나중 사람은 4분의 1밖에 인정받지 못하는 일이 생겨 곤란해진다.

그리하여 이 의견은 어느 쪽이든 절반만은 자기에게 권리가 있다고 선서하는 것으로, 최종 결론을 맺고 있다.

'거짓 선서를 하지 말라.'는 것은 천주의 십계 가운데 하나 이고, 만일 거짓 선서를 했을 경우엔 매를 서른아홉 대 맞아야 한다. 만약 선서를 했으면서도 거짓말을 한다면, 그것은 하느님을 모독하는 일이 되는 것이다.

그러나 획득한 것이 은화나 지폐 같은 게 아닌 고양이였을 때에는 어떻게 될까?

그런 경우엔 고양이를 반으로 나눌 수가 없으므로 두 사람이 함께 고양이를 팔아 그 돈을 나누든가, 한 사람이 고양이 값의 절반을 상대방에게 주고 고양이를 가지면 된다.

다만 고양이 같은 생물의 경우엔 일정 기간 동안 주인이 나타나기를 기다리는 등 여러 절차가 필요하지만, 지폐 따위는 처음부터 주인을 찾을 수 없다고 생각하여 처리한다.

두 세계

한 랍비가 두 남자를 만났을 때 이렇게 말했다.

"나는 모든 사람들로부터 신뢰를 받고 있는 랍비요. 나는 두 남자 중 한 사람에게서 천 원을 빌렸고, 다른 사람에게선 2천 원을 빌렸소. 그런데 어느 날 두 사람이 찾아와 모두 2천 원을 갚으라고 요구했소. 하지만 2천 원을 빌렸던 사람이 누구인지 기억할 수가 없으니, 어떻게 해야 좋겠소?"

《탈무드》에는 두 가지 의견이 제시된다.

우선 천 원 이상씩 빌려 준 것만은 틀림없는 사실이다. 두 사람 가운데 누군가가 천 원만 빌려 주었는데, 그가 누구인지는 알 수 없다. 그러므로 우선 천 원씩만 갚고, 나머지 천 원은 앞으로 증거가 나타날 때까지 재판소에 맡겨 둔다는 것이 대다수의 의견이었다.

그러나 다른 랍비가 다음과 같은 의견을 말했다.

"잠깐만! 두 사람 중 한 사람은 천 원밖에 빌려 주지 않고서도 천 원을 더 받아내려 하는 도둑이오. 두 사람 모두에게 천 원씩을 갚는다면 그 도둑은 아무것도 잃는 것이 없고, 그렇다면 사회 정의가 이루어질 수 없소. 도둑이나 악한 사람에게 이득을 주거나 악한을 벌주지 않고 넘어가는 것은 훌륭한 사회에서는 있을 수 있는 방법이 아니오. 따라서 두 사람 모두에게 단 한 푼도 주지 않는 것이 좋겠소. 돈은 재판소에서 맡아 두어야 하오."

그러면 빌려 준 천 원마저 잃어버리게 된 도둑이, 집에 가서 수첩을 보니 천 원 빌려 주었던 것이 분명하다고 하면서 찾으러 올 가능성도 있다.

그러나 앞의 '소유권'에 나오는 극장의 두 사람처럼 똑같이 자기가 발견했으니 자기 것이라고 주장하거나, 선서를 한 뒤에도 각자 자기주장을 꺾지 않으면 어쩔 도리가 없다는 것이다.

≪탈무드≫가 아무리 분량이 엄청난 책이라 해도 기나긴 역사를 한정된 지면 안에서 다루고 있기 때문에, 어떤 한 가지 주제를 가지고 지나치게 페이지를 낭비할 수는 없다.

그러나 기이하게도 이 논쟁에 대해서는 매우 여러 번 반복된다. 이것은 ≪탈무드≫에 있어 극히 드문 일인데, 그건 아마도 그처럼 절충이 불가능한 두 세계가 함께 존재한다는 것을 깨우쳐 주기 위함이 아닐까 싶다.

제5장 · **탈무드의 손**★

형제애

두 형제가 다투고 있었다. 서로 자기 의견만이 옳다고 주장하며 싸우는 것이 아니라, 어머니의 유언이 그 원인이었다. 어머니 유언에 대한 그들 형제의 해석은 나름대로 일리가 있었다.

이 두 사람은 어렸을 때부터 전쟁 중의 독일, 러시아, 시베리아, 만주 등지를 함께 유랑해 다녔기 때문에 매우 사이가

★ 손은 두뇌의 판단에 의해 움직여진다. ≪탈무드≫를 연구하는 사람으로서 줄곧 '탈무드적'인 사고방식을 고수해 온 필자의 손은 어느 틈엔가 ≪탈무드≫의 판단에 따르는 사자가 되어 버렸다.
'제5장 탈무드의 손'에서는 매일처럼 상의해 오는, 어렵고 또 괴로운 문제들을 내가 어떤 방법으로 해결해 왔는가를 실제 예를 들어 소개하고자 한다. 지금까지의 에피소드나 격언 등의 응용편으로 읽어 주길 바란다.

좋은 형제였었다. 그런데 예의 유언을 둘러싸고 싸움이 일어나 서로 헐뜯고 반목하는 바람에 형은 동생을, 동생은 형을 잃고 말았다. 그들은 이제 서로 얘기도 나누지 않고, 같은 방에도 있으려고 하지 않았다.

어느 날, 그들이 각각 나를 찾아왔다. 형은 동생을, 동생은 형을 잃은 것을 슬퍼하며 싸울 의사 같은 것은 없다고 하소연했다.

아메리칸 클럽에서 개최하는 회합에 강사로 초청되어 나가게 된 나는, 두 형제를 파티에 초대해 달라고 주최자에게 부탁했다. 평상시 같으면 얼굴을 마주치게 되자마자 이내 등을 돌려 버리곤 했던 두 사람이었지만, 그날은 초청자의 체면을 세워 주어야 하는 처지에 놓이게 되어 어쩔 수 없이 합석했다.

나는 인사를 마친 뒤, 다음과 같은 ≪탈무드≫ 이야기를 들려주었다.

옛날 이스라엘에 두 형제가 살고 있었다. 형은 결혼하여 아내와 자식이 있고, 동생은 아직 미혼이었다.

근면 성실한 농부인 두 사람은 아버지가 세상을 떠나자 재산을 나누기로 합의하고, 수확한 사과와 옥수수를 똑같이 절반으로 갈라서 각자 창고에 보관했다.

밤이 되자, 동생은 '형님에게는 아내와 아이들이 있으

니 어려운 일도 그만큼 많을 거야. 내 것을 좀 더 나누어 주어야겠어.' 하고 생각하여 형님 창고에 꽤 많은 양의 사과와 옥수수를 가져다 놓았다. 형도 역시 '나는 자식들이 있으니 노후를 걱정할 필요가 없지만, 혼자 사는 동생은 스스로 비축해 두어야 될 거야.' 하는 생각이 들어 옥수수와 사과를 동생 창고로 옮겨다 놓았다.

아침이 되자, 잠에서 깨어난 형제는 각자 창고에 가 보았다. 하지만 어제와 똑같은 분량의 사과와 옥수수가 창고 안에 그대로 놓여 있는 것이었다. 다음 날 밤에도, 또 그다음 날 밤에도, 같은 일이 사흘이나 반복되었다.

바로 그다음 날 밤, 각기 상대방 창고로 사과와 옥수수를 옮기던 형제가 도중에서 마주치고 말았다. 비로소 서로를 얼마나 생각해 주고 있었던가를 깨달은 두 형제는 옮기던 것을 내던진 채 끌어안고 울었다.

이들 두 형제가 서로를 끌어안고 울었던 장소는 오늘날까지 예루살렘에서 가장 존귀한 곳으로 전해지고 있다.

그 아메리칸 클럽에서 나는 혈육의 사랑이 얼마나 소중한 것인가를 강조했고, 그 결과 오랫동안 반목해 왔던 두 형제는 잃어버렸던 형제애를 되찾았다.

개와 우유

어느 가족이 개를 기르고 있었다. 오랫동안 더불어 생활해 온 그 개를 가족들 모두가 사랑했다. 특별히 한 아들이 그 개를 유난히 좋아하여 잠잘 때마저도 자기 침대 밑에다 재우는 등 거의 일심동체가 되어 함께 생활했다.

그러던 어느 날 그 개가 그만 죽고 말았다. 아버지는 언젠가는 모두 죽게 되는 것이니 어쩔 수 없는 일이라고 달랬지만, 아들은 형제처럼 사랑스럽게 여겨왔던 충직한 친구를 잃은 것을 몹시 슬퍼하면서 집 뒤뜰에다 묻어 주었으면 좋겠다고 말했다. 물론 아들도 개와 인간은 서로 다르다는 사실을 알고 있었지만, 사랑하던 개의 시체를 어딘가에 내다 버린다는 행위를 용납할 수가 없었던 것이다.

그러나 아버지는 개를 뒤뜰에다 묻는 것을 반대했고, 그 일로 가족 사이에 일대 논쟁이 벌어졌다. 결국 그 아버지는 상담을 요청하여, 혹시 유대의 전통에 개를 매장하는 의식이 있느냐고 내게 물었다.

전화로 그 이야기를 듣는 동안, 어떻게 대답해야 할지 나로선 참으로 난감했다. 그간 여러 가지 질문을 받아왔지만 개에 관한 문의는 처음이었던 것이다.

하지만 슬퍼하고 있을 그 아들의 모습이 떠올라 내 마음이 무척 착잡했다. 나는 아무튼 당신의 집을 찾아가겠노라고 약속했다.

일반적으로 랍비들은 문의 사항에 대한 답을 전화로 하지 않는다. 상대방과 마주 보고 이야기하는 것이 하나의 관습으로 되어 있기 때문이다.

나는 그의 집을 방문하기 전에 ≪탈무드≫를 펼쳐 놓고 개에 관한 전례가 있는지를 살펴보았고, 마침내 적절한 것 한 가지를 찾아냈다.

집 안에 놓여 있는 우유 통 속에 뱀이 빠져 버렸다. 고대 이스라엘의 농촌에는 많은 뱀이 있었지만, 우유 통 속에 빠진 뱀은 독사였으므로 우유 속에는 당연히 독이 풀리기 시작했다. 그때 마침 그 집에서 기르고 있던 개가 그 광경을 보았다.

그 집 가족들이 통에서 우유를 따르려고 하자, 개가 미친 듯 짖어대기 시작했다. 그러나 가족들은 개가 시끄럽게 짖어대는 이유를 알지 못했다.

마침내 가족 중 누군가가 그 우유를 마시려고 했을 때 개가 달려들어 우유를 엎어 버리고는 그것을 핥아먹기 시작했다. 개는 이내 죽고 말았다. 그제야 가족들은 우유 속에 독이 들어 있었다는 사실을 깨달았고, 자기를 길러 준 사람들을 구하기 위해 대신 죽은 그 개는 당대의 랍비로부터 대단한 경의와 찬사를 받았다.

그 집을 찾아간 나는 그의 가족들에게 《탈무드》에 나오는 개의 이야기를 들려주었다.

그러자 아버지의 반대는 수그러들었고, 결국 아들의 애견은 그의 소망대로 뒤뜰에 묻히게 되었다.

당나귀와 다이아몬드

한 유대인 여성이 백화점으로 쇼핑을 나갔다가 돌아와서 사 온 물건을 펼치자, 상자 속에 자기가 사지 않은 물건이 들어 있었다. 그녀가 산 것은 양복과 외투뿐이었는데, 상자 속에는 매우 값비싸 보이는 반지가 함께 들어 있었던 것이다.

아들과 단둘이 살고 있는 그녀는 그다지 넉넉한 처지가 아니었다. 그녀는 어린 아들에게 그 이야기를 한 다음 상담을 하기 위해 랍비를 찾아가 봐야겠다고 생각했다.

그녀가 찾아오자 나는 《탈무드》의 이야기를 들려주었다.

나무를 해다 팔아서 생계를 꾸려가고 있는 한 랍비가

있었다. 항상 산에서부터 마을까지 나무를 실어 나르던 그는 그 시간을 절약하여 ≪탈무드≫를 더 연구하고 싶은 마음에서 당나귀를 한 마리 사기로 결정했다. 그리하여 그는 마을의 아랍 상인에게서 당나귀 한 마리를 샀다. 제자들은 랍비가 보다 빠르게 산에서 마을까지 왕복할 수 있게 된 것을 좋아하며 냇가로 나가 당나귀를 씻겨 주었다.

그때 갑자기 당나귀 목구멍 속에서 다이아몬드가 튀어 나왔다. 제자들은 이제 랍비가 나무꾼 생활에서 벗어나 자기들을 가르치고 연구할 시간을 보다 많이 갖게 되었다면서 기뻐했다. 하지만 랍비는 제자들에게 지금 당장 마을로 가서 아랍 상인에게 다이아몬드를 되돌려주라고 명령했다.

한 제자가 "이 당나귀는 이미 선생님께서 사신 것이 아닙니까?" 하고 물었다.

그러자 랍비는 "분명 당나귀를 산 기억은 있지만, 다이아몬드를 산 기억은 없다. 나는 내가 산 것만을 갖겠다. 이것이 정당한 일이다."라고 말하며, 아랍 상인에게 가 다이아몬드를 돌려주었다.

그러자 아랍 상인은 "당나귀는 이미 당신이 샀고, 다이아몬드는 그 당나귀 속에 들어 있었는데 돌려줄 필요가 있습니까?"라고 물었다.

랍비는 "유대의 관례에 따르자면, 자기가 구입한 물건
만을 가져야 하기 때문에 다이아몬드를 당신에게 돌려주
는 것이오."라고 대답했다.

이에 아랍 상인은 당신들의 하느님이야말로 진정으로
위대한 신임에 분명하다면서 감탄했다.

이 이야기를 듣고 난 그녀는 "그렇다면 지금 돌려주러 가야
겠군요. 그런데 뭐라고 말하면서 돌려줄까요?" 하고 물었다.
나는 이렇게 대답해 주었다.

"그들이 어째서 돌려주느냐고 묻거든, 이 반지가 백화점의
것인지 백화점 점원의 것인지는 알 수 없으나 내가 유대인이
기 때문이라고 대답하시오. 그리고 반드시 아들을 데리고 가
십시오. 아들은 자기 어머니가 참으로 정직한 분이라는 것을
평생 동안 기억할 것입니다."

벌금의 규칙

한 유대인 회사에서 유대인 사원을 채용했는데, 어느 날
그 사원이 공금을 가지고 도망쳐 버렸다. 유대인 사장은 몹시

화가 나 경찰에 신고하려고 했다. 그러자 그 회사의 중역 한 사람이 어떻게 해야 좋겠느냐면서 내게 상담을 청해 왔다.

나는 "우선 그가 정말로 돈을 갖고 도망쳤는지 사실 여부를 확인해 볼 필요가 있습니다. 조사 결과 회사 돈을 빼돌려 도망갔다는 게 사실임이 밝혀진다 해도, 경찰에 신고하면 그는 기소될 것이고 틀림없이 감옥에 들어가게 될 거요. 그것은 유대인다운 방법이 아니오."라고 대답했다.

그 이유는 그가 감옥에 수감되어 버리면 사장은 영원히 돈을 돌려받을 수 없게 되기 때문이며, 누군가 돈을 훔쳤다면 그 사람은 벌을 받는 대신 돈을 갚아야만 한다는 것이 유대의 법률이었기 때문이다.

마침내 돈을 갖고 도망갔던 유대인 사원을 찾아내어 그와 같은 이야기를 하자, 그는 수중에 한 푼도 없다고 말했다. 그러나 현재는 없다 하더라도, 감옥에 들어가는 것보다는 차라리 일을 해서 돈을 벌어 분할 상환 방식으로 갚는 것이 좋을 거라 여겨 나는 경찰에 신고하지 않았다. 대신 내 방에서 재판을 받도록 했다.

재판장이 된 나는, 그가 훔친 돈을 벌어서 갚음과 동시에 벌금을 내놓아 그 돈을 자선 사업에 쓰기로 결정했다.

유대인 사회에서는 가령 'A'라는 사람이 100만 원을 훔쳤을 경우, 그는 랍비의 재판에 회부된다. 랍비의 재판에서 유죄가 선고되면 원금에 벌금을 합해서 110만 원을 갚으라는 판결을 받게 된다. 그 110만 원을 갚고 나면, 그는 아무런 전과가 없는 결백한 사람과 똑같아진다. 전에 피해를 입었던 사람이 '저놈이 내 돈을 훔쳐 갔었다.'는 따위의 말을 하면, 오히려 그와 같이 욕을 한 사람이 나쁜 행위를 한 것으로 간주된다.

벌금은 평균 20% 이상으로 정해지지만, 여기에는 엄격한 규칙이 있다. 즉 무엇을 훔쳤는가, 그것을 이용해서 돈벌이를 할 수 있는가? 밤에 훔쳤는가, 낮에 훔쳤는가? 아니면 아침에 훔쳤는가? 등의 여러 조건에 의해 적용 범위가 달라진다.

≪탈무드≫에서는 말을 훔쳤을 경우, 상당한 벌금을 부과하고 있다. 말은 그것을 이용하여 돈을 벌 수도 있고, 도둑맞은 사람이 몹시 곤경에 처하게 되기 때문이다. 오늘날 같으면 트럭에 해당되는데, 이 경우 400% 가량의 벌금을 물어야 한다. 보통 당나귀를 훔쳤을 때는 말을 훔쳤을 때보다 벌금이 적다. 말은 성질이 온순하여 훔치는 것이 쉽기 때문이다.

또한 훔친 사람의 입장도 고려된다. 기아선상에 있는 사람이라면 20% 가량이 벌금에서 삭감된다. 옛날 이스라엘에서는 벌금이나 돈, 또는 이자 따위를 지불할 능력이 없는 경우엔 노동으로 갚아야 했고, 최악의 경우엔 감옥에 보내졌다.

그러나 근본적으로 감옥에 가둬 둠으로써 문제가 해결되는 건 아니라는 것이 유대인의 사고방식이다.

아기인가, 어머니인가

격심한 난산으로 위중한 상태에 이르게 된 한 유대인 산모의 남편이 상담 요청을 해왔다.

나는 한밤중에 병원으로 달려갔다.

그들 부부에겐 첫아기였는데, 산모는 출혈 과다로 매우 위급한 상황이었다. 의사는 산모가 살아나기 어려울 것이라 했고, 아기의 상태를 묻자 그것 또한 미지수라고 대답했다. 결국 아기를 살리느냐, 산모를 살리느냐 하는 결정을 내려야 할 막바지 순간이 다가왔다.

산모는 그 경황 중에도 자기는 어찌 되든 상관없으니 아기만은 살려 달라고 애원했다. 거듭 의논한 끝에, 그 일에 대한 결정권이 나에게 주어졌다.

나는 우선, 내 결정은 나 혼자의 생각이 아니라 《탈무드》, 또는 유대의 전통이 내리는 것이니 어떤 경우에든 그 결정에 따르겠느냐고 물었다. 그러자 부부는 그것이 유대의 결정이라면 따르겠노라고 대답했다. 나는 산모의 목숨을 살리고, 아기를 희생시키라고 말했다. 그러자 산모가 그와 같은 일은 살인 행위와도 같다며 극구 반대하는 것이었다.

그러나 유대의 전통에 따르면 세상에 태어나기 전까지의 아기는 아직 인간이 아니고, 태아는 그저 어머니의 일부분에 불과할 뿐이라고 되어 있다. 생명을 구하기 위해 부득이하게 신체의 일부, 즉 팔이나 다리를 잘라내야 할 때도 있는 것처럼 유대의 전통에서는 이럴 경우 반드시 어머니를 살리도록 하고 있다.

처음에는 산모가 안 된다고 반대했지만, 마침내 부부는 나의 결정에 따랐다. 그 결과 산모는 생명을 건졌고, 그 뒤 그들 부부에게는 또다시 귀여운 아기가 잉태되어 태어났다.

정당한 경쟁

어느 날 한 상인이 나를 찾아와 다른 상점에서 부당하게 가격을 인하하여 자기 손님을 빼앗아 가고 있다고 하소연했다.

《탈무드》는 부당한 경쟁에 관해서 많은 지면을 할애하고 있는데, 그때까지 나는 《탈무드》에 그러한 것이 수록되어 있다는 사실조차 알지 못하고 있었다.

아무튼 한 주일간의 시간을 얻어, 《탈무드》를 공부한 다음 결정하기로 그 상인과 합의했다.

《탈무드》는 다음과 같이 가르치고 있었다.

어떤 물건을 팔고 있는 상점 근처에 똑같은 물건을

파는 상점을 내어서는 안 된다.

하지만 두 군데의 상점 가운데 한 상점에서 어린이들에게 팝콘을 경품으로 내걸었고, 비록 경품이 보잘것없는 것이기는 하지만 아이가 그것을 좋아하여 어머니 손을 잡고 그 상점에 가서 물건을 사도록 하는 경우가 있다면 여론은 갖가지로 나누어지게 된다.

값을 내려 경쟁하는 것은 구매자에게 이익이 되므로 좋지 않느냐고 말하는 랍비도 있고, 구매자를 유혹하기 위해 가격을 내리거나 경품을 내걸고 팔거나 하는 행위는 부당한 경쟁이라고 말하는 랍비도 있다.

그러나 대부분의 랍비의 결정은 가격을 아무리 많이 내려도, 그 경쟁은 불공정한 것이 아니라는 것이었다. 사는 사람이 이익을 보는 일이라면 그걸로 족하지 않느냐는 것이 ≪탈무드≫의 견해이다.

다음 주에 다시 찾아온 상인에게, 나는 다음과 같이 얘기했다. "도둑질은 분명 금지되어 있습니다. 하지만 어떤 이유로 얼마나 가격을 내리든 그것은 정당한 행위입니다."

나 역시 자유 경쟁의 원리에서, 소비자가 이익을 보는 일이라면 바람직하다는 생각이었다.

위기를 극복한 부부

결혼한 지 10년이 된 부부가 있었다. 겉보기엔 금슬이 좋은 부부로 매우 행복해 보였다.

그런데 어느 날 남편이 이혼을 해야 될지 어째야 좋을지 모르겠다며 나를 찾아왔다. 그들 부부를 잘 알고 있던 나는 설마 그들의 결혼생활이 원만치 못했으리라고는 생각할 수 없었다.

남편은 아내와의 사이에 아이가 없다는 이유로, 친척들로부터 헤어지라는 강요를 받았다고 말했다. 유대의 전통에 따르면, 결혼 후 10년이 지나도록 아이가 없으면 이혼할 권리가 보장되는 것이다.

그들 부부는 헤어져야 한다는 큰 문제 앞에서 심각했지만, 남편의 가족들로부터 매우 강한 압력을 받고 있었기 때문에 어쩔 방도가 없었다. 그리하여 남편이 먼저 나와 의논하기 위해 찾아온 것이었다.

그다음에 그 두 사람이 함께 찾아왔을 때, 나는 그들 부부가 여전히 서로 사랑하고 있다는 것을 느낄 수 있었다.

일반적으로 랍비는 이혼에 대해서는 언제든지 일단 반대하고 있다. 그 이유는 한 번 나쁜 아내를 얻은 사람은 헤어진다 하더라도 그와 똑같은 잘못을 무의미하게 반복하여 또다시 그런 아내를 얻게 된다는 사실을 잘 알고 있었기 때문이다.

남편은 사랑하는 아내와 이혼을 해야 하지만, 아내에게 이혼 당한다는 굴욕감을 안겨 주고 싶지 않기 때문에 될 수 있는 한 평화롭게 헤어지기를 원하고 있었다.

이에 나는 '탈무드적'인 발상법을 도입했다.

나는 남편에게 아내를 위해 성대한 잔치를 열고, 그 자리에서 10년 동안이나 같이 살아오는 동안 아내가 얼마나 훌륭했던가를 여러 사람들 앞에서 이야기하라고 권유했다.

그는 나의 조언을 진심으로 기뻐했다. 왜냐하면, 그 자신이 아내를 싫어하기 때문에 헤어지는 것이 아니라는 사실을 어떤 방법으로든 분명하게 밝혀 두고자 다짐하고 있었기 때문이었다. 나는 바로 그 점에 올가미를 달아 놓은 것이다.

그는 헤어지는 아내에게 무엇인가를 선물하고 싶다고 말했다. 내가 어떤 것을 줄 생각이냐고 묻자, 그는 아내가 진정으로 오랫동안 귀중하게 여길 수 있는 것을 주고 싶다고 대답했다.

나는 그에게, 잔치가 끝나면 아내에게 "내가 가지고 있는 모든 것 중 갖고 싶은 것 한 가지만 이야기하시오. 뭐든 원하는 것을 주겠소."라고 권하라고 충고했다. 그리고 아내에게도 같은 내용의 이야기를 해 주었다.

이윽고 잔치가 끝나자, 남편은 나의 조언대로 아내에게 뭐든지 갖고 싶어 하는 것 하나를 주겠다고 말했다.

다음 날 아침 내가 입회한 자리에서, 그녀는 자기가 갖고 싶은 것을 남편에게 이야기하도록 되어 있었다. 그 자리에서 그녀는 갖고 싶은 것은 오로지 남편뿐이라고 말했고, 결국 두 사람은 이혼을 취소했다.

그 후, 그들 부부 사이에서는 두 명의 아기가 태어났다.

성경에의 맹세

어느 날 두 명의 남자가 헐레벌떡 달려오더니 나를 찾았다.

그중 한 남자가 돈이 필요하다고 하는 친구에게 큰돈을 빌려 주었었다. 그러나 상환일이 되자 빌려 준 사람은 5천만 원, 빌린 사람은 2천만 원이라고 각기 다른 주장을 하고 있는 것이었다.

나는 거짓말을 하고 있는 사람이 누구인가를 알아내야 했다. 그래서 우선 한 사람씩 따로 만나 이야기를 들은 다음, 두 사람을 같이 오라고 하여 셋이서 얘기를 나누었다. 그러고 나서 그 두 사람에게 이튿날 아침 다시 한 번 나를 찾아오면 판결을 내려 주겠다고 말했다.

두 사람이 돌아간 후, 나는 서재에 있는 여러 가지 책을 들춰 보며 5천만 원을 꾸어 주었다고 주장하는 사람과 2천만 원밖에 꾸어가지 않았다고 주장하는 사람이 어떤 심리 상태에 놓여 있게 되는가를 연구했다. 물론 증서가 있다면 문제가 일어났을 리도 없겠지만, 유대인 사회에서는 친구 사이에 돈을 빌려 주고 빌려 갈 경우에는 증서를 작성하지 않는 관습이 있다.

아무튼 나는 2천만 원밖에 빌리지 않았다고 주장하는 남자가 거짓말을 하기로 작정했을 경우, 한 푼도 빌리지 않았다고 주장해도 사실은 똑같은 것이 아닌가 하는 생각을 했다. 그와 동시에 5천만 원을 빌려 주지 않고서도 빌려 주었다고 주장하는 행위 역시 이치에 맞지 않는다고 생각되었다.

그런데 《탈무드》에 다음과 같은 가르침이 있었다.

거짓말쟁이가 거짓말을 할 때에는 철저하게 한다. 만일 어떤 사람이 자신에게 불리한 사실을 조금이라도 이야기할 경우, 그가 하는 말은 쉽게 믿어진다. 아직 그에게는 다소나마 정직함이 남아 있기 때문이다. 그러므로 당사자 둘이 모이면 그 거짓말의 정도는 가벼워진다.

기일 안에 갚겠다고 약속한 뒤 5천만 원을 빌려 왔더라도 막상 상환일이 닥쳤는데 2천만 원밖에 없었을 경우, 2천만 원밖에 빌리지 않았다고 주장할 수도 있겠다는 생각이 들었다. 그래서 우선 2천만 원밖에 빌리지 않았다고 주장하는 남자를 불러 정말로 2천만 원밖에 빌리지 않았느냐고 물었다.

그러자 남자는 분명히 2천만 원밖에 빌리지 않았다고 대답했다.

"당신에게 5천만 원을 빌려 준 친구는 상당한 부자이므로 그 돈이 꼭 필요한 것은 아니요. 하지만 만일 당신이 빌려 간 돈을 갚지 않을 경우, 누군가 이스라엘로 돌아가야 할 일이라든가 또는 다른 급한 볼일이 생겨 갑자기 돈이 필요해져서 그 남자에게 돈을 빌리러 간다 해도 그는 이제 결코 남에게 돈을 빌려 주지 않을 거요. 유대인 사이에는 늘 돈이 돌고 있어야 하는데 말이오. 이래도 당신은 2천만 원밖에 빌리지 않았다고 주장하겠소?" 하고 내가 다시 물어봐도, 남자는 역시 그렇다고 대답했다.

다른 도리가 없다는 것을 깨닫고, 나는 교회에 가서 《구약성경》에 손을 얹고 당신이 2천만 원밖에 빌리지 않았음을 맹세할 수 있느냐고 물었다. 그제야 그 남자는 몹시 곤혹스러워하며, 자기는 5천만 원을 빌렸다고 고백했다.

다른 사람에게 있어 이 일은 상상이 안 될지 모르지만, 유대인 교회에서 《구약성경》에 손을 얹을 경우 99.8%의 인간은 절대 거짓말을 하지 않는다. 그 정도로 맹세라는 것은 중요한 일이며, 두려운 일로 받아들이고 있다.

현재 미국이나 유럽의 법정에서 손을 들어 맹세하는 일도 여기에서 유래된 것이다.

하나의 구멍

한 유대인 남자가 자기는 부당한 대우를 받았다고 생각하여 고용주에게 가서 말했다.

"나는 당신에게 명예를 훼손당했으므로 더 이상 여기서 일하지 않겠습니다. 퇴직금을 모두 계산해 주시오. 회사를 그만두겠소."

그러자 고용주는 고용주대로 그렇지 않아도 일을 열심히 하지 않아 해고시키려던 참에 퇴직금이라니, 단 한 푼도 줄 수 없다고 응수했다.

그러자 어느 날 남자는 금고에서 돈을 훔치고, 회사의 서류까지 빼내서 도망쳐 버렸다. 어디로 갔는지 행방이 묘연했는데, 한 달 후 그가 외국의 어느 거리를 걸어가고 있는 것을 보았다는 목격자들이 나타났다.

나를 찾아온 고용주는 비행기표를 주면서 그가 있는 곳으로 가 그를 설득시켜 달라고 부탁했다. 나는 비행기에 올라 멀리 떨어진 현지로 날아갔다.

현지에 도착한 이틀 만에 간신히 그 남자를 찾아낼 수가 있었다. 그는 몹시 놀랐다. 돈을 훔치고, 그에게는 별것 아니지만 회사로서는 중요한 서류를 빼돌려 도망쳤기 때문이었다.

나는 그와 거의 사흘 동안이나 이야기를 나누었다. 내가 어째서 이곳까지 오게 되었는가를 설명하고, 사소한 일은 모두 미뤄 둔 채 무엇이 문제의 본질인가를 함께 생각했다.

　실상 그때의 나는 법률로 처리할 수 있는 여러 가지 문제에는 관심이 없었다. 내게는 두 명의 유대인 사이에서 발생한 일이 더 중요했다. 유대인 두 명이 서로 충돌하고 헐뜯는 일을 결코 용서할 수 없었다.

　나는 《탈무드》를 인용하여, "유대인은 모두가 한 가족이고 한 형제다. 우리들은 도처에서 이방인과 함께 일하고 있으니, 유대인끼리는 모든 일을 평온하게 잘 처리해 나가야 한다."고 말했다.

　그러나 그는 자기의 주장을 굽히지 않은 채 "당신이 하는 일은 당신의 자유지요." 하고 말했다. 그래서 나는 "나로서는 자세히 모르고 있는 상황이므로, 어쩌면 당신의 주장이 옳을지도 모른다. 하지만 누가 됐든 자기 마음 내키는 대로 행동하는 것만큼은 금물이다."라고 말을 한 뒤 《탈무드》 이야기를 해 주었다.

　많은 사람들이 한 배를 타고 항해하고 있었다. 그런데 한 남자가 자신이 앉아 있는 배 밑바닥을 끌로 뚫어 구멍을 내고 있는 것이었다.

사람들이 놀라서 큰소리로 아우성을 칠 때도 그는 태연자약하게 "여기는 내 자리인데, 내가 어떤 짓을 하든 무슨 상관이야." 하고 말했다.

곧이어 사람들은 그를 남겨 둔 채 배에서 빠져나가 버렸다.

그러면서 덧붙여 말했다.

"한 사람의 유대인이 회사의 돈과 서류를 빼돌려 가지고 도망쳐 버렸다. 주위 사람들이 뭐라고 하겠는가? 역시 훌륭한 사람들이라고 유대인을 칭송할까? 이런 일은 유대인이란 이름을 더럽히는 짓이다."

마침내 그는 이해한 듯 "당신 말씀이 옳습니다. 당신의 의견에 따르지요." 하고 말한 뒤, 자기가 빼내 온 돈과 서류를 나에게 맡겼다.

다시 회사로 돌아온 나는 고용주와 만나 이야기를 나눈 다음 일을 완전히 매듭짓기로 했다. 물론 남자의 주장이 옳다면, 내가 맡아 둔 돈과 서류를 다시 그에게 돌려주어야겠다고 생각했다.

고용주와 여러 얘기를 나눈 후, 남자가 원하던 정도는 아니었지만 얼마간의 퇴직금을 지불하는 것으로 일을 원만하게 마무리했다.

단 결

JCC(유대 커뮤니티 센터)는 유대인 사회 중에서도 아주 색다른 사회이다. 그것은 단일 유대 인종의 사회가 아니기 때문이다. 러시아계, 영국계, 프랑스계, 이스라엘계, 미국계 등 여러 계통의 유대인이 소단위로 그룹을 형성하고 있다.

계율을 철저하게 지키는 사람, 그렇지 않은 사람, 자선심이 후한 사람, 그렇지 못한 사람 등등 갖가지 사람들이 제각각의 출신지 국민성을 반영하고 있어서, 통일성이라곤 전무한 공동체라고 할 수 있다.

이러한 군집 사회에서는 어쩔 수 없이 일종의 긴장 상황이 발생되곤 한다. 언젠가는 이 커뮤니티가 서로 반목하는 두 그룹으로 분열될 조짐을 보였다.

한 줄기의 갈대는 매우 연약하지만 그것을 서로 엮으면 매우 질기다. 개떼는 그들만을 한자리에 모아 두면 서로 물어뜯고 싸우지만, 이리가 나타나면 자기들끼리의 싸움을 그친다.

유대인은 오늘날에도 완전한 안전이 보장되지 않고 아랍인이나 러시아인, 반 유대주의자들에게 둘러싸여 있으므로 서로의 싸움은 피하는 것이 좋겠다는 이야기를 한 다음, 나는 대립하고 있는 이 두 개의 그룹을 향해 ≪탈무드≫ 이야기를 해 주었다.

이 기본적인 이념 아래, 오늘날에는 그리 큰 대립 없이 생활해 나가고 있다.

부부싸움

미국 군목으로 부임해 있는 랍비들의 경우, 대개가 유대 신학교를 갓 졸업한 청년들이다. 그러므로 나이가 든 나는 지도자로 여겨져서, 무슨 문제가 발생하면 그들은 나의 견해를 듣기 위해 내 집을 방문하거나 전화를 걸어오는 경우가 적지 않다.

어느 날 젊은 랍비가 나를 찾아왔다. 그는 싸움 중인 한 부부를 동반하고 있었다.

나는 그들 부부에게 두 사람의 랍비가 얘기를 들어도 되겠느냐고 물어 승낙을 얻었다. 부부간의 문제를 상담할 때는 그들을 함께 앉혀 놓고 들으면 안 된다. 서로 자기주장만 내세우기 때문에 반드시 두 사람을 따로 불러 상담해야 한다.

한 사람씩 따로 떼어서 이야기를 들으면, 대개의 경우 서로를 생각하며 아껴 주고 있다는 사실을 분명히 알 수 있다. 그러므로 인내심과 동정심을 가지고 그들 문제에 접근해 나가면 대부분의 일은 해결된다.

그때도 나는 우선 남편의 이야기를 듣고 난 다음 그의 주장을 전부 인정하고 동의를 표했다. 다음엔 아내를 불러들였다. 그녀의 이야기를 참을성 있게 듣고 난 나는 이번에도 그녀가 주장하는 게 모두 옳다고 인정해 주었다.

두 사람이 나간 뒤, 나는 그 젊은 랍비에게 당신이라면 어떻게 해결하겠느냐고 물었다.

그러자 그는 "저는 도저히 납득할 수가 없습니다. 선생님께서 남편의 이야기를 들었을 땐 남편이 모두 옳다고 인정했고, 아내 쪽 주장을 들었을 때 역시 모두 수긍하며 옳다고 인정했습니다. 두 사람은 전혀 다른 주장을 하고 있는데, 어떻게 그들의 주장이 모두 옳을 수 있겠습니까?" 하고 의문을 표시했다. 나는 당신의 지금 이야기가 가장 옳다고 말했다.

이럴 경우, 해결 방법을 어떻게 생각해 낼 것인가? 나름 줏대 없는 사람이라고 몰아붙일 것인가?

여러 사람이 서로 다른 주장을 가지고 상담을 요청해 왔을 경우, 누구는 옳고 누구는 틀렸다 따위로 단정적인 판결을 해서는 안 된다는 것이 나의 생각이다. 그와 같은 단도직입적인 판결은 쓸데없는 마찰만을 불러일으킬 뿐이기 때문이다.

따라서 이런 경우에는 쌍방의 열전 상태를 냉각시키는 데 관심을 두어야 하는 것이다. 그러기 위해서는 쌍방의 주장을 모두 수긍해 주는 것이 필요하다. 그렇게 하여 서로가 냉정을 되찾게 되면, 그때 서서히 화해의 길을 모색할 수 있기 때문이다.

따라서 이런 유형의 문제가 발생했을 때는 어떤 주장이 됐든 상대방의 얘기를 잘 들어주고 수긍해 주는 일이 가장 중요하다.

진실과 거짓

수많은 사람들이 나에게 갖가지 문제를 가지고 와서 해결해 달라고 부탁한다. 이 문제들은 101가지나 되며, 그중 똑같은 것이라곤 단 하나도 없다. 다만 한 가지 공통된 점이라면, '누가 거짓말을 하고 있는가?' 아니면 스스로 거짓이라는 사실을 모르면서 말하고 있는 것인가?'를 어떤 방법으로든 가려내야 하는가 하는 점이다.

진실과 거짓을 구별해 내는 일은 참으로 어려운 문제이다.

솔로몬은 매우 현명한 왕으로 알려져 있었다. 어느 날 두 여자가 한 아이를 데리고 와서 서로 자기 아이라고 주장하며 솔로몬 왕에게 재판을 의뢰했다. 당시 유대의 왕은 정치가가 아닌 랍비였다.

솔로몬 왕은 여러 사실을 조사했지만, 어느 여자의 아이인지 알아낼 수가 없었다.

유대의 보편적인 관습에 따르면, 소유물이 누구의 것인지 도저히 알 수 없을 때에는 공평하게 둘로 나누어 갖는 것이 관례였다. 그에 따라서 솔로몬 왕은 칼로 그 아이를 둘로 나누도록 명령했다.

그 순간, 한쪽 여자가 미친 사람처럼 "그렇게 해야 한다면 차라리 아이를 저 여자에게 주어 버리십시오!" 하고 울부짖었다.

그 같은 광경을 본 솔로몬 왕은 "그대야말로 진짜 아이의 어머니다."라고 하면서 아이를 그 여인에게 넘겨주었다.

새로운 약

내 친구인 한 사람이 중병에 걸려, 어떤 새로운 약을 복용하지 않으면 소생할 수 없는 상태에까지 이르게 되었다. 하지만 그 약은 수요가 너무 많아 생산이 따르질 못하기 때문에 좀처럼 구하기가 힘든 것이었다.

그러자 그 가족 중 한 사람이 내게 와 "당신은 교수라든가 훌륭한 의사들을 많이 알고 있을 테니, 어떻게든 그 약을 좀 구해 줄 수 없겠습니까?" 하고 간청했다.

나는 안면 있는 의사에게 이야기하며 친구를 도와 달라고 부탁했다. 내 청에, 그 의사는 "만약 지금 내가 가지고 있는 약을 당신 친구에게 주게 되면, 이것만을 기다리고 있던 사람은 죽을지도 모릅니다. 그렇게 되더라도 당신은 내게 그 약을 부탁하겠소?"라고 물어왔다.

나는 잠깐 생각할 시간을 달라고 한 다음 ≪탈무드≫를 펼쳐 보았다.

'어떤 사람을 죽여, 자기 생명이 살아날 경우 어떻게 하는가? 만약 그 사람을 죽이지 않으면 자기가 죽을 경우엔 어떻게 하는가?'

자기의 목숨을 부지하기 위해 남을 죽여서는 안 된다. 어찌해서 자기의 피가 남의 피보다 진하다고 할 수 있는가? 어떠한 인간의 목숨도 다른 인간의 목숨보다 더 소중하다고 할 수는 없는 것이다.

이것을 내 경우에 대입해 보았다. 내 친구의 목숨이, 누군가 그 약을 입수하지 못하면 죽을지도 모를 사람의 목숨보다 더 소중하다고 할 수는 없다고 생각했다.

나는 친구의 가족들에게 어떻게 설명해야 할지 몹시 난감했다. 친구가 위태한 지경에 이르러 그 가족들이 나를 믿고 도움을 청해 왔는데도, ≪탈무드≫에 따르자면 나는 그 친구의 죽음을 그저 기다리고 있어야만 하기 때문이다.

그렇지만 나는 약을 구하지 않기로 했다. 그 결과, 내 친구는 죽고 말았다.

세 동업자

두 사람의 동업자가 있었다. 두 사람 모두 경험은 없었으나 성실하고 부지런했기 때문에, 맨주먹으로 시작했지만 자그마한 빌딩을 소유할 정도로 성공을 거두었다.

그러던 어느 날, 불현듯 그들은 자기네가 대단한 성공을 거두었음을 깨닫게 되었다.

그러나 두 사람 사이에는 아무런 증서도 없었기 때문에, 그들이 건강하게 살아 있는 동안은 괜찮으나 아이들 대에 가서 말썽이 일어나지 않도록 계약서를 작성해 두기로 했다.

그런데 일단 계약서 작성이 시작되자, 그 두 사람은 사사건건 다투게 되었다. 아니, 계약서를 만들기 직전부터 의견 충돌이 생겨났다. 왜냐하면 너는 공장 책임자고 나는 본사 책임자라든가 하는 따위의 세세한 것까지 문서화시키려 했기 때문에, 서로 상대가 자기보다 유리한 조건을 차지하려는 게 아닌가 하고 의심하게 되었던 것이다.

사업을 시작해서 성공할 때까지는 아무런 말썽도 없었던만큼 두 사람은 나란히 내게로 상담하러 왔다. 이건 어느 쪽이 옳고 어느 쪽이 그르다는 문제가 아닌 만큼, 나로서도 간단 명쾌하게 결론을 내려줄 수가 없었다.

그들은 '한 사람은 영업, 한 사람은 생산'으로 나뉘어, 서로 자기가 없었다면 이 회사도 없었다고 주장하며 언성을 높였 다. 자신은 없었지만, 나는 이렇게 말했다.

"두 사람이 싸움을 하기 전까지는 모든 것이 상당히 잘 되 어 왔습니다. 그런데 두 사람의 반목으로 인해 회사가 무너지 고 있다는 걸 모른다는 건 매우 어리석은 일입니다. 그렇다고 이런 상태로 사업을 계속할 수도 없을 겁니다. 어떻게든 해결 의 실마리를 찾지 않으면 안 될 시점이지요."

나는 《탈무드》를 펼쳐 다음과 같은 문구를 찾아냈다.

'태어나는 아이의 생명은 아버지와 어머니, 그리고 하느님 에 의해 부여되었다. 하지만 성장함에 따라 그 아이에게는 생명을 부여하는 또 한 사람이 추가된다. 그건 교사이다.'

"당신네 회사의 실질적인 경영자는 누구입니까?"고 내가 묻자, 그들은 둘 다라고 대답했다. 그래서 나는 말했다.

"그렇다면 하느님도 회사 경영진에 끼워 드리는 게 어떻겠 소? 어쨌든 하느님께서는 전 우주에 참여하고 계시니까요. 서로 자기가 잘했다고만 주장하지 말고, 모든 우주의 움직임 은 하느님의 섭리이니 그분을 동료로 삼아도 무방하지 않겠 습니까?"

그때까지는 두 사람이 공동 대표자여서 아무런 문제가 없었는데, 지금은 둘 다 사장이 되고 싶어 했다. 그래서 나는 다시 조언을 해 주었다.

"당신네들의 회사인 것은 물론이지만, 동시에 하느님의 회사이기도 하다는 겁니다. 또한 당신들은 유대인을 위해서 일하고 있는 것이기도 하니, 자기의 회사라는 생각을 너무 내세우지 말고 자신들은 하나의 의무를 수행하고 있다고 생각하면 어떨까요? 그리하면 어느 쪽이 사장이 되는지 따위는 크게 중요한 일이 못 된다는 사실을 알게 될 것입니다. 영업 담당은 그대로 영업을 하고, 공장 담당은 전처럼 공장 일을 하도록 하면 좋겠지요."

그 뒤 이 회사는 대단히 번창하고 있다. 자선을 위해 수익의 몇 할 정도를 기부할 만큼 되었고, 그것이 또 하나의 목표가 되었기 때문에 누가 사장이라고 할 것도 없이 매출은 계속 올라갔다.

보트의 구멍

기업에서는 고용인을 해고해야 할 때가 생기기도 한다. 그러나 이처럼 하기 싫은 일도 없을 것이고, 때로는 그것이 사회적인 문제로까지 확대되기도 한다.

특히나 유대인 기업에서 유대인 사원을 고용하고 있는 경우, 원인이 무엇이든 유대인 사원을 해고시키기란 몹시 어렵다. 그 이유는 그에게 아내와 자식 등 부양가족이 딸려 있어서이기도 하지만, 유대인은 다른 직장을 구하는 것이 어렵기 때문이다. 더욱이 외국에 나가 사는 경우 취업의 기회가 극히 드물 뿐 아니라, 다른 나라로 이주하거나 본국으로 돌아가려고 해도 역시 돈이 있어야 하기 때문이다. 그래서 나는 항상 고용인들이 해고당하지 않도록 신경을 쓰고 있다.

만일 누군가가 직장을 잃게 되면 자기 가족들로부터도 존경받지 못하는 비참한 상태로 전락할 뿐만 아니라, 그 실업자를 유대인 사회가 부양해야 하기 때문에 결국은 유대인 사회 전체의 부담이 되고 만다.

그러나 본시 유대인은 풍부한 동정심의 소유자들이기 때문에 실질적으로 사원을 해고시키는 경우는 지극히 드물다. 그랬어도 언젠가 그 드문 일이 발생한 적이 있었다. 그때 나와 상의하기 위해 찾아온 고용주는 이렇게 말했다.

"저는 한 사람의 직원을 해고시켜야만 됩니다. 그는 제가 지금 해고시키지 않아도 어차피 해고당할 사람입니다. 아무 일도 처리하지 못하는 멍청이예요. 그러니 다른 직장에 가 봤자 결국 또 해고당할 게 분명합니다. 그러므로 실상 저로선 그를 해고시키고 싶지 않아요. 저 자신에게 그를 해고시키지 않아도 될 어떤 좋은 명분이 없겠는지, 선생님의 조언을 듣고 싶습니다."

이에, 나는 다음과 같은 ≪탈무드≫ 이야기를 들려주었다.

한 남자가 조그마한 보트 한 척을 소유하고 있었다. 그는 여름이 되면 가족들을 거기에 태우고 호수로 나가 낚시질을 하며 즐거운 시간을 보내곤 했다.

여름이 지나가자 보트를 뭍으로 끌어올려 놓은 그는 그때 비로소 보트 밑바닥에 작은 구멍이 뚫려 있다는 사실을 알게 되었다. 하지만 그것은 매우 작은 구멍이었고, 어차피 겨울 동안은 보트를 사용하지 않을 것이므로 다시 사용하게 될 내년 여름에나 수리해야겠다고 생각하고는 그대로 방치해 두었다.

그리고 겨울 동안, 보트에 페인트칠만 새로 해달라고 페인트공에게 부탁했다.

이듬해 여름은 일찌감치도 찾아왔다. 그의 두 아이는 보트를 타고 빨리 호수로 나가고 싶어 했다. 보트에 구멍이 나 있다는 사실을 까맣게 잊고 있었던 그는 그래도 좋다고 승낙했다.

그가 불현듯 보트에 구멍이 뚫려 있었다는 사실을 깨

닫게 된 것은, 아이들이 호수로 나간 지 이미 두 시간이나
지난 뒤였다. 아이들은 수영도 잘하지 못하는 상태였다.
당황한 그는 누군가의 도움을 요청하기 위해 허둥거리며
밖으로 달려 나갔다.

그러나 곧 두 아이가 다시 보트를 뭍으로 끌어올리고
있는 광경을 보게 되었다. 두 아이를 반갑게 껴안아 준
그는 보트를 살펴보았다. 밑바닥에 뚫려 있던 구멍은 누
군가가 손을 보아 단단히 막혀져 있었다.

그 순간 지난겨울, 보트에 페인트칠을 했던 그 페인트공
이 구멍을 수리해 놓았다는 사실을 깨닫게 되었다.

그는 페인트공을 찾아가 "당신은 보트에 페인트칠만
하고 품삯을 받으면 되었는데, 뚫려 있던 구멍까지 손보
아 주었더군요. 물론 나는 이번 여름에 그 구멍을 수리하
려 마음먹고 있었지만 그만 깜빡 잊고 말았어요. 그런데
당신이 내가 수리를 부탁하지도 않았는데 구멍까지 손을
봐주어, 그 덕분에 우리 아이들이 목숨을 구했답니다."
하며 거듭 고마워했다.

아무리 조그만 선행이라 할지라도 그것이 다른 사람에게
얼마나 큰 도움이 될지를 상상하는 것은 쉽지 않다.

나는 그 고용주에게 다시 한 번 그 직원에게 기회를 주는

것이 좋겠다고 충고했다.

축복의 말

나는 어느 병실에 의사와 환자와 함께 있었다. 중상을 입은 환자는 심한 내출혈로 몹시 고통스러워했다. 병실 안은 역한 냄새로 가득했고, 마침내 환자는 혼수상태에 빠져 버렸다.

의사는 꺼져가는 목숨을 살려내기 위해 굵은 땀방울을 흘리며 혼신의 노력을 기울였다.

대량의 수혈이 행해지고 있었다. 수혈이 중단되면 환자는 죽게 될 상태였기 때문에 의사는 거의 절망적인 표정이었다.

그가 "대체 당신은 지금 무슨 생각을 하고 있습니까?" 하고 물어오자, 나는 "지금 생사에 대해서는 생각하지 않고 있습니다. 그저 가느다란 혈관이 귀중한 붉은 액체를 흘려내어 이 사람이 위독하다는 것만 생각하고 있지요." 하고 대답했다.

수혈이 끝난 후, 환자는 결국 죽었다. 의사는 허탈감에 빠져 나에게 정신적은 구원을 청했다.

그래서 나는 유대인들은 왕을 만나든, 식사를 하든, 태양이 떠오르는 것을 보든, 그 모든 때에 축복의 말을 한다는 이야기를 들려주었다. 심지어 화장실에 갈 때도 축복의 말을 한다는

《탈무드》 이야기를 해 주었다.

그러자 의사는 "랍비는 화장실 갈 때 뭐라고 합니까?" 하고 물었다.

내가 "몸은 뼈와 살과 여러 가지 부분으로 이루어져 있습니다. 그러나 몸 가운데 닫혀 있어야 할 것은 닫혀 있고, 열려 있어야 할 것은 열려 있어야 합니다. 이것이 반대로 되면 아주 곤란해지므로, 항상 열릴 것은 열리고 닫힐 것은 닫혀 있게 해 달라고 기도하지요." 하고 대답했다.

그러자 의사는 "그 기도 내용은 해부학에 정통한 사람의 말과 똑같군요."라며 감탄했다.

위생 관념

《탈무드》를 읽어가다 보면 유대인들의 보건위생 관념이 매우 엄격하다는 사실을 자연스럽게 알게 된다.

다음은 그중 몇 가지의 가르침이다.

첫째, 컵을 사용할 땐 사용 전에 헹구고 사용 후에 또 씻어 두라.

둘째, 자신이 입을 댔던 컵을 씻지 않은 채 남에게 건네지 말라.

셋째, 안약을 넣는 것보다 아침저녁 눈을 물로 씻는 것이 낫다.

넷째, 의사가 없는 곳에서는 살지 말라.

다섯째, 화장실에 가고 싶을 땐 잠시라도 참지 말라.

권 유

평판 좋고, 자선심 많고, 예의까지 바른 한 유대인이 있었다. 그러나 그는 유대인 공동체적인 활동은 전혀 하지 않고 있었다.

어느 날 나는 호텔에서 그와 식사를 함께할 기회를 갖게 되었다.

유대인 사이에서는 사업하는 사람을 만나게 되면 '요즘 어떻습니까? 사업은 잘 됩니까?' 따위의 인사를 하고, 랍비를 만났을 땐 '무슨 재미있는 책을 읽었습니까? 요금 무슨 근사한 일이라도 생각해 내셨습니까?' 식으로 묻는 관습이 있다.

배우는 것을 직업으로 하고 있는 랍비는 언제 어디서든 뭔가 얘기를 할 수 있도록 주머니 속에 여러 가지 얘깃거리를 넣어 가지고 다닌다.

과연 그는 나를 만나자마자 '최근에 무슨 재미있는 책을 읽었느냐?'고 물었다.

나는 "요 근래에 ≪탈무드≫에서 대단히 재미있는 얘기를 발견했는데, 당신도 ≪탈무드≫를 공부할 때 그 대목을 읽어 보시도록 권하고 싶습니다." 하고는 얘기를 시작했다.

모두로부터 존경받는 훌륭한 랍비 한 사람이 있었다. 고결하고 친절하고 자애로운 사람이었다.

섬세한 감정의 소유자인 데다 하느님을 깊이 공경하고 있는 그는 혹 개미 한 마리라도 밟지 않을까 싶어 조심해서 걸었고, 하느님께서 창조하신 것을 실수로라도 파괴하지 않도록 주의하며 생활하고 있었다.

80세를 넘어서자, 그의 육체가 갑자기 쇠잔해졌다. 물론 그 자신도 그것을 알아차렸고, 이윽고 죽을 때가 가까워졌음을 깨달았다.

제자들이 머리맡에 모여들자, 그가 울기 시작했다. 그러자 그의 수제자가 물었다.

"스승님이시여, 왜 우십니까? 스승님께선 공부하는 것을 잊은 날이 하루라도 있었습니까? 깜빡 잊고 가르치지 않은 날이 있었습니까? 자선을 베풀지 않은 날이 단 하루라도 있었습니까? 스승님은 이 나라에서 가장 존경받고 있는 훌륭한 분이십니다. 하느님을 가장 깊이 공경한 분도 바로 스승님이십니다. 게다가 정치세계와 같은 더럽

혀진 곳을 발을 들여놓으신 적도 없잖습니까? 스승님께서 울어야 할 이유라곤 정말이지 아무것도 없을 겁니다."

이에 랍비는 더 큰 소리로 울고 나더니 말했다.

"바로 그렇기 때문에 나는 울고 있는 것이다. 죽는 순간에 하느님께서 '너는 공부했느냐? 너는 기도했느냐? 너는 자선을 베풀었느냐? 너는 바른 행실을 했느냐?'고 물으신다면, 나는 모든 질문에 '네.'라고 대답할 수가 있다. 그러나 보편적인 인간 사회에 끼어들어 생활했는가를 묻는다면, '아니오.'라고 대답할 수밖에 없다. 그래서 우는 것이다."

결과적으로 자기 일에서는 성공을 거두고 있지만, 유대인 사회엔 얼굴조차 내밀지 않는 앞의 예의바른 사나이에게 이 '탈무드' 사회의 생활에 참가하면 어떻겠느냐고 권유한 것이다.

뿌린 만큼 거둔다

자선 행위로써 어느 곳엔가 헌금을 하게 되면, 사람들은 일반적으로 돈을 잃었다고 생각하기 쉬우나 사실은 그렇지가 않다. 실제로는 남에게 베푸는 만큼 나중에 다시 돌아오게 된다.

자선에 돈을 쓰면 쓸수록 오히려 더 불어나서 다시 돌아온다는 얘기를 할 때, 나는 다음과 같은 ≪탈무드≫ 이야기를 인용한다.

큰 농장을 소유하고 있는 농부가 있었다. 그는 예루살렘 근처에서 가장 자선심이 후한 사람으로 알려져 있었으므로 매년 랍비들이 그의 집을 방문했고, 그럴 때마다 그는 아낌없이 자선을 베풀었다.

어느 해 폭풍우가 몰아닥쳐 과수원이 모두 망가져 버린 데다 가축들에게 전염병이 번져 그가 기르던 양과 소, 말까지 모조리 전멸했다. 그러자 채권자들이 그의 집으로 몰려들어 재산을 모두 압류해 버려서, 그에게는 손바닥만한 토지밖에 남지 않았다.

그러나 그는 하느님께서 주시고 또 가져가셨으므로 하는 수 없는 일이라며 태연자약했다.

여느 해처럼 찾아온 랍비들은 '그토록 부유했는데, 이처럼 한 순간에 몰락해 버릴 수가 있나?'며 동정을 금치 못했다. 이때 농부의 아내가 남편에게 말했다.

"우리는 항상 랍비들에게 학교를 세우거나, 교회를 유

지하거나, 가난한 사람, 늙은 사람을 위해 헌금했었는데, 올해는 아무것도 줄 수가 없으니 참으로 안타깝군요."

부부는 랍비들을 빈손으로 보낼 수는 없다는 생각에서 마지막 남아 있던 땅의 절반을 팔아 헌금하고, 그 대신 남은 절반의 땅에서 더 열심히 일하여 메워 나가자고 합의했다. 뜻하지 않았던 헌금을 받고 랍비들은 매우 놀랐다.

그 후, 부부는 나머지 땅에 온 정성을 다 기울였다. 그러던 어느 날 밭갈이하던 소가 갑자기 쓰러져 버렸다. 흙투성이가 된 소를 일으키려 애쓰는데, 소의 발밑에서 뭔가가 보였다. 엄청난 양의 보물이었다. 그것들을 파낸 그들은 다시 예전과 같은 농장을 경영할 수가 있었다.

이듬해 랍비들은 아직도 그 농부가 가난한 생활을 계속하고 있으리라 생각하고 지난해의 자그마한 땅으로 찾아갔다. 그러나 이웃 사람들이 그는 이제 여기에 살지 않고, 건너편의 커다란 집에서 살고 있다고 가르쳐 주었다.

랍비들이 찾아가자, 농장주는 지난 1년 동안 있었던 일을 모두 설명하고서 아낌없이 자선을 베풀면 반드시 되돌아온다고 말하는 것이었다.

나는 헌금을 모을 때마다 이 얘기를 자주 인용한다. 그리하여 그때마다 목표했던 만큼의 헌금을 모금할 수 있었다.

살아 있는 바다

세계 여러 민족 가운데서 유대 민족이 가장 자선을 중요시한다. 그럼에도 불구하고 오늘날의 어떤 유대인은 랍비나 혹은 이웃 사람이 권유하지 않으면 자선을 베풀지 않는다.

그런 사람이 눈에 뜰 때마다, 나는 다음과 같은 얘기를 들려주곤 한다.

이스라엘의 요단 강 근처에 두 개의 호수가 있다. 하나는 사해이고, 또 하나는 헤브라이어로 '살아 있는 바다'라고 불리는 호수이다.

'죽은 바다', 즉 사해에는 밖에서 물이 들어오긴 하지만 다른 데로 나가진 않는다. 한편 살아 있는 바다에는 물이 들어가기도 하고 나가기도 한다.

자선을 베풀지 않는 사람은 앞에 얘기한 바로 그 '사해'이다. 돈이 들어오기만 하고 아무 데로도 나가지 않는다. 자선을 베푸는 사람은 '살아 있는 바다'와 같이 돈이 들어가고 또 나가기도 한다.

우리들은 '살아 있는 바다'가 되지 않으면 안 된다.

사자 이야기

언젠가 'A' 나라에서 'B' 나라로 온 유대인과 대화를 나눈 일이 있었다.

대개 그러한 유대인들은 'A' 나라 편으로서 'B' 나라를 싫어한다든지, 'B' 나라 편으로서 'A' 나라를 싫어한다든지, 'A' 나라나 'B' 나라를 다 싫어한다든지, 또는 'A'와 'B'를 똑같이 좋아하는 등 갖가지 타입의 사람이 있게 마련이다.

그런데 예의 유대인은 전시에 'B' 나라에 대해 다소 불유쾌한 감정을 가지고 있었다.

그 당시 유대인들은 특별 거주 지역이 지정되어 집단으로 갇혀 있어야 했고, 'B' 나라 경비병에 의해 감시까지 당하고 있었다.

유대인들 중엔 자주 구타당하고, 전염병이 돌아 많은 친지들이 죽거나 식량 사정이 몹시 나빴기 때문에 전쟁 도중 상당히 괴로운 추억을 갖고 있는 사람들이 많았다.

"유럽에서는 6백만 명 가량의 유대인이 학살되었습니다. 전시의 유럽에 있었던 유대인만큼 비참한 일을 겪은 사람들도 없었죠. 현재 당신은 'B' 나라로 와서 나에게 전쟁의 와중에 괴로웠던 이야기를 하고 있는데, 이것은 당신이 살아 있다는 증거가 아니겠습니까? ≪탈무드≫에는 이런 이야기가 있습니다.”

나는 계속해서 목에 뼈가 걸린 사자 이야기를 했다.

목에 뼈가 걸려 버리자, 사자는 누구든 자기 목에서 뼈를 꺼내 주는 자에게 큰 상을 주겠다고 말했다.

거기에 한 마리의 학이 날아와, 사자의 입을 한껏 벌리게 했다. 학은 제 머리를 사자의 입 속에 들이밀고 긴 부리를 이용하여 힘들이지 않고 뼈를 꺼냈다.

그러고 나서 “사자님, 제게 어떤 상을 내리시겠습니까?”라고 물었다.

그러자 사자는 학을 노려보며 말했다.

“내 입 속에 머리를 넣고도 살아나올 수 있었다는 것이 바로 그 상이다. 그렇게 위험한 지경에 처했다가도 살아서 돌아갈 수 있다는 건 큰 자랑이 될 것이고, 그 이상의 상이란 없다.”

제6장 · **탈무드의 발**★

수난의 책

《탈무드》는 기원후 5백 년 바빌로니아에서 편찬되기 시작했다. 현존하고 있는 것 중 가장 오래된 《탈무드》는 1334년에 손으로 씌어진 것이다. 처음 인쇄된 건 1520년, 베니스에서였다.

1244년, 파리에 있던 모든 《탈무드》는 가톨릭교도들에 의해 몰수되어 24대의 짐차에 실려가 불태워지는 동시에 금서로 지정되었다.

★ 발은 미래와 과거의 역사를 그린다. 물론 현재를 굳건히 딛고 서 있는 것도 발이다.
이 '제6장 탈무드의 발' 편에서는 《탈무드》 수난의 역사를 돌이켜봄과 동시에 비유대인들이 이해하기에 좀 난해한 '랍비'라는 일부 계층에 대해서 언급했다.

1263년에는 가톨릭교회 대표자와 유대의 대표자가 모인 공개 석상에서 《탈무드》가 가톨릭 교리에 어긋나는 것인지 아닌지 하는 논쟁이 벌어지기도 했다.

그러다 1415년이 되자 유대인이 《탈무드》를 읽는 것이 법령으로 금지되었으며, 1520년 로마에선 모조리 압수되어 불태워졌다.

그러나 박해를 가한 측은 《탈무드》를 전혀 읽지 않는 사람들이었다. 《탈무드》를 모를수록 더욱 싫어했던 것이다.

그 뒤 1553년, '55년, '59년, '66년, '92년, '97년에도 계속 《탈무드》는 불살라졌다. 1562년에는 가톨릭교회가 검열하여 오려내기도 하고 찢어 버리기도 해서, 오늘날 남아 있는 《탈무드》는 완전한 것이 아니다.

언젠가 《탈무드》를 마이크로필름에 담고 있을 때, 책장 사이에서 수백 년간 잃어버렸다고 여겨왔던 어떤 페이지가 발견된 적도 있다. 그런 까닭에 《탈무드》를 읽어가다 보면 갑자기 도중에 얘기가 끊어져 버리는 데도 있는 것이다.

가톨릭교회는 책 전체의 5분의 1 내지 6분의 1 가량을 빼버렸는데, 가톨릭 교리를 비판했다고 여겨지는 대목이나 또는 비유대인에 대해 쓰인 곳은 모조리 삭제해 버렸던 것이다.

현재의 《탈무드》는 여러 나라 말로 번역되어 있으며, 그에 대한 관심은 세계적으로 매우 높다. 《탈무드》는 연구서이다.

유대인에게는 공부한다는 일이 인생의 최대 목적이었다.

유대인을 다소라도 이해하려면 《탈무드》가 유대인에게 있어 얼마나 중요한 것인가를 먼저 깨닫지 않으면 안 된다. 하느님의 의지대로 행하는 것이 유대인들에게는 가장 중요한 일이었으므로 《탈무드》를 공부하지 않으면 살아갈 수가 없었다.

그러나 《탈무드》의 공부는 지적인 것이 아닌 종교적인 연구이다. 유대인으로서 하느님을 찬미하는 최대의 행위는 바로 공부하는 것이다.

'공부야말로 올바른 행동을 만든다.'라는 속담을 유대인들은 금언으로 받들고 있다.

고대 유대의 도시나 마을들은 그곳에 있는 학교 이름으로 불렸다. 그리고 교회는 공부하는 장소이기도 했다. 로마인은 유대인을 비유대화시키기 위해 《탈무드》 연구를 일체 금지했었다.

하지만 유대인에게 공부를 못 하게 하면 이미 유대인이 아닌 것이다. 그 공부를 계속하기 위해 많은 유대인이 죽어갔다. 그러나 지식은 모든 것을 이겨낸다.

나는 일하러 나가기 전인 새벽 5시에 일어나 《탈무드》를 공부하는 유대인을 많이 알고 있다. 점심 때, 저녁 식사 후, 또는 버스나 지하철을 타고서도 유대인들은 공부한다. 또 안식일에는 평소보다 더 많은 시간을 할애하여 ≪탈무드≫를 연구한다.

총 20권 중 한 권만을 통달했다고 해도 유대인으로서는 대단히 축하할 만한 일이라, 친척이나 친구들을 모두 불러 성대한 잔치를 베푼다.

유대인들에게는 가톨릭교회의 교황 같은 최고 권위자가 존재하지 않는다. 유대인이 최고로 신봉하는 것은 오직 ≪탈무드≫뿐이고, 그것을 얼마나 통달했는가가 권위를 재는 척도가 된다.

그 ≪탈무드≫의 지식에 통달해 있는 사람들이 바로 랍비이며, 때문에 랍비라면 권위 있는 지도자로 인식되고 있다.

내 용

≪탈무드≫는 전 6부로 나뉘어져 있다. 제1부 농업, 제2부 제사, 제3부 여자, 제4부 민법과 형법, 제5부 성전, 제6부 순결이 그것인데, 그 공부에는 규칙이 있다. 반드시 '미쉬나'라는 부분에서 시작해야 하는 것이다.

'미쉬나'는 유대의 가르침과 약속들이 구전으로 전해지던 것을 정리한 부분이다. 이 부분은 기원 2백 년 후에 모아진

무게 500g 정도의 아주 작은 책이다. 거기에는 논의라곤 전혀 실려 있지 않으나, 그 미쉬나를 둘러싼 방대한 논의나 토론이 ≪탈무드≫인 것이다.

그 토론은 반드시 둘로 나누어진다. 하나는 '할라카'라고 불리는 논거이고, 또 하나는 '하가다'라고 불리는 논거이다.

유대인은 세계에서 가장 종교의 계율을 엄격하게 지키고 또 심취해 있는 사람들이라고 흔히 말하지만, 유대의 말 중에 종교라는 말은 존재하지도 않는다. 모든 생활, 행동 하나하나가 다 종교이므로 특히 종교만을 분리시켜 말하지 않는 것이다.

'할라카'는 유대적인 생활양식이라고 해야 할지, 아무튼 인간의 모든 행동을 성스런 것으로 높이려고 하는 것을 말한다. 제사, 건강, 예술, 식사, 회화, 언어, 대인관계 등 모든 생활을 주관하는 것 모두가 이 할라카에 속하지 않으면 안 된다.

크리스천은 그리스도를 믿음으로써 크리스천이 되지만, 유대인은 그런 것이 없다. 행동, 행위만이 유대인을 유대인이게 하는 것이다.

'하가다'는 ≪탈무드≫의 3분의 1을 차지하는 철학, 신학, 역사, 도덕, 속담, 성경 해설, 과학, 의학, 수학, 천문학, 심리학, 형이상학, 여러 가지 인간의 지혜까지를 포함한 것이다.

랍비라는 직위

일찍이 로마인들은 자기들이 지배하고 있던 유대인을 멸종시키기 위한 여러 가지 방법을 고안했다. 어떤 때는 유대인 학교를 폐쇄해 버렸고, 예배를 금하고, 책을 불태우고, 유대의 경축일을 금지시키고, 랍비를 교육시키는 것을 중단시킨 적도 있었다.

랍비가 교육을 마치면 일반 학교의 졸업식에 해당하는 임명식이 있는데, 로마인들은 랍비 임명식에 참석한 유대인은 임명한 쪽이나 임명받은 쪽 모두를 사형에 처하고, 그런 일이 발생한 도시나 마을을 전멸시키겠다고 공표했다. 이는 로마인들이 그때까지 행한 각종 탄압 수단 가운데서 가장 현명한 조치였다.

왜냐하면, 마을을 전멸시킬 일을 저지른 자에게는 대단한 책임이 돌아가게 되기 때문이다.

유대 사회에서 랍비가 사라진다는 것은 바로 그 사회가 활동하지 못하게 되는 것을 의미한다. 랍비는 정신적 지도자이며, 변호사이며, 의사이며, 판사이다. 유대인에게 있어선 모든 권위를 대표하는 사람인 것이다. 로마인도 그것을 알고 있었기 때문에 예의 조처를 취한 것으로 생각된다.

어떤 랍비가 로마인의 그 같은 책략을 꿰뚫어보고는, 그가 가장 사랑하는 다섯 명의 제자를 데리고 마을을 빠져나가 두 산 사이에 있는 계곡으로 갔다. 만약 거기서 붙잡혀 처형되더라도 마을이 전멸되진 않으리라는 생각에서였다.

그는 가장 가까운 마을에서도 2, 3㎞나 떨어진 그곳에서 다섯 명의 제자를 랍비로 임명했다. 그러나 그들은 로마인에게 발각되고 말았다.

제자들이 "스승님, 어떻게 해야 좋겠습니까?" 하고 물었다. 그러자 랍비는 "나는 이만큼 살았으니 괜찮지만, 너희들은 랍비 일을 계승해야 하니 어서 도망쳐라."고 명했다.

다섯 명의 제자들은 재빨리 달아나고, 늙은 랍비는 붙잡혀서 300번 칼질을 당한 후 숨졌다.

이것은 랍비가 유대인 사회에서 얼마나 중요한 존재인가를 말해 주는 한 예이다. 일종의 상징이라고 생각해도 좋다.

반복되는 말이지만, ≪탈무드≫가 얼마나 중요한 위치를 차지하고 있는가를 이해하지 않고서는 결코 유대 문화를 이해할 수 없다. 원칙적으로 모든 유대인은 ≪탈무드≫의 모든 것에 능통하고, ≪탈무드≫에 담긴 가르침과 ≪탈무드≫의 이론과 같은 짜임새를 완전히 익히지 않으면 안 된다. 유대인은 매일 일정 시간을 ≪탈무드≫의 공부에 할애해야 한다. 이것은 단지 학문으로서만이 아니라, 종교적인 의무이기도 한 것이다.

랍비끼리 상하 관계나 서열 같은 것은 전혀 없다. 랍비들만의 단체도 만들지 않는다. 물론 어떤 랍비는 다른 랍비보다 현명하다고 간주되어 어려운 질문을 받거나 또 성스런 의식을 행할 때 맡겨지기도 한다.

오늘날 이스라엘의 종교학교에서는 9세 때부터 ≪탈무드≫ 공부를 시작한다. 이러한 종교학교에서는 고등학교 과정이 끝나면 ≪탈무드≫ 이외의 공부는 가르치지 않는다. 그러므로 학생들은 10년 내지 15년간 ≪탈무드≫를 연구하게 된다.

미국에서 랍비 양성학교에 입학하려면 먼저 일반 대학에 가서 학사 학위를 따야만 한다. 랍비를 양성하는 학교는 대학원에 해당되기 때문이다.

랍비가 될 공부를 하기 위해서는 대단히 엄격한 시험을 거치며 4년에서 6년간, 처음부터가 아니라 도중에서부터 ≪탈무드≫를 배우게 된다. 그것은 그 이전에 상당히 많은 것을 배웠으리라 인정해 주기 때문이다.

그 입학시험 과목은 먼저 성경, 헤브라이어, 아랍어, 역사(5천 년의 역사이므로 참으로 대단한 것이다), 유대 문학, 법률, ≪탈무드≫, 심리학, 설교학, 교육학, 처세 철학, 철학 들이다. 그 밖에 몇 권의 논문도 써야 하는데, 그 모든 과목이 대단히 어렵다.

그러고 졸업 때에 또다시 4년에서 6년간 배운 것에 대한 최후의 시험을 치른다. 이들 과목 가운데 가장 기본이고 중심이 되는 건 물론 《탈무드》이다. 절반 이상의 시간이 《탈무드》에 배당되고, 《탈무드》 이외의 과목에서는 일반 교수의 강의로 수업이 행해지지만, 《탈무드》를 지도하는 강사만은 교수가 아닌 뛰어난 인격자가 선정된다.

이처럼 학교에서 《탈무드》를 가르칠 수 있는 사람은 대단한 현인이며, 흔히 볼 수 없는 위대한 인물이어야 한다.

《탈무드》 교사는 말 그대로 유대가 낳을 수 있는 가장 우수하고 현명한 인격자인 것이다. 이는 《탈무드》의 표현대로 말한다면, 왼손으로는 제자를 냉담하게 제지하고 오른손으로는 포근하게 안아 줄 수 있는 그런 재능의 소유자임을 의미한다. 학생들 역시 《탈무드》 교사에 대해서는 일반 교수들과 전혀 상충된 반응을 보인다.

《탈무드》는 각자 공부하지 않고 항상 두 사람이 한 조가 되어 공부한다. 한 조가 된 두 사람은 같은 책상에 앉아 3년간이나 함께 공부를 한다.

《탈무드》 교사는 결코 어떤 방법으로 공부하라고 지시하지 않으므로 스스로 연구하지 않으면 안 된다. 혼자서 《탈무드》를 생각하고, 읽고, 여러 가지 문제를 풀고 나서 두 명이 모이는 학급으로 나온다.

《탈무드》는 그저 읽는 것으로 끝나는 게 아니라 깊은 의미를 완전히 파악해야 하므로 1시간의 수업을 받기 위해 대략 4시간 정도의 예습을 해 두어야만 한다. 그러나 점점 학년이 높아 가면서는 1시간의 《탈무드》 수업을 받기 위해 20시간 씩이나 예습을 해야 이해가 가능해진다.

《탈무드》 강의는 일일이 가르치는 식이 아니라 개략적인 줄거리를 얘기해 주고 어떻게 공부해야 좋은가, 그 방향만을 제시해 줄 뿐이다. 저학년 때는 모두가 책상에 빙 둘러 앉아 있지만, 교사는 같은 교실의 따로 떨어진 곳에서 학생들의 토론을 듣고만 있다. 물론 수업을 준비하는 단계에서는 그 교사에게 여러 가지 의문점을 언제든 질문할 수가 있다.

《탈무드》 학급은 반드시 그리스어와 라틴어를 해득할 수 있어야 한다. 또한 그리스와 로마의 문화적인 생활에도 정통해 있지 않으면 안 된다.

랍비가 되기 전의 학생은 모두 독신으로 기숙사에서 생활한다. 대개 100명 정도의 학생이 합숙을 하고 있으므로 자연스럽게 하나의 소규모 사회가 형성된다. 그러나 수도원과 같은 분위기는 전혀 찾아볼 수 없다. 저녁이 되면 각기 운동을 즐기기도 하고, 매우 자유로우므로 일반 사회로부터 완전히 격리된 가톨릭 수도원과는 다르다.

영광스럽게도 졸업할 수 있게 된 사람은, 최초의 2년간은 학교를 위해 봉사해야 한다. 학교를 위한 봉사란 종군 랍비라든가, 혹은 랍비가 없는 마을에 가서 활동할 수도 있다는 말이다.

나는 종군 랍비로서 공군에 들어가 2년간 봉사했다. 이 2년 이 지나면 나름대로 두 가지 길 가운데 한쪽을 선택할 수 있는 데, 하나는 대학에 남아 후배를 가르치는 것이고 다른 하나는 나처럼 유대인 사회의 랍비가 되는 것이다.

하나하나의 교구는 완전히 독립되어 있으므로, 가톨릭교회 처럼 랍비가 어딘가로 이동되어 가는 일은 없다. 여러 곳의 유대인 지역사회에서는 자기네 구역엔 랍비가 없으니 월 보수 얼마 정도에서 랍비로 부임해 줄 사람을 추천해 달라고 랍비 양성학교로 신청서를 보내온다. 그러면 졸업이 임박한 랍비는 자기가 가고 싶은 곳을 학교 사무국에 알리고, 의뢰해 온 그 지역사회를 찾아가 면접을 받는다. 지역사회가 어느 랍비를 선택하는가는 자유이며 랍비 쪽도 수락하느냐 안 하 느냐는 본인의 자유의사에 달렸다. 그러므로 지역사회도 몇 사람의 랍비 후보자를 면접해 볼 수가 있고, 랍비도 여기저기 가 보고 자기 마음에 드는 곳을 택할 수 있다.

양쪽 모두 수락하게 되면 졸업한 랍비는 그 지역사회의 교 회에 속하게 되는데, 일반적으로 임기는 2년간이다. 그리고 보수와 그 외의 조건들은 그 지역사회와 랍비 간에 계약된다. 교회나 교구, 혹은 지역사회는 자연발생적으로 생겨나는 것 이다.

어느 나라에서건 어느 정도 유대인 인구가 늘어나면 교회를 갖자는 얘기가 나오게 된다. 역으로 생각해 보면 교회가 없는 곳에서는 유대인이 살 수 없다는 말과도 같다.

　유대인에겐 아침에 일어나 세수를 하고 식사를 하듯 교회가 필요하며, 아이들을 위해서는 유대인 학교가 필요하다. 그래서 대개 유대인 가족이 20세대 정도쯤 되면 교회를 마련하고 랍비를 초청한다. 물론 한 지역사회에 랍비가 여러 명 있어도 좋으나, 그것은 몇 사람이 거기에 거주하고 있느냐로 결정된다. 지역사회의 재원은 기본적으로는 그 사회에서 1가구당 얼마씩 내는 분담금으로 조달되며, 잘사는 사람은 한 해에 한 번씩 따로 기부를 하기도 한다.

　오늘날의 랍비의 역할은 유대인 학교의 책임자이며, 교회 관리자이며, 설교자다. 그는 모두를 대신하여 유대의 전통을 공부하고, 요람에서 무덤까지 유대인 사회에 있는 문제의 해결사이다.

　새 생명이 태어나면 맞이하고, 죽으면 묻어 주고, 결혼할 때나 이혼하는 자리에 입회한다. 좋을 때나 그렇지 못할 때나 모든 일에 얼굴을 내민다. 따라서 그는 학자임과 동시에 목사이기도 하다.

　15세기까지는 랍비에게 급료가 없었다. 때문에 대개는 다른 직업을 갖고 있었으나, 15세기가 지나면서 지역사회가 랍비의 급료를 지불하게 되었다.

'랍비'라는 말은 1세기 경부터 쓰이기 시작했는데, 헤브라이어로는 '교사'라는 의미이고, 영어로는 '래바이'라고 발음한다.

유대교에서는 시간을 대단히 중요한 개념으로 소중히 여기지만, 장소라든가 지역이라는 공간의 개념은 그다지 중요하지 않다. 따라서 가톨릭교와 같은 성역이라는 말은 없으나, 랍비는 일반적으로 성스런 인물로 자칭된다.

유대인의 생활

해가 뜸과 동시에 일어난 유대인은 맨 먼저 세수를 하고는 30분가량 기도를 드린다. 기도할 때에는 팔과 머리에 성스런 상자를 매달고 긴 목걸이를 몸에 감고서 한다.

집에서 기도를 드려도 상관없으나 대개는 가까운 교회에 가서 하는데, 교회에서든 집에서든 기도의 말은 똑같다. 그러나 교회에 가면 다른 사람들도 모이기 때문에 모두 함께 기도할 수 있다는 이점이 있다. 심리적으로 혼자서 기도하면 기도가 이기적이 되기 쉽고, 여럿이서 기도하면 집단의식이 강화된다.

그리고 나서 아침 식사를 하는데, 이때 다시 손을 씻고 간단

한 식전 기도를 드린다. 만약 친구나 친척들이 모여 함께 식사할 때는 반드시 ≪탈무드≫에 관한 화제를 선택한다.

식후에도 기도를 하는데, 이때는 친구나 다른 사람이 있을 경우 함께 소리를 높여 기도한다. 그런 다음에야 비로소 일하러 나간다.

오후엔 정오부터 일몰 때까지 사이에 대체로 5분 정도의 짧은 기도를 한 번 드린다. 저녁 식사가 끝나고 밤이 되면 가까운 학교에 가서 ≪탈무드≫를 공부한다. 그것은 유대인이라면 하루 중 어느 때든지 시간을 내어 공부하지 않으면 안 되기 때문이다.

유대식 장례

죽은 이에게는 경의를 표해야 한다. 죽은 이는 잘 지켜지지 않으면 안 된다.

먼저 몸을 깨끗하게 하는데, 그 지역사회에서 가장 존경받는 사람이 죽은 이의 몸을 씻긴다. 그것은 유대 사회에서 대단히 명예로운 일로 여겨지고 있다.

그러고 될수록 빨리 매장하는 것을 원칙으로 하여, 대개는 죽은 다음 날에 고인을 매장한다. 절대적으로 화장은 하지 않는다.

　죽은 이를 조금이라도 알고 있었던 사람은 모두 장례식에 참석한다. 그중의 한 사람, 즉 랍비가 조사를 읽고 상주가 기도문을 읽는다. 그들은 함께 교회에 가서 같은 기도를 한 후 1년간 매일 왼다.

　매장이 끝나면 가족들은 집으로 돌아온다. 거울은 모두 덮개로 씌워 놓고 한 자루의 촛불을 계속 켜 둔 채 10명 이상의 친지가 모여 방바닥에 앉아 기도를 드리는데, 그 의식은 한 주일 동안 계속된다.

　상주는 일주일간 집 밖으로 나가지 않는다. 교회에도 일주일이 지난 뒤에 가는 것이다. 그 일주일 동안에 유가족을 알고 있는 사람들은 그 집을 한 차례씩 방문한다. 그리하여 한 주일이 지나면 가족들은 집 밖으로 나와 집 둘레를 한바퀴 돈다.

　장례식에서 돌아온 가족은 둘러앉아 달걀을 먹는다. 죽은 이에 대한 유대인의 생각은, 인간은 누구나 가족이 죽으면 슬퍼하지만 일주일 이상 지속되면 오히려 슬픔으로 인해 건강을 해치게 된다는 것이다. 또한 달걀을 먹고 원을 그리듯 집 주위를 도는 것은, 원은 시작도 끝도 없으므로 생명도 그것처럼 끝없이 돌고 있지 않으면 안 된다는 것을 상징한다. 또한 살아 있는 사람 역시 계속 살아가야 한다는 의미이기도 하다.

　가장 깊은 슬픔이 함께하는 것은 일주일간이고, 그다음 1개월간의 기간은 앞서의 일주일만큼 슬픔이 깊진 않다. 그 후의 1년 사이에 슬픔은 엷어진다. 그 1년 뒤엔 기일이 아니면 상에 따르지 않는다. 1년간 상을 따르는 것은 부모의 경우이고, 친척이나 친지일 때는 일주일 내지 1개월로 상이 끝난다.

나는 부친이 돌아가셨을 때 너무도 애통하여 식사를 할 수 없었지만, 그래도 달걀을 먹지 않으면 안 된다. 그것은 의무로 규정되어 있는 것이므로 어떻게든 먹어야 했다. 바로 거기에 큰 의의가 있다. 죽은 이만이 살아 있는 인간을 지배하고 있는 것이 아니라, 계속 살아가야 한다는 중요성을 유대인은 뚜렷하게 인식하고 있는 것이다. 때문에 자살은 하느님의 섭리를 부정하는 큰 죄이다.

장례식은 부자나 빈자나 학자나 교육을 받지 못한 자나 모두 똑같은 관, 똑같은 수의를 입혀 거행한다. 요컨대 인간의 평등이라는 것을 존중하는 것이다. 교회에서 모두 같은 덮개를 쓰고, 같은 모습으로 기도하는 것도 그것에서 기인된 것이다.

2부

탈무드의 향기

경외받긴 하지만 읽히지 않는 책

일반적으로 성경이라고 하면 ≪구약성경≫이든 ≪신약성경≫이든 크리스천들의 것이라 여겨지고 있는데, 이것은 잘못된 생각이다. 실상 ≪구약성경≫은 유대인의 것임을 우선 밝혀 두고 싶다.

하지만 오늘날 유대인을 포함하여 세계의 모든 사람들은 성경을 망각한 채 살고 있다. 다시 말해, 성경을 경외하고는 있으나 깊이 이해하려 하진 않는다는 것이다. 일찍이 프랑스의 철학자 볼테르도 '성경은 경외받긴 하지만 읽혀지진 않는다.'고 말한 바 있다. 이 같은 경향은 전 인류의 큰 정신적 손실이라고 말할 수도 있다.

성경이 역사상 가장 많은 발행 부수를 기록한 책이라는 것에는 이론의 여지가 없다. 그럼에도 불구하고 지금까지도 구태의연한 편집 체계의 사슬을 풀어 버리지 못하고 있다. 그러한 연유로 해서 가까이 있어도 선뜻 읽어 보고 싶다는 욕구가 일지 않는 것이다.

성경을 이해하기 위해서는 그것이 기록된 당시 사람들의 생활양식이나 그 시대의 분위기, 역사 등을 알아야 한다. 그 시대의 감각을 전혀 모르는 채 활자화된 표현만을 현대적 감각으로 이해하려 한다면, 그 자체가 이미 어려움이다.

예를 하나 들자면, 현대에선 교통이 매우 혼잡한 상태를 'a heavy traffic'이라고 하는데, 만일 ≪구약성경≫ 시대의 사람들이 이 단어를 읽는다면, 짐을 잔뜩 실은 마차가 어딘가를 향해 달리고 있는 상황을 떠올리게 될 것이다. 마찬가지로 우리들이 그 시대를 상상할 때 생활양식이나 역사 등의 사전 지식이 없다면, 그 당시와는 전혀 다른 장면을 연상하게 될 것임은 오히려 당연한 일이다. 더구나 성경이라고 하면, 종교적인 차원의 선입견이 우리 의식 속에 아주 강하게 박혀 있기 때문에 그것을 이해하려 하기보다는 막연히 그대로 믿어 버리는 경향이 있다.

본래 성경에 기록된 말은 95%가 헤브라이어이고, 나머지 5%는 아루크어(헤브라이어의 방언)이다. 현재 각국의 성경들은 이 기록을 토대로 한 번역판인 것이다. 또한 의문 제기

없이 믿어져 왔기 때문에 오역된 부분이 상당히 많다. 이런 식으로 잘못 번역된 부분에 대한 구체적인 예를 이 부(部)에서 지적해 보고자 한다.

고전이란 '읽어야 한다는 필요성을 느끼면서도 잘 읽혀지지 않는 책'이라고 유대인들은 정의하고 있다. 또한 번역된 책을 읽는 것은 '신부가 쓴 면사포 위로 키스하는 격'이라고도 한다. 그러나 어쨌든 각 민족 최초의 번역서는 성경이다.

독일에선 루텔이 번역한 성경이 가장 오래된 번역서이며, 이것은 문학적 가치로 따져 볼 때 독일어 자체에 매우 큰 영향을 주었다. 마찬가지로 1611년 영국에서 번역된 영문판 성경도 그 이후의 영문학에 지대한 영향을 끼쳤다.

오늘날 성경은 1천여 가지 이상의 언어로 번역되어 있으며, 방언이 섞였다는 사실은 앞서도 지적했다. 그러한 성경은 100년간 2억만 부 이상이 출판되었다.

이제 인간은 성경을 통해 기쁨과 슬픔, 삶의 목적과 이웃 사람들과의 관계를 이해할 수 있게 되었을 뿐만 아니라 정치나 경제, 사회적인 측면에서까지 도움이 될 지혜를 암시받고 있다.

성경에서는 한 부분에 대해 깊은 의미를 내포한 채 매우 간결하게 단락을 짓고 있는데, 한 예로 그 유명한 요셉에 대한 부분도 성경 가운데선 10페이지의 내용을 토대로 하여 무려 여섯 권의 단행본을 펴냈을 정도이다.

에덴의 손

성경은 어떤 사람들에 의해 기록되어졌는지 확실치 않다. 다만 당시 유대인 사회의 보편적인 집필자가 자신의 이름 밝히기를 꺼려했기 때문이리라 추측될 뿐이다. 또한 그것은 한 권의 책이 아니라 36권의 낱낱의 책으로 엮어진 선집인데, 그 한 권 속엔 약 600페이지에 이르는 색인이 첨부되어 있다. 미국의 국회도서관을 예로 든다면, ≪구약성경≫ 1장에 관한 색인 카드만도 300매나 된다. 거기에는 법률·역사·철학·시·연극·격언·수수께끼·서한집·일기 따위의 온갖 형태를 갖춘 기록들이 담겨져 있다.

성경은 단 한 번에 일률적으로 만들어진 것이 아니다. 그것은 1천 년 이상의 세월을 거치면서 100명 이상의 저자에 의해 쓰였다. 그들 가운데는 예부터의 관습에 따라 은둔자와도 같은 생활을 했던 사람, 전쟁터의 용사, 예언자, 또한 번성한 도시에서 살았던 사람이 있는가 하면 오지에서 어렵게 살았던 사람도 포함되었다. 그처럼 각양각색의 삶을 영위하고 있었으나, 성경을 기록했던 그 모든 사람들의 하나의 공통점은 하느님을 믿고 찬미한다는 것이었다.

회교도는 유대인을 가리켜 '책의 민족'이라 한다. 그런 유대인들은 이산 민족이 되면서부터는 아예 성경을 '들고 다닐 수 있는 조국'으로 여겼다.

유대교의 랍비들은 모든 유대인들에게 성경을 보급하는 데 전념했다. 그들 민족에게 있어서 성경은 '무한한 지혜를 풍부하게 실은 책'이며 한 마디 한 구절마다 위대한 진리가 숨겨져 있는, 가히 보고라 할 만한 것이었으므로 그것을 공부할 때의 태도는 당연히 신중할 수밖에 없었다.

그러나 지성만으로는 탐구할 수 없다. 성경은 다른 책과 달리, 그저 읽기만 하면 된다는 그런 성격의 책이 아니기 때문이다.

오로지 무한한 정열과 애정을 가지고 그 내용에 담긴 진리를 깨달으면서 읽어야만 이해가 가능한 것이다.

기 적

성경은 종교적인 것이지 과학적으로 분석된 책은 아니므로, 그 내용 속에서 과학적인 설명을 기대한다는 것은 무리이다.

흔히 유대인들은 성경을 가리켜 옛날이야기를 수록한 책이라고 말한다. 한 예로, 아이가 학교에서 돌아오자 아버지가 '오늘은 학교에서 무엇을 배웠느냐?'고 물었다. 아이는 '오늘은 모세가 이집트에서 노예생활을 하던 유대인들을 구출하는 이야기를 배웠어요.'라고 대답했다. 그리고 자랑스럽게, '모세가 유대인들을 이끌고 사막을 도망칠 때 이집트 군대가 맹렬히 추격해 오고 있었지요. 유대인들은 마침내 홍해에 이르렀는데, 곧 이집트군의 손아귀에 잡혀 버릴 위기에 처하고 말았어요.'라고 계속 얘기했다.

아버지가 다시 '그래서 어떻게 되었지?' 하고 묻자, 아들은 '모세가 미국 공병대에 급히 연락을 취해서 홍해 위에 다리를 놓고 유대인들을 모두 건너게 한 다음 그 다리를 폭파시켜 버렸으므로, 이집트 군대는 바다를 건너지 못했어요.'라고 대답했다. 아버지는 깜짝 놀라 '선생님이 정말 그렇게 설명했느냐?'고 캐묻자, 아들이 '아니에요. 하지만 선생님이 얘기하신 어리석은 사건을 그대로 말씀드린다 해도 아버지는 결코 그 사실을 믿지 않으실 거예요.'라며 웃었다는 이야기가 있다.

'선생님이 얘기하신 어리석은 사건'이란, 바다가 둘로 갈라져서 그 사이를 유대인들이 모두 건너간 뒤에 다시 합쳐졌다고 하는 내용을 말한다.

이 이야기의 교훈은 '기적'에 관해 설명하고 있는 성경의

한 구절이되, 결코 우화적인 건 아니라는 사실이다.

그러나 '기적의 책'이라고 지적하는 것은 크리스천들의 말이며, 유대인 스스로는 기적을 믿지 않는다. 유대인들은 모두가 합리주의자이다. 크리스천들이 믿고 있는 기적이란 '있을 수 없는 일이 일어나는 것'이며, 유대인들의 기적이란 '일어날 수 있는 일이 일어나는 것'을 의미한다.

즉 흔히 일어나지 않는 일이 어쩌다 일어나는 것이 '기적'이다. 쥐고 있던 연필을 손에서 놓았을 때 그것이 위로 올라가면 크리스천이 말하는 기적이고, 아래로 떨어지면 유대인의 기적이다.

그러면 홍해가 양쪽으로 갈라졌다는 것은 어떻게 설명될까? 그것은 100년에 한 차례 정도 일기가 무더운 날에 바다가 갈라지는 현상이 발생하는데, 지중해에서 강풍이 몰아치면 그 영향으로 수심이 그다지 깊지 않은 부분에 한 떼의 사람들이 건너갈 수 있을 정도의 시간만큼 바다가 갈라지는 것이다.

나폴레옹도 이와 유사한 상태에서 홍해를 건너갔다고 전해진다. 다시 말해서 유대인의 기적이란, 그러한 있을 수 있는 우연한 일이 안성맞춤으로 발생하는 것을 말한다.

그러므로 ≪구약성경≫ 가운데서 과학적으로 입증할 수 없는 기적이란 아무것도 없다.

생의 목적

성경에 의하면, 하느님의 식물을 만들 때 제일 먼저 씨앗들을 만들었다. 그 씨앗들은 물론 각기 종류가 달랐다. 유대인들은 각기 다른 씨앗을 서로 다른 것끼리 교배해선 안 된다는 교훈으로 해석한다. 인간 사이는 물론이고, 수간을 해서도 안 되며, 양과 소 등 서로 다른 동물의 종류에도 이 교훈이 적용된다.

유대인들은 이 세상을 하느님께서 창조하셨다는 데서 그분의 위대함을 통감하고 있다. 하느님께서는 물에서 사는 물고기에게는 아가미를 붙이시고, 뭍에 사는 동물에게는 폐를 주셨다. 만일 아가미와 폐의 위치가 잘못 바뀌게 된다면 이 세상의 모든 생명은 소멸될 것이다.

이토록 오묘한 이치로 이루어진 훌륭한 세계가 창조된 것이야말로 위대한 하느님 능력의 증거라고 믿고 있다.

따라서 하느님께서 창조하신 모든 피조물은 각기 제 나름대로의 목적을 지니고 있다. 독초 따위가 무슨 쓸모가 있겠는가 생각되지만, 그것은 산소를 토해 다른 생물의 호흡을 도와주고 있다. 생물 모두가 서로 관련을 맺고 하나의 거대한 수레바퀴를 이루고 있는 것이다.

이것이 곧 생태 환경이다. 비록 인간에겐 독이 될지 모르는 독초라도, 다른 것에게는 유익한 구실을 하기도 한다.

요약하자면, 하느님께서는 모든 생물들에게 제각각의 목적을 부여하시고 있는 것이다.

타 닌

흥미롭게도 <창세기>에는 단세포적인 것에서 복잡한 것으로 발전하는 진화론적인 순서대로 생명이 태어나고 있음이 기록되어 있다. 하지만 닭이나 고양이, 새, 사자 등과 같은 구체적인 동물의 이름은 나오지 않는다.

단 한 가지 예외가 있다면, '큰 물고기'란 명칭이다. 헤브라이어로 '타닌'이라 일컫는 이것은 상상할 수 없을 정도로 크고 무시무시한 동물을 가리킨다.

다른 생물은 구체적인 이름이 나오지 않는데 비해 오로지 이 생물만 이름이 밝혀져서 지금까지 전해져 오는 이유는 무엇일까?

홍콩의 축제일엔 반드시 용이 등장하듯, 각 민족이 제각기 어떤 한 동물을 우상화하는 경향이 뚜렷하다. 그런데 성경 가운데 이 '타닌'이라는 단어가 자주 거론되는 것을 보면, 당시에도 역시 불가사의한 생물을 신성시하고 있었음을 쉽게 상상할 수 있다.

<창세기>에 보면 인간은 맨 마지막에 태어났다고 씌어 있다. 이 교훈은 인간이 교만해질 때를 경계한 것으로, 하찮게 보이는 모기보다도 더 나중에 생명을 얻었다는 사실을 깨닫게 하기 위함이다.

아담은 지구 도처 갖가지 색깔의 흙으로 빚어졌다. '아담'이란 단어는 헤브라이어로 '인간'이란 뜻을 가짐과 동시에 '흙'이라는 의미도 있다.

그 의미가 암시하는 건, 지구의 한 부분인 흙으로 빚어진 것이 인간이므로, 어느 민족이 다른 어떤 민족보다 뛰어나다는 따위의 우월감을 가지고 차별할 수 없다는 것이다.

만물의 영장

<창세기>에 인간은 하느님을 닮도록 만들어졌다고 기록되어 있는데, 이것은 인간의 육체가 시각적으로 하느님과 비슷하게 만들어졌다는 뜻이 아니다. 유대인들은, 하느님께서는 육체를 가지고 있지 않은 것으로 여기고 있다. 그러므로 인간이 하느님을 닮았다는 말은 정신과 마음이 하느님을 닮도록 만들어졌다는 뜻이다.

인간은 지상의 다른 모든 것과 같지 않은 매우 독특한 존재이다. 인간들은 과거의 일을 기억하는 능력으로 인해 배울 수가 있다.

그러나 닭 같은 동물들에겐 역사가 없다. 닭은 어미 품에서 달걀이 부화했을 때가 시초이며, 사자는 새끼로 태어났을 때가 시초이다. 그 시점에서 모든 관습을 배우기 시작하는 것이다. 하지만 그 배움도 스스로의 체험 영역을 벗어나지 못한다. 동물들에게 미래를 예측할 능력이란 더더욱 없다.

그러나 인간은 역사적 과거의 경험을 자신들의 경험으로 삼을 수 있으며, 미래를 예측할 수도 있다. 인간을 만물의 영장이라고 일컫는 이유는 바로 이러한 능력을 소유하고 있기 때문이다.

안식일

성경에 따르면, 하느님께서는 엿새 동안 세상을 창조하시고 마지막 하루를 쉬셨다고 되어 있다. 하지만 하느님께서 7일째에 쉬었다기보다는 그날을 축복하셨다 함이 옳다. 그러므로 제7일째가 성스러운 날로 인식되고 있는 것이다.

그때 하느님께서 축복하신 것은 어느 구체적인 장소나 존재하는 어떤 대상이 아니라 '시간'이었다. 때문에 유대인은 제7일째를 안식일로 삼고, '시간'을 매우 소중히 여겼다.

유대인들에게는 성지가 따로 없다. 예루살렘도 그리스도교에서 일컫는 것처럼 큰 의미의 성지는 아니다. 유대인들에게는 시간이 가장 축복받은 것이며, 장소는 중요하지가 않다.

그들은 또 '휴대하는' 민족이다. 다시 말해, 무엇이든 들고 다닐 수 있는 민족이란 뜻이다.

'시간은 항상 더불어 있다.'는 것을 의식하는 민족으로서 오랜 기간을 살아왔기 때문에, 그들 머릿속에는 시간을 소중히 여기는 관념이 완전히 못 박혀 있다.

제7일째에 쉰다는 것은 그들에게 의무로 되어 있다. 그저 일에 지쳤기 때문에, 생활에 지쳤기 때문에 적당히 휴식하는 것이 아니라 의무로서 반드시 쉬게 되어 있다. 이러한 안식일의 개념을 뚜렷하게 갖고 있지 않았던 고대 로마인이나 그리스인들은, 안식일을 이유로 하루를 쉬는 유대인들을 가리켜 '게으른 민족'이라고 비난했다.

다른 민족들이 이러한 안식일의 개념을 깨닫기 전까지는 하급 노동자나 노예 계급의 사람들에겐 휴일이 전혀 주어지지 않았다. 이것은 근대에 접어들기까지 지속된 세계적인 경향이었다.

하지만 유대인들의 안식일은 오로지 육체를 쉬게 한다는

말이 아닌, 정신의 안식을 소중히 한다는 중요한 의미를 지니고 있었다.

엿새 동안 열심히 일하고, 식사하고, 술 마시는 등 분주한 나날을 보낸다. 이것은 동물의 생활과 별로 다를 바 없다. 그러나 유대인은 안식일이 되면 스스로가 인간이자 하느님을 닮도록 만들어진 존재라는 자각을 되새기며, 자기 자신을 되찾기에 힘쓴다. 인간은 빵만으로는 살 수 없기 때문이다.

유대의 격언에 이런 것이 있다.

'유대인이 오랫동안 안식일을 지켜 내려온 게 아니라, 안식일이 오랫동안 유대인을 지켜온 것이다.'

만일 안식일을 잊어버렸었다면, 유대인들은 자기 자신을 연마하는 일과, 또 다른 눈부신 발전을 이룩하지 못했으리라.

에덴동산

에덴동산 이야기는 한낱 종교적인 것만을 의미하지 않는다. 온 세계의 사람들에게 가장 널리 알려져 있는 위대한 문학의 하나로서 매우 높이 평가되고 있다.

이 이야기가 지닌 특징의 하나는 간결하고 알기 쉽게 쓰여 있음에도 불구하고, 등장인물의 심리를 미묘한 구석까지 묘사하고 있다는 사실이다.

에덴동산에는 두 그루의 나무가 등장한다. 한 그루는 생명의 나무이고, 다른 한 그루는 지식의 나무이다. 생명의 나무는 아주 거대했으므로 에덴동산엔 그 그늘이 넓게 드리워져 있었고, 키가 작은 지식의 나무는 생명의 나무를 빙 둘러싸고 있었다.

이것은 무엇을 의미하고 있는 걸까? 지식의 나무를 거치지 않고선 생명의 나무에 접근할 수 없음을 뜻하는 것이다. 지식의 나무란 선악을 구별할 줄 아는 나무이다.

성경은 세상의 본질을 '선'이라 가르치고 있다. 그러나 현실적으로는 악이 존재하고 있음도 사실이다. 때문에 성경에 나오는 이야기를 비현실적으로 받아들일 수도 있지만, 에덴동산의 이야기는 언제부터, 어째서 악이 존재하게 되었는가를 설명하고 있다. 한마디로 요약하여, 악은 인간이 만들어낸 것이라는 교훈을 가르치고 있는 것이다.

하느님께서는 선의 세상을 만드셨으나, 인간은 자유로운 의사를 지니고 있는 까닭에 하느님을 거역하여 반항하거나 선을 부식시키며 동시에 악을 존재케 할 수도 있다는 이야기이다.

그 첫머리는 '아담은 완전한 행복을 누렸으며 주위에는 좋은 일만 있었다.'는 대목부터 시작된다. 먹을 것은 얼마든지 있었으므로 일을 하지 않아도 아무 걱정 없이 살아나갈 수 있었고, 아내인 하와를 사랑했다. 하지만 이야기의 종말에 이르러서는, 이 부부는 싸움을 시작하여 서로 반목하고 먹을 것도 없어졌으며 마침내 낙원에서 쫓겨나 살 곳마저 잃게 된다.

그동안 무슨 일이 일어났었는가 하는 것이 가장 뜻 깊은 대목인데, 행복의 절정에서 불행의 밑바닥으로 전락한 제일 큰 원인은 인간이 하느님께 반항하여 악을 낳았다는 데 있다.

유대인만이 이 같은 낙원의 이야기를 갖고 있는 것은 아니다. 아랍권에도 유토피아와 같은 낙원 이야기가 있다. 하지만 근본적으로 다른 점은, 아랍권의 이야기는 모두 어떻게 해서 영원한 생명을 얻었으며, 어떻게 하면 낙원에서 살 수 있느냐가 주제로 되어 있다는 것이다.

이를테면, 어떤 종류의 물을 마신다거나 어떤 종류의 과일을 먹으면 영원한 생명을 얻을 수 있다는 따위의 이야기인데 반하여, 유대인의 이야기는 불멸의 생명을 얻고자 함이 아니라 어떻게 하면 참되고 인간다운 생활을 해나갈 수 있는가를 강조하고 있다.

이 이야기의 또 하나의 주제는, 인간은 결코 하느님의 시야에서 벗어나 숨어 있을 수 없다는 점을 설득시킨다는 것이다. 자기 자신을 속일 수는 있어도 하느님을 속일 순 없다는 사실을 상기시킨다.

이 이야기 속에는 뱀이 등장한다. 당시 아랍권에서 뱀은 수확을 가져오는 신으로 떠받들려지고 있었다. 그러나 성경에서는 하느님께서 아담과 하와에게는 말을 하시지만, 하와를 악에의 길로 유혹했던 뱀과는 대화하지 않으신다.

뱀은 하느님으로부터 버림받은 존재로 취급되어 있다. 아랍 이야기와는 그 취지가 전혀 다르다고 말할 수 있으며, 동시에 하느님과 인간은 대화를 할 수 있지만 동물과 하느님, 또 동물과 인간은 차원이 다르다는 사실을 암시하고 있는 것이라 하겠다.

더구나 이 이야기는 인간 각자에겐 자유가 있다고 강조한다. 심지어 자신들이 살고 있는 자연과 하느님에 대해서까지 반항할 수 있음을 역설한다. 하긴 그것이 어디까지나 일정한 규율이 뒷받침된 자유라야 함은 물론이다.

≪구약성경≫은 유대교의 것이지만, 유대인들은 인간이 참된 생을 누리기 위해서는 엄격한 규칙대로 생활해야 된다고 믿었다. 인간은 하느님을 거역하고 그 곁을 떠날 수도 있다. 그러나 그에 따른 결과는 인간 스스로가 책임져야 된다.

따라서 자유라 함은, 곧잘 파멸을 가져오기도 하는 동시에 새로운 기회를 제공하는 것이기도 하다. 요컨대 '양쪽에 날이 선 칼' 같다는 것이 인간의 자유에 대한 유대교의 해석이다.

여 자

여자는 남자를 돕는 사람으로서 만들어진 셈이었다. 헤브라이어로 '돕는다.'고 하는 의미는 좋을 때나 나쁠 때나 그렇다는 뜻이다.

하와는 남편을 도와주는 사람으로 만들어졌다. 성경에선 남편이 고생하고 있을 때 아내가 도와주지 않으면 결혼생활이 제대로 이루어지지 않는다는 사실을 강조하고 있다.

유대인들에게 있어 제일 좋은 안식처는 가정이다. 가정이 그들의 모든 기초 단위를 이루고 있는 것이다.

그 이유는, 이 '돕는다.'고 하는 사고방식이 인간생활의 기본이 되어 있기 때문이다.

인격체

아담과 하와의 자식인 카인과 아벨 형제는 늘 싸웠다. 그러자 부모는 이들 형제를 좀 떼어 놓는 것이 좋겠다는 생각에서 각기 다른 직업을 마련해 주었다. 그리하여 카인은 농부가 되고, 아벨은 양치기가 되었다.

소득을 얻게 되자, 두 사람은 제각기 하느님께 바치려고 제물을 가지고 왔다. 그런데 카인은 자신이 가지고 온 제물이 아벨의 것보다 뒤떨어지지 않을까 내심 두려워하고 있었다. 왜냐하면, 자신이 소유하게 된 것 중 가장 좋은 것이 아닌 가장 나쁜 것을 가지고 왔기 때문이다.

하느님께서는 카인의 제물은 받지 않으시고, 가장 좋은 것으로 골라온 아벨의 제물만을 기꺼이 받으셨다. 그래서 두 사람 사이는 더욱 나빠졌다.

그렇지만 두 사람은 어떻게든 사이좋게 지내려고 갖가지 것을 서로 나누어 가지기로 상의했다. 그리하여 카인은 토지를 전부 차지하고, 아벨은 그 이외의 모든 것을 가지기로 했다. 그러나 사이좋게 지내기 위하여 나누었음에도 불구하고, 이 두 사람의 불화는 더욱 심화되어 가기만 했다. 아벨이 어디든 서 있기만 해도 카인은 '내 땅 위에 서 있지 말라. 대지는 모두 내 것이다.'라고 억지를 부렸다. 이에 대해 아벨은 '그럼 내 의복을 돌려다오. 너는 대지밖에 갖고 있지 않으므로, 옷가지는 전부 내 소유다.'라고 주장했다. 그리하여 또다시 싸움이 시작되었다.

그러나 아벨이 우리들은 형제이므로 앞으로는 싸움을 그만두자고 말했다. 결국 두 사람은 헤어졌고, 아벨은 카인이 집어 던진 돌에 맞아 죽고 말았다.

하느님께서 '네가 어찌 이런 일은 저질렀느냐?'고 물으시자, 카인이 대답했다. '두 사람은 마치 경기장에 있는 투사와 같습니다. 그럴 때 한쪽 투사는 당연히 죽임을 당하게 마련이 아니겠습니까? 우리들의 경우는, 왕이 두 투사에게 싸우기를 명령했기 때문입니다. 그러므로 책임은 두 사람을 싸우도록 지시한 왕에게 있다는 것입니다. 왕은 언제라도 두 사람의 싸움을 그만두게 하여 목숨을 구할 수 있었을 겁니다. 이것은 결국 우리들의 왕인 하느님의 책임이 아니겠습니까?'

하느님께서 이에 답하시어, '카인아, 너는 인간이므로 자유 의사를 가지고 있다. 그래서 네가 무엇을 하든 나는 말리지 않는다. 그러나 네 자신이 한 일엔 스스로 책임을 져야만 된다.'라고 말했다.

<창세기> 제4장을 보면, '네가 어찌 이런 일을 저질렀느냐? 네 아우의 피가 땅에서 나에게 울부짖고 있다.'라고 씌어 있다.

여기서 유대인은 두 가지 사실을 깨달았다. 하나는, 인간은 입으로 호소하는 경우는 있지만 피로써 호소하는 일은 없다. 다른 하나는, 이것은 번역서에는 명시되어 있지 않지만 헤브라이어의 '피'라는 단어는 복수형이다. 물론 헤브라이어 자체로는 항시 단수로 사용되고 있는데, 이 경우엔 어찌 된 영문인지 아우의 피가 복수형으로 되어 있다는 점이다. 피의 복수형이 헤브라이어로 사용되고 있음은 아주 특이한 일이다.

그러고 보통은 입이 호소하는데, 어째서 '피'가 호소한단 말인가? 어째서 기이하게도 '피'의 복수형이 사용되고 있는가?

그에 대한 유대인들의 해석은, 아벨이 살아 있었다는 가정 아래 몇 천 년에 걸쳐 태어났을지도 모를 수많은 자식들, 그 후손들에게까지 호소하기 때문이라는 것이다.

여기엔 한 인간의 생명을 빼앗는다는 것은 오로지 그 한 사람만을 죽이는 것이 아니라, 숱한 인간을 죽이는 결과가 된다는 교훈이 담겨 있다.

고대에 있어서 인간은 자신에 대해 책임을 져야만 된다고 강조했다. 하나의 자율적인 존재임을 이토록 강하게 규정한 것은 드문 사례이다. 또한 여기서는 악이라는 것을 인간이 만들어내고 있음을 역설하고 있다.

카인과 아벨은 하느님께서 만든 인간이기에 앞서 인간에게서 태어난 인간인 것이다. 두 형제가 하느님께 제물을 가지고 왔다는 이야기만 하더라도, 결코 제물 바치기를 그분이 요구하지 않더라도 인간으로서 마땅히 해야 될 행위라고 설명하고 있다.

때때로 인간은 감정에 사로잡혀 하느님께 접근하려고 생각하지만, 어떤 중요한 욕구라 할지라도 그것을 하느님의 뜻에 상반되는 쪽으로 유도하려는 경향이 짙다.

카인이 가지고 왔던 제물은 자신이 소유한 것 중에서 가장 좋은 것이 아니었다. 그의 마음은 편협했으며, 하느님에 대한 헌신적인 정신이 없었다.

성경에서 개인이란 존재는 하느님에 대한 가장 기본적인 단위로 설정해 놓고 있다. 이것은 곧 인간을 가족의 일원이라는 차원으로 보지 않고, 진정한 하나의 개인으로서 인격을 부여하고 있다는 얘기이다.

하느님께 제물을 바친다거나 찬미하는 일은 그분을 공경하는 행위이다. 카인은 제물을 가지고는 왔지만, 하느님께 대한 충분한 공경심을 지니고 있지 않았다. 다만 정해진 규율에 따라 형식적인 태도만을 취했던 것이다.

하느님께 대해서는 진실한 마음만이 중요하다. 결코 제단에 무슨 제물을 가져다 바치느냐는 것이 중요한 건 아니다. 그러나 좋은 일을 하려고 마음을 굳히더라도, 그보다 앞서 우리 인간들 사이에서 나쁜 일이 종종 발생하기도 한다.

이 이야기는, 인간은 설사 형제일지라도 두 사람이 함께 있게 될 때 규율이 없으면 잘 살아나갈 수 없다는 사실을 지적하고 있으며, 나아가서 질투와 증오는 살인을 하는 데까지 발전하여 하나의 악이 다시 또 새로운 악을 초래한다는 진리를 암시하고 있다.

여기서도 역시 아담과 하와의 사건과 똑같은 일이 일어난다. 아우를 죽인 뒤에 야훼께서 카인에게 물으시되, '네 아우 아벨이 어디 있느냐?' 그다음은 유명한 말인데, 카인은 '모릅니다. 제가 아우를 지키는 사람입니까?' 하고 대답한다.

카인은 결국 영원히 방랑해야 하는 벌을 받는다. 그는 자신이 아우를 지키는 사람은 아니라고 말하지만, 하느님께서는 아우를 지켜야 된다고 대답하신다. 인간은 모두 형제이기 때문에 같은 형제가 고생하고 있을 때는 도와주어야 하며, 고생하는 형제를 외면해선 안 된다고 가르친다. 또 아우의 괴로움은 자신의 괴로움이 된다고도 말하고 있다.

헤브라이어 사전에 따르면 '카인'이라는 어휘는 '무엇을 만든다.', '무엇을 소유한다.'는 두 가지 의미를 가지고 있다.

아담과 하와가 가정을 꾸며 카인과 아벨을 낳았는데, 어찌하여 카인을 살인자로 키우게 되었는가? 아담과 하와 사이에 어떤 문제점이 있었기에 한 아들이 나쁜 인간으로 되고 말았을까?

거기에 대해 옛날 유대인들이 고찰했던 한 가지 설명은 이렇다.

아담과 하와가 어떤 방법으로 아이를 양육했는지에 대해 기록되어 있지는 않지만, 자식에게 카인이라는 이름을 주었을 때 하와는 그를 부모의 것이라 생각하고 있었음이 확실하다. 하지만 자식은 자신의 소유물이 아니다. 단지 자식은 부모의 책임 아래 성장하는 인격체이다.

따라서 부모는 자식이 착한 인간으로 자라도록 최선을 다해야 한다. 모든 인간과 사물은 하느님의 주관 안에 개개인의 자격으로 속해 있는 것이다. 부모는 자식의 동반자이지 소유주가 아니다. 그러므로 카인이 불량스런 인간으로 자란 것은 하와의 그릇된 사고방식에서 연유한다고 단언할 수 있다.

아벨을 죽인 카인은 죽임을 당하지 않았다. 그때까지 사람을 죽인 사건은 없었으며, 기록으로서도 처음이었다. 실상 카인은 아벨을 죽이기로 작정하고 돌을 던졌던 것은 아니다. 계획적인 살인이 아니었기 때문에 죽음이란 형벌은 가혹하다고 판단되어졌던 것이다.

바벨탑

'바벨'이란 낱말은 헤브라이어로 '혼란'을 뜻하는데, 이것에 관한 이야기는 세계 문학사상 풍자문학의 최초이다.

세월이 흐름에 따라 인간들은 하느님과의 약속을 잊고, 지식을 늘려 벽돌 만드는 기술을 익혔다. 그리하여 차츰 큰 건물이며 탑을 구축하게 되었다.

왕이나 권세자들은 자신들의 권위를 과시하기 위해 다투어 커다란 축조물을 세웠다. 그 같은 큰 축조물을 세우기 위해서는 당연히 몇 십만이라는 노예들의 노동이 필요했다. 그때 수많은 노예들이 벽돌을 위로 쌓아올리는 작업 도중에 떨어져 죽었다. 인간들은 올바른 행실을 통하여 스스로를 빛내기보다는 오히려 높디높은 탑을 세워 하느님의 성역에 닿아 보려고 안간힘을 썼던 것이다. 그리하여 인간보다도 벽돌의 가치가 높아져서, 노예들이 일하는 도중 아래로 떨어지는 경우가 발생해도 그곳 사람들은 아무도 그 죽음을 슬퍼하지 않았다. 그와는 상반되게 탑 꼭대기에서 벽돌이 하나 떨어지기라도 할라치면 아래 인간들은 모두 슬퍼하며 울부짖었다. 그 하나의 벽돌을 새로 쌓기 위해서는 다시 1년이라는 세월이 필요했기 때문이다.

하느님께서는 인간이 그러한 탑을 축조하고 있는 꼴을 보면서 '이것은 너무나 낮고 보잘것없는 탑이다. 저처럼 인간이 나에게 닿으려고 애를 쓰고 있다니, 내가 지상으로 내려가서 무엇 때문에 그러는지를 살펴보아야겠다.'라고 하셨다.

이 대목의 뜻은, 하느님께서는 그것이 어떤 것이든 인간들이 하는 일에 비상한 관심을 가지고 있음을 강조하고 있는 것이다. 또한 인간이 하느님께 접근을 시도하려는 데는, 물질적 수단이 아니라 정신적으로 가까이하지 않으면 결코 이를수 없음을 시사하고 있다.

인간들은 이 같은 탑을 쌓아올리는 동안에 여러 가지 이견으로 서로 싸웠다. 그러므로 하느님께서는 그 벌로써 그들에게 각기 다른 언어를 사용하도록 했다. 후일의 세계에서도 '부(富)'라는 것이 인간들을 혼란에 빠뜨리고 또한 싸움의 불씨가 됨을 여기서 암시하고 있다.

≪탈무드≫에서는, 성경을 읽고 난 랍비들은 제각기 열 가지쯤 서로 다른 해석을 한다. 그것은 여러 가지 측면에서 토론하기 때문이다.

그러다가 세월이 흐르면 결국엔 그중에서 한 가지나 두 가지 정도가 남게 된다. 다시 세월이 흐르는 동안에 이 한두 가지 남은 것이 유대인들이 믿는 해석으로 정착하게 되는 셈이다.

그러므로 그것은 모든 랍비들의 일치된 해석이라기보다는 몇 사람의 해석일 수도 있고, 세부적인 면에서 해석이 서로 다른 것도 더러 있게 마련이다.

고난에 처해 있을 때

아브라함의 아내에겐 아이가 생기지 않았다. 아내인 사라는 몸종을 남편에게 보내어 아이를 낳도록 했다. 그 몸종의 이름은 하갈이고, 아기는 이스마엘이었다.

어느 가정이나 아내가 둘 있으면 아무래도 조용하지 않게 마련이다. 하물며 정실에게서 아이가 생기지 않기 때문에 첩에게 아이를 낳게 했는데, 나중에 정실에게서 자식이 태어나면 필연적으로 두 여인은 싸우게 마련이다.

아브라함의 가정에서도 예외는 아니었다. 하갈은 자기 몸에 태기가 있는 것을 알게 되자 정실을 업신여겼다. 이에 야훼께서 사라를 축복해 주었다. 하갈이 낳은 자식은 거칠고 난폭했기 때문에, 자신이 낳은 이삭을 무척 사랑하고 있던 사라는 남편에게 하갈과 이스마엘을 집에서 쫓아내라고 졸라댔다. 마침내 하갈 모자는 물과 먹을 것을 조금 챙겨 집 밖으로 쫓겨났다. 여행길에 나서서 얼마 동안 가노라니 먹을 것이 떨어지고 물도 없어졌다. 아이가 목이 말라 울어대자, 하갈은 견디다 못해 아이를 나무 그늘에 내버리고 떠나려 했다. 그러자 하느님께서 모습을 나타내셔서는 '하갈아, 어찌 된 일이냐?' 하고 물으셨다.

후일의 랍비들은, 하느님으로선 하갈이 물도 먹을 것도 없이 망연자실하고 있음을 알아차리고 있었을 터인데도, 어째서 '어찌 된 일이냐?'라는 어리석기 짝이 없는 질문을 던졌을까를 고찰했다.

하지만 하느님께서 그렇게 말씀하시어 그녀의 눈을 뜨게

했으므로 그녀는 거기에 우물이 있음을 발견했다. 우물은 갑자기 그곳에 나타난 것이 아니고, 전부터 그 자리에 있었는데도 하갈이 당황한 나머지 보지 못했던 것이다.

이 교훈은, 인간은 정신적으로 눈이 멀게 되는 경우가 있다는 애기이다. 자신의 바로 눈앞에 있는 매우 소중한 것, 자신의 눈앞에 다가온 기회를 보지 못하고 놓치는 경우도 있다는 것이다. 하느님께서 어찌 된 일이냐고 바보스럽기까지 한 질문을 던지신 이유는, 그녀가 바로 우물곁에 서 있었기 때문이다.

이처럼 행복하게 될 수 있는 동기는 자신의 신변 가까운 곳에, 바로 손이 닿는 곳에 있을지도 모르는 일이다. 따라서 고난에 처해 있을 때는 다시 한 번 자신의 주위를 찬찬히 점검해 볼 필요가 있음을 암시하고 있는 것이다.

명 성

성경 가운데선 이름이 바뀌는 경우가 흔히 있다. 아브람이 아브라함이 되고, 그의 아내 사라는 애초에 사래로 불렸다. 야곱도 그렇고, 그 밖의 지명도 더러 그런 경우가 있다.

오늘날에도 서구 사회에서는 '세인트'라든가 '서어' 따위의 칭호를 붙여서 명예를 부여하는 경우가 있는데, 랍비들은 성경에 관해 논할 때 각기의 이름을 매우 중요한 것으로 간주했다.

《탈무드》에선, 좋은 이름이란 인간이 지닐 수 있는 최고의 보배이며, 가장 질이 좋은 기름보다 더 소중하다고 강조한다. 여기서 '좋은 이름'이라 하는 것은 결코 발음하기 좋은 이름이라든지, 글자 획이 좋은 이름이란 뜻이 아니고, 평판과 명성을 가리키는 것이다.

고대 유대에서 기름은 아주 귀중한 것으로 취급되었다. 머리를 깨끗이 할 때나 식용으로, 또한 난방용이나 취사에도 기름이 사용되었다. 그러나 아무리 질 좋은 기름일지라도 그대로 내버려 두면 산패하거나 증발하여 없어져 버리는 데 비해, 명성은 시간과 더불어 한층 빛난다. 좋은 기름은 금전으로 살 수 있지만 명성은 돈으로도 살 수 없으며, 좋은 기름은 부자밖에 얻지 못하지만 명성은 설사 가난하더라도 얻을 수가 있다.

아브라함의 이름이 야훼에 의해 바뀐 데에서 힌트를 얻어, 랍비들 사이에 이러한 논의가 벌어졌던 것이다.

《탈무드》에 따르자면, 이름에는 다음과 같은 세 가지 종류가 있다.

첫째, 왕이나 귀족들이 세습에 의해 얻는 이름.

둘째, 배움으로써 학자가 되어 얻을 수 있는 이름.

셋째, 누구나가 얻을 수 있는 이름. 이것이 곧 명성이다.

가나안

가나안이라 함은 아브라함이 그곳에 정착할 때까지의 지명이며, 그 후에는 이스라엘이라 불리고 있다.

할 례

유대인이 참된 유대인으로 인정되는 것은 생후 8일째 할례를 받을 때이며, 그때에야 비로소 아브라함의 자손이라 말할 수 있게 된다.

하느님의 명예 의해 최초로 할례를 받은 사람이 아브라함이다.

접 대

이것은 아브라함이 할례를 받은 직후의 이야기이다.

아브라함은 기꺼이 날을 잡아 접대하는 사람이었다. 할례를 받았을 때, 그는 이미 나이가 상당히 들어 있었으므로 몹시 지친 상태였다. 그럼에도 불구하고 손님을 환대하기 위해 천

막 입구에 나와 앉아 있었다.

그 무렵 그는 사막의 외딴 곳에서 천막을 치고 살았는데, 어느 쪽에서 손님이 찾아오더라도 곧 들어올 수 있도록 입구를 사방에 만들어 두었었다.

이윽고 저만치 앞에 손님이 나타나자, 그는 육체의 괴로움을 집어 던지고 뛰어가서 맞이했다.

고대 사회에서는 전혀 모르는 사람을 자기 집으로 초대하는 일은 극히 드물었다. 그러나 아브라함은 그 누구라도 자기 집을 찾아오는 사람이라면 때를 가리지 않고 환대했다.

오늘날까지도 유대인은 모든 사람들에게 언제든 자기 집을 방문하도록 청하고, 특히 축제일에는 수많은 사람들을 초대하려 애쓴다.

가장 나쁜 사회

하느님께서는 자신의 눈으로 소돔과 고모라란 마을에서 무슨 일이 일어나고 있는가를 직접 살펴보시려고 했다. 이 이야기는, 유대인이라면 어떠한 재판관일지라도 고소당한 사람의 실정을 조사해 보지 않고서는 판결을 내릴 수 없고, 실제로 현장에 가 살펴보아야만 된다는 사실을 가르치고 있다.

소돔과 고모라, 두 마을은 지상에서 가장 악한 고장이 었다. 소돔이라는 마을에서는 낯선 사람이 마을에 들어 오는 것을 좋아하지 않았으며, 그곳 사람들은 누구를 막 론하고 모두에게 의심을 품었다. 이 때문에 어떤 여행자 든 이 마을을 방문한 후엔 반드시 후회하게 되었다.

가난한 자가 어쩌다가 구걸하기 위하여 이 마을에 들 어서기라도 하면, 그곳 사람들은 헛웃음으로 맞이하여 표시를 해 놓은 돈을 주었다. 그러나 그 돈으로 무엇을 사려고 해도 표시가 되어 있기 때문에 아무것도 사지 못 하고 결국엔 굶어죽곤 했다. 그다음에 마을 사람들은 제 각기 죽은 자의 주머니에서 자기가 표시해 놓았던 돈을 되찾아가곤 했다.

어느 날 한 나그네가 두 딸을 데리고 이 마을에 들어와 일자리를 얻게 되었는데, 그가 맡은 일은 금화를 지키는 파수꾼이었다. 50개나 되는 금화엔 모두 특수한 기름을 발라 두었으므로, 그 냄새로 돈이 어디에 있는가를 곧 알 수 있었다.

어느 날 그곳에 도둑이 들었다. 금화는 아무도 모르게 깊숙이 감추어 두었는데도, 그 냄새 때문에 이내 발견되 어 모조리 털리고 말았다. 금화는 물론이고, 나그네가 가 지고 있던 개인 물품까지 몽땅 잃었다.

그는 그 책임을 면할 길이 없어 재판에 회부되었고, 결국 50닢의 금화를 변상하지 못했다는 이유로 딸들과 함께 노예로 팔렸다. 물론 도둑은 그 마을 사람이었다.

며칠 후 한 딸이 친구를 만났는데, 그녀의 안색이 몹시 창백한 것을 보고 친구가 사유를 물었다. 그녀는 지금까지의 일을 전부 털어놓고는, 지금 먹을 거라곤 아무것도 없고 게다가 노예로 팔려 있는 몸이라고 말했다. 그러자 친절한 친구는 가엾은 생각이 들어 약간의 먹을 것을 가져다주었다.

얼마 후, 소돔 마을 사람들은 이 가족이 아직 살아 있는 것을 발견하고는 누군가가 먹을 것을 갖다 주었음이 분명하다고 생각했다. 그리하여 조사해 본 결과, 바로 그 친구가 먹을 것을 갖다 주었다는 사실이 판명되었다. 마침내 그녀는 붙잡혀서 재판에 붙여져 사형 선고를 받게 되었다.

그녀의 발가벗겨진 몸에 벌꿀이 발라지고, 두 개의 벌집이 매달려 있는 나무 사이에 묶여졌다. 인정사정없는 벌들이 몸에 독침을 쏘아대는 바람에 그녀는 몸부림치다가 드디어 죽고 말았다.

그때 하느님께서는 지상에서 들려오는 여자의 비명이 너무나 처절하게 울려 퍼지므로 몸소 조사해 볼 작정을 하셨다.

유대인의 해석에 따르면, 소돔과 고모라 사람들의 가장 큰 죄는 인간이 좋은 일 하는 것을 금하고, 좋은 일 한 자를 벌했다는 점이다.

올바른 행동을 금지하는 사회가 가장 나쁜 사회이다. 벌꿀처럼 달콤하고 자양분 있는 것을 나쁜 수단에 사용했음은 이러한 상황을 상징하고 있는 셈이다.

가정과 사회

'이삭'이란 헤브라이어로 '명랑한 웃음'이란 뜻이다. 어린이는 항상 명랑하게 웃고 있어야 한다.

이삭이 태어났을 때 그 어머니는 상당히 나이가 들어 있었으므로 남들에게 혹시나 '남의 자식이 아닌가?' 하는 오해를 받을까 봐 모유로 길렀다. 게다가 진짜 어머니임을 나타내기 위해 이웃 아기에게도 젖을 먹였다. 그러나 그녀는 자기 자식에게 먹이기 위해 남의 자식에게는 젖을 충분히 주지 않았다.

이 이야기에는 자신이 지니고 있는 힘이나 재능은 우선 자신의 가족에게 베풀고, 그런 다음 사회에 베풀라는 가르침이 담겨 있다.

외국인

고대에는 인간이 죽으면 동굴 속에 매장하기로 되어 있었다.

아브라함은 하느님께로부터 가나안이라는 땅을 제공받았다. 하지만 거기서 태어난 것은 아니었으므로 실상 그 토지는 아브라함의 소유가 아니었다. 그리하여 아브라함이 죽은 자기 아내를 매장하기 위해 토지를 사려고 했을 때, 가나안 사람들은 아무도 그에게 팔려고 하지 않았다.

여기서 랍비가 문제로 삼는 성경 대목은, '나는 당신들 중에 나그네지만 거주한 자이니……'라고 한 말이다. 아마도 자신은 여기에 거주하고 있지만, 이방인이라는 뜻이 아닐까? 즉 외국인과 거주자라는 별개의 관념에 대해 말하는 것이 아닐까 싶다.

성경 가운데서, 아브라함이 주위 사람들과 우호적일 때는 거주하는 자였지만 관계가 나빠졌을 때엔 외국인이라는 처지가 뚜렷하게 드러난다.

그렇다면 아브라함 시대에 이방인이라는 존재가 어떤 뜻을 지니고 있었는가를 인식해야 된다. 오늘날과 마찬가지로 당시에도 어떤 나라에서 60년 혹은 70년 동안 거주했다 하더라도, 결국 완전하게 그 나라 사람이 되지는 못했던 것이다.

아무리 오랜 기간을 그 나라에서 살았다 하더라도 외국인은 그 나라에서 태어나 자란 사람과 동일한 권리를 갖지 못한다. 외국인은 여러 가지 의미에서 뚜렷이 차별된다. 현대에 와서도 외국인이 어떤 나라의 국적과 시민권을 획득하려면 여러 가지 어려운 일이 따르지 않는가.

아브라함은 필시 주위 사람들과 마찬가지로 그 고장에서 오랫동안 거주했음에 틀림없지만, 그랬어도 외국인 거주자라는 자격밖에는 갖지 못했다. 그러므로 아브라함은 가나안 사람들끼리 거래하는 가격에 비해 훨씬 비싼 값을 지불하고 묘지를 구했다. 그 이유는 단 하나, 그가 외국인이었기 때문이다.

이스라엘의 아들 요셉이 이집트인 집에서 하인으로 일하게 되었을 때의 일이다. 어느 날 그는 터무니없게도 그 집 여주인을 강간했다는 누명을 쓰고 투옥되었다. 그는 그 감옥 안에서 이집트의 왕을 받드는 시종장을 알게 되었는데, 그의 꿈 해몽을 잘해 준 덕에 절대 권력자인 파라오의 꿈 해몽을 하게 되었다. 그의 모든 예언이 너무나도 적중하여, 마침내는 이집트의 파라오에 의해 수상 지위에까지 올랐다.

요셉은 가족들을 불러들이고, 유대인을 위해 비상한 수완을 발휘했다. 그러나 그의 사후엔 이집트에 있는 유대인은 모두 노예가 되고 말았다. 유대인이 고난을 겪게 된 것은 외국인으로서 거주하는 자였기 때문이다.

이 이야기에는 외국인 거주자일지라도 그 나라 사람들과 동등하게 대하라는 교훈이 담겨 있다.

인종 차별

아브라함은 아들인 이삭을 같은 종족과 결혼시키려 작정했으므로, 이웃인 가나안 여성과 결혼하면 안 된다고 훈계했다. 만일 이삭이 가나안 사람과 인연을 맺게 되면 아브라함이 애써 일구어 놓은 종교의 밭을 이삭의 자식들이 갈지 않게 될 것이며, 또 가나안 사람과 혈연을 맺게 되었을 때 과연 평화롭게 살 수 있을지 알 수 없었기 때문이다.

그는 만일 아들이 가나안 여성과 결혼하면, 그곳은 가나안 사람이 대다수를 차지하고 있는지라 차츰 그 풍습이며 종교 등에 휘말려 들고 말 것이라 판단했다. 그리하여 이삭에게 동족과 결혼할 것을 명했다.

역사적으로 본다면, 유대인은 소수 민족이기 때문에 주위의 민족들에 흡수되어 버리진 않을까 무척 경계해 왔다. 하지만 유대인들은 인종을 차별하지 않을 뿐 아니라, 다른 민족과의 결혼에도 반대하지 않는다.

그러나 유대인만의 종교를 지켜나가고 싶다는 의지만은 확고했다. 따라서 혹시 다른 민족과 결혼할 상황이라 할지라도 그 배우자는 반드시 유대교를 믿어야 한다. 남편의 자리, 아내의 자리가 종교적으로 견고히 확립되어 있으므로, 만일 한쪽 배우자가 그 규율을 지키지 못한다면 유대의 가정은 붕괴해 버리기 십상이기 때문이다. 그래서 서로 다른 종교를 믿는 다른 민족의 배우자와의 결혼을 반대하는 것이다.

이것은 인종 차별과는 차원이 다른 문제이다.

눈물의 벽

야곱은 메소포타미아에 살고 있는 숙부 라반을 만나러 갔다. 이 숙부에게는 두 딸이 있었는데, 야곱은 동생 쪽인 라헬과 사랑에 빠졌다.

그러자 숙부가 7년 동안 일하면 라헬을 아내로 주겠노라고 약속했다. 야곱은 라헬과 결혼하게 될 날을 꿈꾸며 열심히 일했다.

약속했던 7년이 지났을 때 숙부는 라헬이 아니라, 그 언니인 레아를 맞이하도록 종용했다. 결국 그는 숙부에게 속았던 셈이다.

그러나 숙부는 다시 7년을 더 일하면 틀림없이 라헬을 주겠노라고 말했다. 레아와 이미 결혼한 터였지만, 라헬을 사랑하고 있었기 때문에 야곱은 다시 7년 동안을 열심히 일했다.

야곱은 자신이 사랑하는 사람을 위하여 그토록 열심히 일했다는 사실로 인해, 지금까지도 유대인들에게서 대단한 존경을 받고 있다.

동시에 이 얘기에는, 무엇인가 목적을 위해 일하게 되면 그 대상이 더욱더 소중한 것이 된다는 진리를 내포하고 있다.

그 후 예루살렘에 신전이 세워지고 있을 때, 유대인은 모두가 신전을 세우는 데 참가하려고 작정했다. 동쪽의 벽은 부자들이 인부를 고용하여 만들었고, 남쪽 벽은 귀족들이, 북쪽 벽은 정부가 세웠다. 일반 대중은 손수 벽돌을 쌓아올리고 흙을 이겨 발라 서쪽 벽을 만들었다.

기원후 70년에 신전이 파괴된 이후 오늘날까지 유적으로 남아 있는 것은 일반 대중이 만들었던 서쪽의 벽뿐이다. 그것이 유명한 '눈물의 벽'인 것이다.

그 '눈물의 벽'이라는 명칭은 유대인들 자신이 붙인 게 아니라, 그 벽을 보며 감격에 겨워 울고 있는 유대인들을 보고 다른 사람들이 붙여 준 것이다.

토 라

　'토라(Torah)'라 함은 성경의 맨 처음 다섯 편, 즉 오경 (Pentateuch)이라고 하는 <창세기> <탈출기> <레위기> <민수기> <신명기>를 가리킨다. 아울러 유대교의 율법을 말한다. 넓은 의미로는 하느님께서 이스라엘, 즉 유대 백성에게 내리신 계시의 본질이며, 하느님께서 인류를 위해 계시하신 가르침 또는 지침이다.

　토라는 정의감이 넘쳐흐르는 좋은 사회를 만들 계획서이므로, 그것을 보는 인간은 좋은 것과 나쁜 것을 분별할 능력을 갖추게 된다. 하느님께서 만들고자 한 세계는, 사랑이 가득하고 매우 현명하게 선과 악을 분간하는 사람들이 사는 좋은 사회이다.

　토라 가운데 <창세기>에는 하느님을 지칭하는 두 개의 다른 헤브라이어 낱말이 있는데, 하나는 '정의'를 뜻하고, 또 하나는 '자비'를 뜻한다. 이것은 하느님께서 정의만으로 세계를 만드실 수 없었음을 암시하고 있는 것이다. 고지식하게 정의만을 지키고 있으면 살아나갈 수 없기 때문이다. 지나치게 엄격히 정의를 실현하려고 하면, 인간이 잘못을 범했을 경우 절대 용서받을 수 없게 되어 버린다.

　한편으로 이 세상이 자비에 의해서만 지배된다면 하면, 결국 악의 손에 떨어져 버리게 될 것이다. 그래서 하느님께서는 정의와 자비를 적당히 혼합한 세계를 만드셨다.

헤브라이어로 '정의'는 '에로힘'이라고 읽는다. 그러나 '자비'라는 헤브라이어의 절차는 널리 알려져 있지만 그 발음을 제대로 할 줄 아는 사람이 드물다. 이 낱말은 매우 신성하다고 생각되어 옛날 유대인들이 1년에 한 번, 그것도 시나고그에서 밖엔 입 밖에 내지 않았기 때문이다.

유대인 가운데는 이를 가리켜 하느님께서 정의보다도 자비쪽이 인간에게 더 소중한 것임을 가르치시기 위함이라고 해석하는 사람도 있지만, 나는 그렇게 생각하지 않는다.

《구약성경》은 아주 옛날 것이므로 그 당시에 있어서는 어쩌면 이 자비라는 낱말이 하느님의 진짜 호칭이고, 정의는 2차적인 호칭으로 쓰였던 게 아니었을까 하는 생각이다.

물론 《구약성경》이 기록될 당시에 이 두 가지 말이 진정 어떠한 뜻으로 씌어졌는지는 알 수 없다. 아무튼 몇 천 년 동안 유대인들이 성경을 읽어 내려 자신들의 한 가지 신조를 만들어 냈을 때엔 '하느님'을 지칭하는 말로 정의와 자비라는 두 낱말이 다 쓰이고 있었다.

헤브라이어의 철자는 모음이 없고 자음뿐이기 때문에 진정으로 올바른 발음 방식은 알 수가 없다. 크리스천들은 이것을 '야웨'나 '야훼'라고 발음하고, 현재의 유대인들은 '아드나이'

라고 발음하는데, 물론 그것이 옛날 그대로의 올바른 발음인지 어떤지는 전혀 알 길이 없다.

그 당시부터 성경에 기술되어 있는 이야기는 아니지만, 유대인은 '자비'와 '정의'를 함께 사용하는 낱말로서 다음과 같이 풀이했다.

'어떤 왕이 매우 값비싼 유리잔을 가지고 있었는데, 그 술잔은 뜨거운 물이나 얼음물을 부으면 깨져 버리는 것이었다. 그러므로 왕은 언제나 뜨거운 물과 얼음물을 섞어서 붓는 방법을 택하고 있었다.'

이 비유에서도 알 수 있듯이, 유대인들은 타협을 생활의 큰 지혜로 알고 있다. 한 가정을 살펴보더라도, 부모가 교육을 지나치게 엄하게 하면 자식은 반항하게 될 것이고, 그렇다고 해서 지나치게 받아주기만 하면 자식은 불량스럽게 되어 버린다.

그러므로 이 양측을 적당히 혼합한 것만이 균형 잡힌 교육이라 말할 수 있는 것이다.

가알티이

메소포타미아의 가족과 헤어져 되돌아온 야곱은 자기 쌍둥이 형제를 만났다. 그때 '나는 메소포타미아에서 숙부 라반에게 붙어 있었다.'라고 말하는데, 이 '붙어 있었다.'라는 어구에 사용되고 있는 헤브라이어가 '가알티이'이다.

유대인은 세계의 민족들 중 최초로 숫자를 사용했던 민족이 아니라, 알파벳에 낱낱이 숫자의 의미를 부여하여 사용했던 민족이다.

예를 든다면, 헤브라이어의 22개 알파벳은 'a = 알파 = 1, b = 베트 = 2, c = 긴멜 = 3…….' 등등이다. 그리하여 '가알티이'라는 낱말에 사용된 철자는 전부 613이란 수가 된다. 유대의 여러 가지 규칙이나 전통을 하나하나 들춰내서 셈해 보면, 고대 유대 때부터 오늘까지 전부 613이었다.

이 부분에서 중요한 의미는, 야곱이 메소포타미아에 거주하면서도 유대 계율을 지켰다는 것이다.

후일 랍비들은 성경에 사용된 글자를 모두 뽑아내서 그 숫자가 얼마나 되며, 무슨 뜻이 내포되어 있는가를 헤아려 보기도 했다.

또 한 가지 예를 들어 보자면, 성경의 모든 구절에는 멜로디가 있다. 오늘날에도 시나고그에서 읽혀질 때에는 그 멜로디에 따라 노래를 부른다. 다만 토라에는 멜로디 표시가 붙어 있지 않다.

성경은 2천 5백 년 전부터 노래로 불리게 되었는데, 이것은 성경 전부를 암기하기가 매우 어렵기 때문에 노래로 기억하는 편이 가장 빠르다는 연유에서 유래되었다.

3, 4세기 무렵의 성인인 성 제롬(Saint Jerome)은 성경을 라틴어로 번역했는데, 그의 기록에 의하면 성경을 처음부터 끝까지 암기하지 못하는 유대인은 한 사람도 없었다고 한다. 아직 인쇄물이 없었던 당시에도 모든 유대인은 노래로 만든 성경을 외웠던 것이다. 그러나 이 멜로디를 누가 작곡했는지는 알려져 있지 않다.

토라에는 구두점이 전혀 없다. 하지만 노래가 끊어지는 대목이 문장의 끝이라는 것은 누구라도 쉽게 알 수 있다.

다아로쉬 다아로쉬

헤브라이어 '다아로쉬 다아로쉬'라는 낱말은 필시 '가르침'을 뜻하는 것이리라고 유대인들은 고찰했다. 하지만 어째서 항상 그것이 두 번 반복하여 사용되고 있는지 알 수가 없어, 그 연유에 대해 깊이 연구하게 되었다.

여기서 우리가 끌어낼 수 있는 것은, 토라는 유대인들에게 어떻게 하면 좋은 생활, 올바른 삶을 누릴 수 있는가를 가르치고 있는데, 그 가르치는 방식에는 두 가지가 있다는 것이다.

그중 한 가지는 선생이 학생을 가르치는 것과 같은 개방적인 방법이고, 또 한 가지는 '백문(百聞)이 불여일견(不如一見)' 식으로 실례(實例)를 보이며 스스로 경험을 얻도록 하는 방법이다.

결국 그처럼 똑같은 단어를 되풀이한 것은, 위의 두 가지 교수 방법을 뜻한다고 풀이할 수 있다.

편 애

야곱에게는 열둘이나 되는 아들과 고명딸이 있었다. 그는 그 열두 명의 아들 가운데서 유달리 요셉만을 사랑했는데, 그것을 표시하기 위하여 그 아들에게만 특별히 지은 옷을 입혔다. 이것이 어떤 옷이었는지 분명치는 않으나, 어쩌면 비단 셔츠가 아니었을까 추측되고 있다.

아무튼 요셉에게만 특별한 옷을 입혔기 때문에 다른 형제들은 요셉을 몹시 미워했다. 야곱이 한 자식만을 편애했기 때문에 결국엔 가족 사이에 위화감이 감돌게 된 것이다.

여기에서 유대인은 매우 중요한 교훈을 끌어냈다. 한 자식만을 사랑함으로써 가족이 뿔뿔이 흩어질 수도 있다는 사실이다.

　여럿 가운데서 한 자식만 사랑하는 편애는 자칫 범하기 쉬운 잘못이므로 충분히 경계해야 할 필요가 있다.

바위와 부자(父子)

　'바위'에 해당하는 헤브라이어는 '에벤'이라는 단어이다. 이 단어는 성경에 자주 등장하는데, 이를 테면 십계가 '바위' 위에서 씌어졌으며, 야곱은 곧잘 '바위' 위에서 잠을 자곤 했다. 이 '바위'가 바로 '에벤'인 것이다.

　'에벤'이란 '아브(아버지)'와 '벤(아들)'이라는 두 개의 낱말이 합쳐진 단어로, 곧 '부자(父子)'라는 말도 된다.

　다시 풀이하자면, 아버지와 아들이 결합되었을 때는 바위처럼 단단해진다는 뜻이다.

　유대 민족이 지속적으로 발전해 온 첫째 비결은 가족 단결의 관념이 강하다는 점이다. 또한 하느님과 이스라엘 백성과의 특이한 관계 관념이라든가, 아버지와 자식 간의 관념 등의 관계로 굳게 결속되어 있는 바로 그 점이 오늘날까지 유대 민족을 지탱시켜 왔다고 말할 수 있다.

신 발

모세의 일생 중 가장 중요한 경험의 하나는, 떨기나무가 불에 탔다는 것이다. 유대인들이 의아스럽게 생각했던 것은, 왜 하느님께서 하필 떨기나무에 나타나셨을까 하는 점이다.

만일 그것이 대단한 의미를 지닌 행동이라면 높은 산이라든가 벼락이 떨어지는 날, 혹은 거대한 나무 아래 등의 장소를 택했어야 마땅했다. 그런데 하느님께서는 작은 가시가 무성한 떨기나무를 택하셨다. 그 나무에는 먹을 만한 열매 따위도 열리지 않을 뿐더러 인간은 물론 동물마저 가까이하지 않고 꽃도 피지 않는다. 약간만 손을 대도 상처투성이가 될 만큼 그 주위는 형편없는 곳이다. 이러한 상황은 유대인들에게 있어서 매우 중요한 의미를 지닌다.

인간은 스스로에 대해 좋은 일, 혹은 나쁜 일의 차이가 무엇인지를 터득해야 한다. 그렇지 않다면 길을 걷고 있는 사람을 누군가가 뒤에서 밀어 넘어뜨려 다치게 해 놓고도 뭐가 나쁘냐고 반문할지 모른다.

토라에는 그에 관한 하나의 가르침이 있다.

하느님께서 굳이 세상에서 가장 의미 없는 곳으로 여겨질 장소를 택하신 이유에는 아주 심오한 교훈이 담겨 있다. 하느님께서는 모든 것에 관심을 가지고 계심을 표명하기 위하여 그러한 곳을 선택하셨다는 점이 바로 그것이다.

이것은 유대인들에게는 매우 소중한 가르침이다. 특히 그들이 이집트에서 노예 상태로 고생하고 있을 적에 이 같은 가르침을 받았다는 사실은 더욱 중요하다.

떨기나무와 유대인은 다같이 하찮은 존재이다. 그러나 떨기나무를 뿌리째 뽑아 버리려고 한다면 가시로 말미암아 손에 상처를 입는다. 마찬가지로 유대인 속에 손을 집어넣고 멸망시키려 하면 그 손은 피투성이가 될 것이다.

떨기나무의 불은 타고 또 타올랐다. 이것은 유대인이 언제까지나 멸망하지 않음을 시사하는 것이다. 또한 떨기나무와 불이란 것은 함께 있어서는 안 된다. 불이 붙으면 떨기나무는 몽땅 타 버리기 때문이다. 그러나 이들 두 개체는 평화로운 가운데 제각기 살아나갈 수도 있다.

다시 말해, 평화란 두 개의 대립되는 것이 공존하는 것임을 가르치고 있는 셈이다. 결국 이것은 유대인이 세계의 평화 속에서 생존한다는 것이 무엇을 뜻하는가를 말해 주는 것이다.

불타는 떨기나무 장면에서, 하느님께서 홀연히 모세 곁에 나타나셨을 때 모세는 단 한 가지 행동을 보였다. 아무 말 없이 다만 신발을 벗었을 따름이었다. 이것은 무슨 뜻인가?

고대에 있어서 신발은 자아의 상징이었다. 그러므로 모세는 자신이 그리 중요치 않은 인간임을 드러내 보이기 위하여 그런 행동을 했던 것이다. 그에게 가장 중요한 일은 유대인들을 이집트에서 끌어내어 십계를 안겨 주고 유대의 나라, 즉 이스라엘로 데리고 돌아오는 일이었다. 이것은 지도자의 자격을 의미하는데, 지도자로서의 우선적인 조건은 자신을 버리고 타인을 돌보는 것이다.

유대인은 현재까지도 이 가르침을 지키고 있다. 예를 들어, 가족이나 가까운 친척, 친한 친구 등이 죽으면 장례식 후 한 주일 동안은 가족 모두가 집 안에 틀어박혀 버리는데, 그동안은 절대 신을 신지 않는다. 이것은 살아 있는 자신들보다도 죽은 사람을 기리는 일이 더 중요하다는 것을 암시하는 행위다.

유대 민족에게 있어 1년 중 가장 중요한 날은 정월 초하루부터 세어 열흘째이다. 모든 유대인은 '욤키이프'라 일컬어지는 이날 내내 시나고그에서 지낸다. 24시간 동안 아무것도 먹지 않고, 지난 한 해에 있었던 갖가지 일에 대해 하느님께 용서를 비는 것이다. 이날도 물론 신발을 신지 않는데, 앞서와 마찬가지로 '자기'가 중요하지 않음을 나타내기 위함이다.

지도자의 비극

과거 수천 년에 걸쳐 인간적인 면이 부족한 지도자들로 인해 그와 가까운 사람들이 고통 받는 경우가 적지 않았다. 지도 자라면 위대한 교사와 종교적인 사제, 정부 관계자, 나아가서는 사회사업 봉사자를 일컫는데, 그들은 세상 사람들로부터는 추앙받지만 막상 자신의 가족을 등한시하는 경우가 적지 않았기 때문이다.

모세는 이집트에서 탈출할 때 자기 자식을 아내의 친정에 맡겨 두고 있었다. 그의 장인이 자식들을 데리고 돌아왔을 때, 하느님께서는 모세에게 장인을 맞이하여 인사를 올리도록 권하셨다. 모세는 무릎을 꿇고 앉아 장인에게 머리를 숙여 보인 다음 키스까지 했다. 그러고는 즉시 중요한 일에 관해 의논을 시작했다.

그러나 이 이야기 가운데 단 한 마디도 자신과 자식들의 재회에 관해선 말하지 않았다. 다시 말해, 사적인 감정을 드러내지 않았다는 것이다. 이것은 위대한 지도자로서 매우 비극적인 상황이다. 남에게 봉사하는 일에 몰두한 나머지, 자기의 가족을 돌보지 못하는 경우의 구체적인 예라 하겠다. 모세의 자식들은 도대체 어떻게 되었는지, 유대인 가운데서 어떤 지위에 있었는지 따위는 전혀 알려져 있지 않다.

오늘날에도 랍비의 자식들은 그 옛날 모세의 자식과 비슷한 상황에 놓여 있다.

최초의 교육자

하느님께서 모세에게 이르시기를, 십계의 구상을 먼저 야곱 가족에게 고하고 다음에 이스라엘의 자식들에게 고하라고 하셨다. 그때 하느님께서는 처음엔 매우 달콤하고 부드러운 어조로 말씀하시고, 두 번째는 강한 어조로 말씀하셨다.

랍비는 여기에서 큰 교훈을 얻었다. 즉 십계의 기본적인 구상은 최초로 여성에게 주어지고, 다음 남성에게 주어졌다는 사실이다. 그것은 여성이야말로 최초의 교육자이기 때문이다.

우선적으로 자식을 가르치는 것은 어머니이다. 유대의 격언에 '여성의 가르침은 곧 가정의 가르침이다.'란 것이 있다. 그 때문에 십계도 여성에게 먼저 주어지고, 다음에 남성에게 주어진 것이라 여겨진다. '야곱의 가족'이라는 말도 헤브라이어로는 아주 부드럽고 여성적인 느낌으로 발음된다.

이 같은 사실 모두로 미루어 보더라도, 랍비들이 그와 같은 교훈을 끌어낸 데에는 이론의 여지가 없겠다.

환 경

황금 송아지를 만든 유대 민족은 하느님의 격노를 사게 되었다. 하느님께서 모세에게 말씀하셨다.

'당장 내려가 보아라! 네 백성은 부패했다……'

하느님께서는 분명히 '네 백성'이라 지칭하셨다. 그러자 모세는 '네 백성이라 함은 무슨 뜻입니까? 주여, 당신의 백성이라 해야 되지 않겠습니까?'라고 반문했다.

이 일화의 의미, 즉 모세가 유대인들이 범한 죄를 하느님께 미루려 했던 이유는, 환경이 인간의 인격 형성에 매우 중요하다는 점을 시사하기 위함이었다. 환경이 인간에게 끼치는 영향은 헤아릴 수조차 많다. 따라서 모세는 하느님을 원망했다. 그리하여 어째서 인간들을 이같이 지독한 상황 아래 몰아넣고는 훌륭한 행동만을 요구하느냐고 반문했던 것이다.

랍비는 다음과 같은 이야기를 인용한다.

한 화장품 상인이 매춘부가 득실거리는 거리에다 가게를 열었다. 가게는 번창했다. 그러나 어느 날 자기 아들이 창부와 함께 놀아나고 있는 장면을 목격하고는 분노를 터뜨렸다.

그때 한 친구가 '왜 화를 내느냐? 그것은 네 책임이 아니냐? 자식을 이런 환경에 끌어들인 것은 바로 네 자신이 아닌가?' 하며 책망했다.

이것은 환경이 인간에게 얼마나 지대한 영향을 끼치는가를 시사하기 위해 인용되는 이야기이다.

보건위생

3천 년도 더 전에 이미 유대인들은 전염병이라든가 역병에 대해 많은 관심을 가지고 있었으며, 병을 예방하기 위해 몸을 자주 씻어 깨끗이 하는 등으로 방역에 관한 처치를 실행하고 있었다.

물이 귀한 까닭에 집단을 이루어 사막을 여행할 때 만일 한 사람이라도 질병에 걸리게 되면 그것이 곧 돌림병이 되기도 하는 형편이었으므로, 보건위생의 필요성을 절실히 인식하게 되었던 것이다.

근대에 접어들면서부터는 나병을 비롯한 갖가지 질병에 대한 수수께끼가 이미 풀렸다. 하지만 유대인들은 성경의 한 마디 한 마디를 그 시대에 맞춰서 해설하는 데 노력을 기울였다.

그렇다면 여기에서 어떠한 교훈을 끌어낼 수 있을 것인가?

우선 첫째 의문은, 피부에 종기가 생겼을 때는 사제에게 데려가라고 기록되어 있는데, 왜 사제에게로 가지 않으면 안 되는가?

그 당시에는 사제가 의사이기도 했다. 하지만 종기가 난 사람은 자진해서 사제에게 가려 하지 않는다. 하지만 인간이란 남의 결점은 이내 발견하므로, 누군가 어쩐지 이상하다고 여겨지면 곧 도와주어야 된다고 가르치고 있다. 인간이 두 개의 눈을 가지고 있는 이유는, 한쪽으로 자신의 결점을 살피고, 다른 한쪽으로는 타인의 장점을 보기 위해서라고 한다.

성경의 이 부분에는 세 가지 질병 증세가 기록되어 있는데, 그 첫째는 부종이다. 이것은 몸이 부어오르는 증상을 말하지만, 인간이 너무 교만해지면 마치 자신이 거대해진 것처럼 느껴지는데 이것도 일종의 부종이다. 이 증상이 나타나면, 우선 자신의 내부에서부터 치료를 시작할 필요가 있음을 가르치는 것이다.

그다음은 종기이다. 종기는 손으로 만져 보면 단단한데, 인간도 타인을 용서하지 않거나 어떤 원한을 품고 있노라면 어느덧 단단해진다. 이것은 마치 종기와 같은 것이라 말할 수 있다.

세 번째는 살갗이 번쩍거리는 증세로, 인간이 돈으로 귀금속만을 좋아하게 되는 것을 말한다. 금전만을 지나치게 생각하고 있는 인간은 병에 걸렸다고 볼 수밖에 없는 것이다.

인구비율

이것은 실화이다. 어느 날 나는 한 장군을 만났다.

그는 제2차 세계대전 중에나 전쟁이 끝났을 때도 팔레스티

나에 파견되어 있었다.

나는 1948년에 일어난 이스라엘과 아랍제국 사이의 전쟁이 어떤 결과를 가져올 것 같으냐고 물었다. 그러자 그는 예루살렘의 지사도 똑같은 질문을 한 적이 있었다면서, 매우 흥미로운 문제라고 했다. 그러면서 다음과 같은 이야기를 들려주었다.

그 장군이 아랍권에선 인구비율을, 아랍인 1명을 유대인 40명으로 친다는 얘기를 하자, 예루살렘 지사가 그건 엉터리 거짓말이라며 반박했다고 한다. 인구비율로 따지자면, 아랍에는 유대인의 100배나 되는 아랍인이 있지 않느냐는 것이었다.

그래서 장군은 이렇게 말했다고 한다.

"전쟁이란 것은 절대로 인구비율을 가지고 따지면 안 됩니다. 그 이유는, 조국을 위해 생명을 바치려는 아랍인은 한 사람인 데 비해 조국을 위해 목숨을 내놓는 유대인은 40명이란 얘기입니다. 이처럼 희생정신이 강하므로 유대인들은 반드시 전쟁에서 이길 것입니다."

지도자의 자질

모세는 스스로 모든 일을 하기로 다짐한 뒤, 남에게 자신의 일을 대신해 달라고 부탁한 적이 없었다. 이것은 지도자에게 있어서 매우 중요한 정신이다. 그는 남에게 대행을 바라는 것은 지도자로서 바람직하지 않은 자세라는 사실을 일찍이 고찰했던 것이다. 뭔가를 하려고 작정했으면 스스로가 계획했던 대로 진행시켜야만 하기 때문이다.

또한 모세는 자기 형에게 깊은 존경심을 가지고 있었다. 물론 그는 자기가 형보다 유명하다는 사실쯤은 알고 있었으나, 어디에서건 형이 있는 자리에서는 항상 형을 존경하는 마음을 나타냈다. 이것은 지도자에게 요구되는 중요한 자질 가운데 하나이다. 그는 타인의 이익을 보호하기 위해 스스로의 목숨이 위태로웠던 일도 여러 번 겪었지만, 그런 것에 흔들리지 않았다.

모세는 노인들의 지혜를 신뢰하여 항시 그들의 충고를 받아들이곤 했다. 종교적인 문제를 비롯하여 개인적이거나 혹은 정치적인 문제 등, 어떠한 일에서건 우선 나이 많은 선배들의 조언을 즐겨 경청했다. 이것은 그의 지혜의 일부이다.

명 예

유대인들은 절대적인 독재자라든지 지도자를 믿지 않았다. 유대 민족의 위대한 지도자이며 사령이었던 모세는 백성들의 그러한 기질을 잘 알고 있었기 때문에 다른 사람의 의견에 늘 귀를 기울였다. 그리하여 각기 의견을 진술하며, 모세를 돕는 70명으로 된 한 단체가 조직되었다.

그 무렵 유대 민족은 열두 씨족으로 구성되어 있었는데, 거기에서 어떤 방식으로 70명을 선출하느냐가 또 문제가 되었다. 한 씨족에서 5명씩 선출하면 60명이 되므로 10명이 부족하고, 6명씩을 선출하면 72명이 되어 두 사람이 넘치게 되는 상황이었다.

모세는 해결책을 생각해 내어, 일단 한 씨족에서 6명씩 나오도록 했다. 그래서 72명이 되자, 72매의 종이조각을 만들어 각자 한 장씩 뽑게 했다. 그 가운데 두 장만 아무 표시가 없었는데, 그것을 뽑은 두 사람을 제외시키기로 한 것이다.

이 70이라는 숫자는 하느님께서 정하셨기 때문에 어쩔 수 없는 노릇이었다. 모세가 이런 방법을 택한 데는, 그 누구라도 남에게 창피를 당하게 해서는 안 된다는 것과, 남의 명예를 지켜 준다는 중요한 뜻이 담겨 있는 것이다.

시나고그에서 예배를 보고 있는 도중일지라도, 거기에 참석한 유대인들은 개인 모두가 저마다 예배를 중단시킬 권리를 가지고 있었다. '나는 모욕을 당했다.'라고 한마디만 꺼내면, 그로써 예배는 중단되고 그 사람의 명예가 회복될 때까지 재개하지 않았다.

유대인들의 조직에는 부회장이니 부위원장이니 하는 칭호가 상당히 많은데, 이것도 회장이나 위원장이 되지 못한 사람들의 명예를 고려해서이다.

보편 가운데의 비범

모세가 이스라엘에 12명의 스파이를 파견하여 국정을 탐지하거나 정찰시켰을 때의 이야기다.

그 당시 유대인들은 사나이반도의 사막 지대에 있었다. 그들 스파이가 돌아와서 한 보고는 두 갈래로 나뉘어져 서로 달랐다.

우선 10명은 이스라엘이란 나라는 아름답기는 하지만 그곳에 들어가기란 도저히 불가능하므로, 오히려 이집트로 되돌아가 노예 상태로나마 살아가자는 것이었다. 반면, 다른 두 사람은 이스라엘은 매우 아름다운 나라이므로 어떻게든 정착하게 되면 유대 민족은 반드시 부흥할 것이라는 의견이었다.

이 소식이 알려졌을 때 모든 유대인들이 공포에 빠져 떨었다. 왜냐하면, 12명의 스파이들 중 대다수가 이스라엘 땅에 들어가기란 불가능하다고 주장했기 때문이다. 그러나 후일 유대 민족은 별다른 어려움을 겪지 않고 이스라엘 땅에서 번성된 사회를 이룩했다. 이것은 결국, 앞서의 대다수 의견이 잘못이었다는 것을 시사하는 증거이다.

후일 랍비들은 '왜 다수인 10명의 의견이 잘못되었는가? 어째서 10명이 깨닫지 못했던 사실을 두 사람만은 깨달았는가?'에 대해 진지하게 고찰해 보았다.

결론은 이러했다. 그 대다수는 당시 상태를 있는 그대로 받아들였고, 소수는 그 상태를 초월하여 어떻게 하면 좋은가를 깊이 생각했기 때문이었다. 실제로 두 사람은 매우 진지하게 숙고했으나, 나머지 10명은 있는 그대로의 정세만을 살펴보기에 급급했었던 것이다.

그로부터 유대인들은 정세가 어떤 상태에 있느냐가 아니라, 그런 상황을 어떻게 전개시킬 수 있는가를 통찰하는 것이 중요하다는 사실을 인식하게 되었다.

인간을 대할 때에도 현재의 모습, 예컨대 어리석다거나 경솔하다거나, 또는 나쁜 인간이라든가 하는 단정이 아니라, 그 이면에서 무엇을 발견할 수 있는가를 깊이 생각해야만 한다.

이 에피소드의 바로 뒤에, 유대인들은 이스라엘을 향해 다시 여행을 계속했다. 몇 해가 지나 모세가 은퇴하고, 여호수아가 지도자가 되었다.

여호수아 시대에도 이스라엘 근방으로 12명의 스파이를 보내 정찰시켰다. 그 스파이들은 이스라엘로 들어가면 장래가 매우 탄탄할 것이라고 보고했다.

여기서 흥미 있는 것은, 모세가 여호수아보다 훨씬 위대한 지도자였음에도 불구하고 그가 파견했던 스파이들 대부분이 그릇된 보고를 했다는 사실이다.

랍비들은 '왜 모세는 실패하고, 여호수아가 성공했는가?'에 관해 토론하여, 다음과 같은 결론을 냈다.

모세의 경우, 예의 구성원들은 대개 귀족 출신이거나 사회적으로 존경받고 있던 사람들이었고, 그들은 모두 씨족의 우두머리였다. 때문에 보고를 올릴 때, 먼저 자신들이 거느리는 씨족을 염두에 두지 않을 수가 없었다. 그러므로 그들의 보고는 공정치가 못했다.

반면에 여호수아의 구성원들은 평범한 가정 출신이었으므로 특별히 염두에 둘 것이 없었다. 물론 그들은 사회적으로도 전혀 이름이 알려져 있지 않았으므로, 그들의 보고는 정확할 수밖에 없었다.

여기서 얻을 수 있는 교훈은 극히 일반적인, 평소 아무것도 아닌 듯싶던 사람들로 구성된 단체나 집단이 오히려 뛰어난 일을 곧잘 이룩할 수 있다는 사실이다.

인간 대(對) 신

헤브라이어의 '하나'라는 낱말 '에하드'는 숫자의 '1'이라는 뜻뿐만 아니라, '독특하다.'는 의미도 지니고 있다.

우선 그 낱말의 처음 부분은, 아버지 무릎에 어린 자식이 앉아 있는 것과도 같다.

그 자식은 아버지를 인식하게 되고, 그다음엔 아버지를 사랑하게 되고, 그다음에는 복종하게 되는 것……

그와 같은 상태를 인간 대(對) 신으로 나타내 볼 수 있다.

최초에 하느님을 알고, 두 번째는 하느님을 사랑하고, 세 번째는 하느님께 복종하여 이르는 것……

책의 민족

유대인들에게 있어서, 하느님을 공경하는 최고의 기도 방식은 공부하는 일이다. 그리하여 모든 시나고그엔 빠짐없이 공부하는 장소가 따로 마련되어 있었다.

그 이유는, 공부하지 않는 한 종교는 미신이 되어 버린다는 사실을 잘 알고 있었기 때문이다.

그러므로 전원이 함께 공부하고 서로 가르쳐야 했으며, 더구나 부모는 언제든 반드시 자식들의 교사가 되어 주어야만 했다.

유대인은 세계 최초로 의무 교육의 필요성을 절감했으며, 또한 그대로 시행했다.

그럼으로 인해 '책의 민족'이라 일컬어지게 되었다.

타 협

헤브라이어로 '메즈사'란 문설주를 지칭하는 단어이다.

오늘날에도 유대인들의 집에는 '메즈사' 위에 새끼손가락 정도 크기의 작은 상자가 매달려 있고, 거기엔 ≪구약성경≫ 중 <신명기> 제6장 4절부터 9절까지의 글귀를 적은 종이가 들어 있다.

이것은 어느 집에든 45도 각도로 비스듬히 걸려 있는데, 그런 형태로 달아 놓은 데는 나름대로의 이유가 있다.

어떤 사람은 수직으로 매달라고 하고, 또 누군가는 수평으로 달아 놓아야 한다고 주장했으므로 결국 타협 끝에 비스듬히 걸어 놓기로 결정했던 것이다.

이것은 유대인들에게 타협 정신이 얼마나 중요한가를 가르치는 좋은 예이다.

식 사

《탈무드》 가운데에는 유대인이 먹어도 좋은 것과 먹어서는 안 될 것이 정리, 기술되어 있다.

이것은 음식물을 섭취한다는 것을 포함하여, 일상생활의 행위 하나하나가 종교적인 의미를 지니고 있음을 시사하고 있는 것이다.

동물들은 먹기 위해 살지만, 인간은 살기 위해 먹는다.

먹는다는 것은 삶의 일부이므로 당연히 종교적인 행위가 될 수밖에 없는 것이다.

성경 최초의 문자

<창세기>는 우리 한글의 'ㄱ'자와 비슷한 문자로 시작되는데, 이것은 헤브라이 문자로는 'B'에 해당하는 것이다.

오랜 기간 유대의 랍비들과 유대인들 사이에서는, 성경이 알파벳의 많은 글자 가운데서 하필이면 왜 이 글자부터 시작되었을까 하는 논의가 활발했었다.

그 해답은 결국, 성경에서는 오직 한 문자로부터도 배울수 있음을 가르치기 위해서라는 것이다.

만일 맨 처음 문자에서 무엇인가를 배울 수 있다면, 계속 이어지는 1행, 2행, 3행⋯⋯, 1면, 2면, 3면⋯⋯, 1장, 2장, 3장⋯⋯ 식의 성경 가운데서 숱한 사항을 배울 수 있지 않겠는가. 유대인은 그러한 마음가짐을 제시하고 있는 것으로 받아들였다.

그렇다면 어떤 연유로 성경의 맨 처음 문자로 헤브라이어에서 두 번째인 '베트(B)'라는 글자가 선택되었을까?

그것은 'A'에 해당하는 '알레프'는 '저주'란 의미를 지니고 있는 데 반하여 '베트'는 '축복'을 뜻하는 문자이므로, 알레프를 피하고 베트를 택한 것이라 해석되고 있다. 또한 베트는 맨 위와 오른쪽과 아래, 이 세 곳이 닫혀 있고 왼쪽만이 크게 열려져 있는 형태이다.

그 맨 위에 닫혀 있는 것의 상징은 이렇다. 즉 제일 위에 있는 것은 하느님이신지라, 하느님께서 어떠한 존재인가를 알기 위해 일생 동안 헤매서는 안 된다는 것을 의미한다.

아래쪽은 죽음을 의미하는데, 그것이 닫혀 있음은 죽음에 관해 일생을 소비하여 고찰해서도 안 된다는 것을 나타낸다.

닫혀 있는 오른쪽은 과거에 해당되는 셈인데, 과거에 사로잡혀 미래를 허비해서도 안 된다는 뜻이며, 왼쪽이 열려 있는 것은 쓸데없이 그러한 일에 구애받지 말고 앞으로 나아가라는 의미이다.

또 한 가지, '알파벳'이라 일컬어지는 낱말은 이 헤브라이어의 'A'인 '알레프'와 'B'인 '베트'를 합친 '알레프베트'를 어원으로 한다.

일곱 가지 규범

<창세기>에는 아담과 하와로부터 인류가 시작되어 차츰 죄를 범하게 되고, 결국 홍수로 인해 전멸한다. 그리하여 지금의 인류는 노아로부터 새로 출발한 셈인데, 과연 이 새로운 인류는 성공할 것인가?

하느님께서는 인류가 평화롭게 살아나갈 수 있도록 하시기 위해 노아에게 일곱 가지 규범을 부여하셨다. 매우 많은 법률을 가지고 있는 유대 민족은 그중에서도 이 일곱 가지 규범만은 인류 모두가 지켜야 된다고 생각하고 있다. 그 많은 법률 가운데 일부는 성경에 실려 있으며, 일부는 그 해석에서 유도되어 나온 것이다. 성경 가운데는 천주의 십계가 실려 있는데, 이것이 유대인을 위한 것이라면 노아에게 준 일곱 가지 규범은 온 인류에게 주어진 것이라고 말할 수 있다. 그러니만큼 매우 중요한 계율이라 하겠다.

1. 정의를 규정하는 재판소가 있다는 사실을 명심하여, 이해 당사자끼리 함부로 힘을 가지고 해결하려 해선 안 된다.
2. 살인을 범해서는 안 된다.
3. 도둑질을 해서는 안 된다.
4. 살아 있는 동물의 살을 떼어 먹어서는 안 된다.
5. 근친결혼을 해서는 안 된다.
6. 우상을 숭배해서는 안 된다.
7. 거짓 증언해서는 안 된다.

내용 그 자체는 간단한 것처럼 생각되지만, 이것이 4천 년 이상 전에 만들어졌음을 감안하여야 된다. 너무 간단한 것이라 하여, 현대적 감각으로 그 경중을 판단하려 함은 큰 잘못이다.

추 상

그리스도교에서는 '주'의 형상을 인간의 형태를 지닌 모습으로 그려 낸다. 그러나 유대인들은 하느님을 인간에게 맞추어 그린 적이 없다. 고대 이스라엘 때부터도 하느님이나 주의 모습을 그림으로 그리는 일은 일체 없었다. 그것은 결국 우상 숭배로 연결되기 때문이다.

유대인은 옛날부터 추상적인 하느님의 개념을 가지고 있기 때문에 은연 중 추상적으로 사물을 고찰하는 훈련을 쌓게 된다. 때문에 자연스럽게 추상적으로 창조하는 힘이 저장되어, 예를 들면 이론 물리학 따위의 분야에서 뛰어난 업적을 남긴 인물을 배출하게 된 것이다.

다른 민족은 예부터 주로 손에 닿는 것들을 만들어서 파는 일에 종사해 왔는데, 유대인들은 '어디에서 무엇인가를 쌓아 어디까지 가지고 간다.' 따위의 추상적인 비즈니스를 성립시키고 있었다.

이를테면, 유대인 아버지가 자식에게 가게를 보게 한 다음 하루가 끝났을 때, 자식이 '아버지, 오늘 제가 올린 매상은 이만큼이에요.'라고 말한다고 가정하자. 그러면 그 아버지는 '네가 판 것이 아니야. 고객이 필요한 물건을 사러 왔을 뿐이지. 너는 고객이 필요로 하지 않는 것까지 팔아야 돼.'라고 말한다.

이건 무슨 뜻일까? 알기 쉽게 말하자면, 햇볕이 내리쬐는 한여름 낮에 우산을 파는 것과 같은 일이다.

말하자면 '이 가뭄이 끝나 비가 내리는 날엔 우산이 없으면 곤란할 것이고, 또 언제 우산을 살까 하고 신경을 쓴다는 것도 골치 아픈 노릇이니, 지금 사 두시는 게 여러 모로 이득일 겁니다.'라고 설득하여 고객에게 우산을 팔 수 있는 게 진짜 상인이다.

유대인 비즈니스맨은 일을 시작하기 전부터 이런저런 계획을 짜서 갖가지 물건을 판다. 그 경우에 추상적인 사고방식이 불가결하게 되기 마련인 것이다.

선민의식

현대의 많은 유대인들이, 자신들만이 하느님으로부터 선택된 민족이라는 것에 관해 의아심을 가지고 있음은 사실이다. 얼마 전엔 영어로 이러한 시가 씌었었다.

하느님께서 유대인을 선택하신 것은
참으로 기이한 노릇 아닌가.
하지만 그것은
숱한 하느님 가운데서 유대인만이
올바른 하느님을 뽑은 것인지라,
기이한 일은 아니로다.

이것은 유대 시인이 쓴 것이므로 자화자찬으로 받아들여질지도 모르겠으나, 결코 하느님께서 유대인을 택하신 것이 아니고 유대인이 하느님을 선택했다는 점이 중요하다.

하느님께서는 다른 민족에게도 선민이 되어 달라고 하셨다. 그러나 '죽여서는 안 된다.'라든가, '훔쳐서는 안 된다.'라는 등의 십계를 지켜야 됨을 알게 되자 모두들 꽁무니를 뺐다. 그리하여 결국 유대인에게 부여된 역할은 두 가지가 있는데, 우선 세계의 모든 사람들에게 유일신의 존재를 가르칠 것과 모두에게 평화를 주도록 노력하는 일이다.

유대에는 다음과 같은 조크가 있다.

유대인이 하느님께 가서 '우리는 당신이 선택한 백성이지요?'라고 묻자, 하느님께서는 '물론 그렇고 말고.' 하고 대답하신다. 그러자 유대인은 '그렇다면 저희는 선택된 민족의 구실은 상관하지 않겠으니, 누군가 다른 민족을 선택해 주세요.'라고 말했다 한다.

이 뜻은, 유대인이 하느님께 선택된 백성이라 하여 너무나 많은 고난을 겪어 왔다는 이야기다. 우선 아담과 하와가 실패하고, 바벨탑에서 실패하고, 노아 세대도 성공하지 못했다.

하느님께서는 인간이 지상에서 올바른 세계를 실현할 수 있다고 믿고 옳은 행동을 제시하시기 위해 한 민족에게 그와 같은 모범적 역할을 부여하신 것이기 때문에, 만일 온 세계가 올바른 행동을 하게 되면 유대인은 이미 선민이라는 의식을 버려야 한다고 유대인들 스스로 생각하고 있다.

자 유

천주의 십계를 토대로 하여 유대인들이 지켜야 될 갖가지 규율 가운데는 '무엇 무엇을 해서는 안 된다.'라고 부정하는 형식이 많다.

천주의 십계에는 일곱 가지 부정적인 금지 조항이 있고, 세 가지만 종용하는 형식으로 되어 있다.

유대인의 사고방식으로는, '무엇 무엇을 하라.' 식의 명령조만 늘어놓으면 인간은 자중을 잃어버리고 말 것이라 여긴다. 반대로 '이것만은 하지 말라.'고 한다면, 나머지는 전부 자유이므로 진보를 기대할 수 있다는 이야기가 된다.

금기 사항이 많음에 대해 부자유스런 느낌이 들지도 모르겠으나, 우리들의 행위는 그보다 훨씬 많기 때문에 실은 이쪽이 더 자유롭다.

인간이 만들어질 때, 하느님께서 내리신 최초의 명령은 '생육하고 번성하여 충만하라.'는 것이었다. 따라서 유대인 사이에서 섹스는 결코 죄가 아니다.

두 번째 명령은 '바다의 고기와 공중의 새와 땅에서 움직이는 모든 생물을 다스리라.'였다. 다시 말해 '세계를 자기 소유로 하라. 세계를 이해하여 인간의 갖가지 지혜를 끌어내라.'는 것으로, 요컨대 '진보하라.'는 명령이었다.

올리브

<창세기> 가운데 노아의 이야기에 따르면, 평화의 상징이 되었던 비둘기를 날려 보냈으나 비둘기는 올리브 가지를 입에 물고 되돌아왔다고 되어 있다.

그리하여 랍비들은 '어째서 비둘기가 향기로운 장미나 맛있는 열매 따위가 아닌 씁쓸한 올리브 가지를 물고 왔는가?'에 관해 오랫동안 논의를 거듭했다.

그 결과, 비둘기는 예의 올리브 가지를 하느님으로부터 받았는데, 하느님께서 내리시는 것은 인간이 만든 어떤 달콤한 것보다도 귀중함을 가르친다는 쪽으로 의견이 기울었다.

동물원에 가 보면 코끼리며 사자, 기린 등이 있는데, 물론 이들 동물은 인간에 의해 후한 대접을 받고 있다. 식사도 제공되고, 실내 기온까지 조정된다.

하지만 기린이나 사자에게 물어본다면, 필시 그들은 우리 속에 갇혀 있는 편안함보다는 비바람에 시달리더라도 자유롭게 되는 편이 훨씬 행복하다고 할 것이란 이야기이다.

진정한 재산

유대 어머니들은 교육에 대한 열의가 대단하다. 그러나 자녀가 일정한 나이에 달한다거나 입시를 치른다거나 해서 갑자기 열의를 갖는 방식이 아니므로 그다지 압박감이 없다. 교육이란 오랜 세월에 걸친 전통인 동시에, 유대식 생활양식의 하나인 것이다.

100년 전, 미국에서 최대의 갑부라고 일컬어지던 한 유대인이 맨해튼을 몽땅 사지 않겠느냐는 교섭을 받았다. 그는 빈털터리로 미국에 와 20년 동안을 일하여 큰 부자가 된 사람이었다. 그러나 그는 예의 권유를 정중히 거절했다. 그는 필경 자기가 거주하는 저택마저 사지 않았을 것이다.

이 에피소드는, 유대인이라면 누구든 항시 이동성을 갖추라는 신조를 지니고 있음을 시사하는 것이다.

유대인들은 박해를 받은 역사가 매우 길었으므로, 만일 다급한 일이 일어나면 재산을 아무리 많이 가지고 있다 해도 아무 소용이 없음을 스스로의 체험을 통해 알고 있다.

게다가 오랜 세월 동안 유대인은 유럽에서 재산을 소유하는 것이 금지되어 있었다. 유대인들 자신이 유럽에 부동산을 가지고 있는 것을 매우 어리석은 노릇이라고 생각하기도 했겠지만, 그런 것을 지니고 있으면 만일의 경우 피신해야 할 때 그럴 수 없기 때문이다.

그러다 보니 유대인들은 조금이라도 정세가 불안한 나라에선 절대로 부동산을 사들이지 않는 것이다. 대신에 학문을 자신의 재산으로 지녀야 한다는 것을 터득했다.

개인주의

아인슈타인이 이스라엘의 초대 대통령으로 추대되었을 때, 그는 '이스라엘은 젊은 나라이니 만큼 더 젊은 사람을 대통령으로 선출해야 한다.'며 거절했다.

젊었을 때의 아인슈타인은 수학이 딱 질색이어서 대수 시험에 낙제 점수를 받은 적도 있었다. 프로이트도 학교 성적은 매우 나빴다.

유대인이 성공하는 비결은, 그들이 극도의 개인주의자라는 점에 있다. 요컨대 어느 타인과도 상이함을 의미하는 것이다.

유대인들은 기하나 대수처럼 자로 재듯이 너무나 틀에 박힌 그런 것에는 서툴지만, 대신 인습 따위에 사로잡히지 않는 새로운 발상을 해 내는 특기를 가지고 있다.

천 사

유대인의 머릿속에는 크리스천들이 믿는 것과 같은 천사나 악마 따위는 존재하지 않는다. 천사에 해당하는 헤브라이어는 '마우쓰하'라고 발음되는데, 이것은 '사신'이라는 뜻도 지닌다.

≪구약성경≫에 등장하는 천사는 거의 실재하는 인간을 하느님께서 사신으로 정하신 것이거나, 아니면 그에 가까운 형태일 따름이다. 그것은 결코 크리스천들이 말하는 천사는 아니다.

유대교에서는, 하느님께서는 친척도 동료도 없는 외로운 존재라고 생각한다. 또한 유대인들은 괴로움이나 고통까지도 여러 모로 인간의 삶에 유효한 구실을 하는 것으로 생각하고 있다.

이를테면, 사람이 죽지 않는다면 세계는 어떻게 될까? 사계절이 있기에 나무는 시들고, 물고기며 고양이, 개도 언젠가는 죽는다. 만물에는 끝이 있다. 만약 인간이 죽지 않는다면 지나치게 많아져서 손을 쓸 수 없게 될 것이다.

악이라는 부정적인 것이 어떠한 역할을 하고 있는가는 에덴동산을 찾아가면 알 수 있을 것이다. 하느님께서 세상을 만드셨다. 그다음엔 인간이 자신들에게 알맞도록 세상을 가꾸어 나가야만 된다.

다시 말해, 하느님께서는 빵을 만들지는 않으셨지만 밀을 존재케 하셨다. 인간 역시 세상을 보다 좋게 하기 위하여 만들어진 것이다. 밀은 잠재적인 빵이며, 인간도 하나의 가능성을 비장한 잠재적인 원료이다. 그 밖의 자연도 역시 마찬가지이다.

우리들은 모두 동물적인 요소를 지닌 동시에, 가능성이라고 하는 하나의 신성함을 지닌 요소도 가지고 있는 것이다.

3부

탈무드의 천재교육

제1장 · 지(知)를 위하여

남과 다르게 되라고 가르쳐라

영어의 'Jewish Mother(유대의 어머니)'라는 말은 여러 의미를 내포하고 있는데, 그 가운데 하나가 '아이들에게 학문의 필요성을 지나칠 만큼 강조하는 어머니'란 뜻이다. 유대인으로서는 별로 듣기 좋은 말이 아니지만, 한편으론 그러는 것이 어머니로서 당연한 의무라는 생각도 가지고 있다.

≪구약성경≫의 <출애굽기> 19장에는 다음과 같은 얘기가 있다.

모세는 하느님 계신 곳으로 올라갔다. 야훼께서 산에서 그를 불러 말씀하시기를, 이처럼 야곱의 일족에게 이르고 이스라엘 자손에게 가르쳐 주어라.

야곱은 유대인의 대표적 조상으로서, 다시 말해 모든 유대인을 가리키는데, 지금 하느님께서 모세에게 훗날 유대인의 생활에 기본이 되는 십계를 가지고 가서 가르치라고 명령하시고 있는 것이다.

여기서 주목을 끄는 점은, 하느님께서 처음엔 그것을 매우 부드럽게 말씀하시고, 다시 아주 엄하게 강조하셨다는 사실이다. 이 일로 해서 십계의 구상은 먼저 여성에게 주어지고, 다음에 남성에게 주어진 것이라고 랍비들은 믿고 있다.

'야곱의 일족'이라는 말이 헤브라이어로는 여성적인 느낌으로 부드럽게 발음된다는 것으로 미루어서도 수긍이 가는 해석이다.

먼저 하느님께 가르침을 받은 여성은 그것을 가족들에게 전할 의무를 지니게 된다. 때문에 유대의 어머니들은 여성이야말로 최초의 교육자이며, 아이들을 가르치는 사람은 여성이라는 자부심을 가지게 되는 것이다.

하지만 유대의 어머니들은 극성스런 동양의 '교육 어머니'들과는 조금 다르다. 이웃집 아이가 피아노를 배운다고 해서 자기 아이에게도 피아노를 가르치거나, 다른 아이들이 모두 일류 학교를 목표로 공부한다고 해서 같은 일을 강요하진 않는다. 늘 아이들 옆에 붙어 '남보다 뛰어나라. 다른 아이보다 앞서야 한다.'고 채근하지는 않는다는 것이다. 무엇이든 자기가 배우고 싶다면 배우도록 해 줄 뿐이며, 또한 어느 학교가 일류인지 거의 신경을 쓰지 않는다.

유대인들이 늘 입에 담는 말 중 하나가 아인슈타인에 관한 것이다. 그는 물론 상대성원리를 발견한 세계적인 물리학자 앨버트 아인슈타인을 말한다.

그러나 어렸을 적의 그는 말을 잘하지 못하여 네 살 때까지도 부모는 그를 저능아로 생각했었다고 한다. 학교에 들어가서도 열등아로서 다른 아이들과 잘 어울리지 못했기 때문에 1학년 때의 담당교사는 '이 아이에게서는 아무런 지적 능력도 기대할 수 없으며, 오히려 다른 아이들에게 방해가 될 뿐이니 될 수 있으면 학교에 보내지 않았으면 좋겠습니다.'고 부모에게 통고할 정도였다.

나의 어머니는 여동생이 어렸을 때 '너는 쯔바이시타인이다.' 라는 말을 자주 했었다. 아인슈타인의 '아인'은 독일어로 '1'을 의미하고, '쯔바이'는 '2'를 뜻하는 것이므로 '너는 아인슈타인만큼이나 뛰어날 것이다.'라는 농담 비슷한 말이었다. 그러나 아인슈타인을 끌어들여 말하는 참된 목적은, 모두에겐 저마다의 개성이 있으므로 누구라도 일률적으로 생각하지 않고 나름의 개성에 따라 긴 안목으로 보아 주고 싶다는 뜻이다. 바로 그것이 '유대식 교육 어머니'의 진정한 의도이다.

유대 어머니는 자기 자식이 다른 아이들과 똑같이 행동하고 똑같이 배우는 걸 원치 않는다. 다른 아이들과는 다르게 성장하는 것이 장래를 위해 좋은 일이라고 굳게 믿고 있기 때문이다. 우열을 다투는 한 승자는 언제나 소수이지만, 저마다 남과 다른 능력을 갖게 된다면 모든 인간이 서로를 인정하며 공존할 수 있게 된다.

일찍이 아인슈타인은 다른 아이들과 비교나 잘하는 교사들로부터 멍청하다고 도외시되었었으나 15세가 되었을 무렵엔 이미 유클리드, 뉴턴, 스피노자, 데카르트를 독파했다. 훗날 그는 그때의 자신은 강한 지식욕을 가졌었다고 술회했는데, 당시엔 아무도 그 사실을 발견치 못했던 것이다. 만일 그때 그가 다른 아이들과 똑같이 되라는 강요로 계속 억눌러졌었다면, 뛰어난 재능의 꽃은 피우지 못하고 말았을지도 모른다.

유대의 어머니들은 자기 아이가 다른 아이들과 무엇이 다른지를 찾아내어 그것을 북돋아 주고자 애쓴다.

필자에게는 13세 된 딸이 있는데, 모국어인 헤브라이어는 물론 영어와 프랑스어, 일본어 등을 자유롭게 구사할 수 있을 만큼 어학에 재능이 있다. 그래서 가끔씩 '너는 동시통역을 하기에 제격이구나.' 하는 말을 해 주지만, '너는 어학을 잘하므로 수학에도 조금만 더 노력을 기울인다면 틀림없이 일류 대학에 갈 것이다.'라는 말은 결코 하지 않는다.

배움엔 듣기보다 말하기가 더 중요하다

동양의 어머니들은 흔히 칭찬의 말로 '댁의 누구누구는 어쩌면 그렇게도 얌전하고 착하지요?'라고 한다. 그러나 유대인들이 만약 그런 말을 듣는다면 큰일 났다고 몹시 걱정할 것이다. '얌전하다.'는 말은 '잘 배울 수가 없다.'는 말과 같은 뜻으로 받아들여지기 때문이다.

유대의 속담에 '수줍음 타는 아이는 배우지 못한다.'라는 게 있다. 이 말은 내성적인 아이들은 모두 공부를 못한다는 것이 아니라, 수줍음을 잘 타 남의 앞에서 말도 못하고 얌전하게만 행동해서는 학문을 익힐 수 없다는 것이다. 다시 말하자면, 아이들에게 무엇이건 서슴없이 물어볼 수 있는 습관을 들여 주라는 얘기이다.

폴란드 태생으로 소련 문제 연구가이며 러시아 혁명사의 권위자로서 세계적으로 유명한 아이작 도이처는 불과 13세 때 랍비가 된 천재적인 소년이었다. 그가 부모로부터 반복하여 주입받은 충고는 '자신의 생각을 정리하여 할 말이 정해지면 똑바로 서서 큰 소리로 분명하게 발표하라.'는 것이었다.

이 충고에 따라 그는 랍비 자격을 얻기 위한 발표 때에 성인들을 앞에 놓고 두 시간에 걸친 대연설을 해냈다. 그때 모든 청중은 예의 13세 소년에게 완전히 매혹되어 감탄한 얼굴로 고개를 끄덕이며 조용히 듣고 있었다고 한다. 그렇게 하여 그의 연설을 들은 100여 명의 랍비들 판정에 따라 어린 나이에 랍비로 임명받은 것이다.

유대인 사회에서 가장 존경받는 대상인 랍비가 되기 위해서는, 수줍고 점잖은 품행보다 자기 의사를 확실히 표명할 줄 아는 태도가 훨씬 더 이로웠던 것이다.

동양 사람과 이야기할 때 가장 난처한 경우는 상대방과의 대화 사이에 침묵이 끼어드는 일이다. 사실 필자도 유대인으로서는 그리 수다스러운 편이 아니지만, 동양인과 대화를 하다 보면 나 혼자 연신 지껄이게 되는 때가 많다. 어려서부터 말에 의해 배우는 것을 습관으로 삼아온 유대인들에게 있어 침묵이란 배우기를 거부하는 일로밖엔 여겨지지 않는다. 매사를 분명하게 말한다는 것은 외부를 향해 자기 마음을 열어 놓는 일과도 같다. 그럼으로써 다른 사람들에게 '나는 배우고 싶다.'는 신호를 계속 보내게 되는 것이다.

어느 동양인 어머니에게 '당신은 아이를 처음 학교에 보낼 때 뭐라고 일러 보냅니까?' 하고 묻자, 그 어머니는 '선생님 말씀을 잘 들으라고 한다.'라는 것이었다. 이 대답에, 나는 솔직히 참으로 답답하다는 생각이 들었다. 뒤미처, 교실에서 교사 혼자 떠들고 여러 아이들이 말없이 듣고 있는 광경이 떠오르자 끔찍하게까지 느껴졌다. 그런 상태라면 아이들이 교사의 가르침을 일방통행 식으로 듣기만 할 뿐 아무 의문도 갖지 않으며, 결과적으로는 독창성 없는 인간이 되기 십상이다. 유대인의 교육은 그 경우와는 딴판이다.

어머니들은 아이에게 '선생님께서 될수록 자주 질문하라.'고 일러 학교에 보낸다. 유대 아이들에게 요구되는 건 암기가 아니고 근본적인 이해력이다. 교사가 학생에게 문제를 주면 학생은 그것을 풀며 모르는 일은 묻고 또 물어, 뿌리까지 캐어서 결국은 이해하는 것이다.

5천 년 전부터 유대인에게 전해 내려오는 성전 《탈무드》는 이렇게 가르친다.

'교사 혼자 지껄여서는 안 된다. 만일 학생들이 말없이 듣고만 있다면 많은 앵무새를 길러내게 되는 격이기 때문이다. 교사가 어떤 얘기를 하면 학생들은 그것에 대해 질문을 해야 한다. 그리하여 서로 주고받는 의견이 분분하면 할수록 교육의 효과는 높아지게 된다.'

필자가 잘 아는 분으로, 일본에서 그가 발간한 《일본인과 유대인》이 베스트셀러가 되어 유대 붐을 조성한 사람이 있다. 그 책이 출간되자, 그분은 일본에 거주하는 유일한 랍비로서 자주 여기저기 강연을 다니게 되었다. 그런데 매번 참으로 기이한 느낌을 받는다는 얘기를 들었다. 왜냐하면, 강연이 끝나도 누구 하나 질문하려는 이 없이 청중 모두가 침묵만 지키고 있다는 것이었다.

이것은 우리 유대인의 상식으로는 도저히 생각할 수 없는 일이다. 유대인의 모임에서라면 위와 같은 경우 강연자가 난감해할 만큼 갖가지 질문이 수도 없이 쏟아져 나오기 마련이다. 그것은 비단 강연자가 하는 말을 머릿속에 넣어 두기 위한 것뿐만이 아니라, 그때까지 모르던 사실을 확실히 밝혀 이해하려는 의욕의 발로인 것이다.

몸보다 머리 쓰기를 가르쳐라

오늘날 '유대인의 두뇌는 매우 우수하다.'는 사실은 세계적으로 인정되고 있다. 실상 미국에서 아이비리그로 통하는 하버드, 예일, 컬럼비아, 프린스턴 같은 일류 대학 교수의 30%가 유대인이란 통계가 있다. 또 1905년에서 1973년까지의 노벨상 수상자 310명 중 유대계의 수상자가 전체의 10%가 넘는 43명에 이른다.

하지만 이것은 유대인이 선천적으로 월등하다는 뜻이 아니다. 인종이나 민족에 따라 지능의 우열에 차이가 있을 리는 없기 때문이다.

단지 다음과 같이 생각해 볼 수는 있다. 즉 유대인들은 자식들에게 어려서부터 몸을 움직여 일하기보다는 두뇌의 기능을 십분 발휘해야 한다고 늘 주지시켜 왔던 결과라는 것이다. 또 교육 환경 자체가 늘 머리를 써서 대비하도록 되어 있으므로 그건 매우 자연스런 일이다.

다시 말하자면, 성장 배경부터가 모두 머리를 쓰지 않고는 안 되게끔 되어 있다. 그런 결과가 앞에 든 통계로 나타난 것이라 생각된다. 그렇다고 해서 유대인들이 육체노동에 대해 어떤 경멸감이나 편견을 가지고 있는 것은 절대 아니다.

'머리를 쓰라.'는 말은 어느 유대인 아이든 부모로부터 항상 듣는 얘기이다. 그러므로 어쩔 수 없이 아이에게 손을 대어야 할 때도 유대인 어머니는 결코 머리를 때리진 않는다. 혹시 뇌에 어떤 충격이라도 가해질까 염려스럽기 때문이다.

결국 유대인들이 머리가 좋다는 것은, 선천적으로 그렇다기보다 일상생활에서부터 두뇌를 창조적으로 활동시키도록 늘 훈련되어진 결과라 할 수 있을 것이다. 또한 그것은 누구든지 그러한 환경에서 성장하게 되면 높은 지적 수준의 인간이 될 수 있다는 말이다.

똑같이 머리를 쓰는 방법이라 해도, 지식을 가르쳐 주는 것보다 한 걸음 더 나아가 지식 얻는 방법을 가르치는 게 훨씬 낫다는 사실엔 아무도 이의를 제기하지 않을 것이다.

이것을 단적으로 표현하는 유대의 오랜 속담이 있다.

‘물고기 한 마리를 주면 하루를 살지만, 물고기 잡는 방법을 가르쳐 주면 일생을 살 수 있다.’

여기에서 ‘물고기’를 ‘지식’과 바꿔 놓고 보면, 이 속담의 뜻을 금방 깨우칠 수 있다. 아이들에게 학문만을 가르치는 게 능사가 아니라, 배우는 방법을 가르쳐 주는 것이 훨씬 더 중요하다는 이야기이다.

그런데 동양에선 일정한 양의 지식을 아이들의 뇌리에 주입시켜 어떻게든 상급학교에 진학시키는 일에 대부분의 능력을 소모케 하고 있는 것 같다. 이것은 물고기 한 마리를 주는 것과도 같은 일이다. 그런 식이라면 진학은 무난히 할 수 있겠지만, 그 뒤엔 쓸모가 없게 되는 것은 아닐까?

그보다는 차라리 어떻게 자신의 지식 세계를 넓히느냐에 대한 방법 쪽으로 아이들을 이끌어 주는 게 좋지 않을까 생각된다. 그렇게 한다면 아이들은 그 방법을 다른 쪽에도 응용할 수 있게 되어 학문에 대한 흥미를 증대시켜 갈 것이다.

이러한 이유로 유대 학교에서는 학생들에게 리포트 제출을 요구할 때 먼저 많은 자료를 수집하라고 충고한다. 그리하여 그 자료를 짜 맞추고 배열해서 스스로의 두뇌로 리포트를 완성케 한다. 그러므로 리포트의 평가에 있어선 단순한 내용이 아닌, 자료들을 어떻게 활용했는가를 우선적으로 판정한다.

이처럼 모든 유대인은 최대한 두뇌를 회전시켜야 하는 환경 안에서 단련되고 성장되는 것이다.

지혜만이 줄지 않는 재산이다

유대의 격언에 이런 것이 있다.

'아무리 살아남고 싶어도 식음료나 일, 또는 오락, 재산에 의해서는 그럴 수가 없다. 오직 지혜를 가져야만 살아남을 수 있다.'

역사가 시작됨과 동시에 박해에 시달리게 되었다고 말할 수 있는 유대인들에게 축적된 지식이 없었더라면, 지금쯤은 아무것도 남지 않았을 것이다. 중세 유럽에선 유대인의 토지 소유가 금지되었고, 직업인들의 조합인 길드에 가입할 수도 없었다. 유대인이 가질 수 있었던 일이란 의사와 여행뿐이었다고 할 수 있다. 공부를 해서 의사가 되어 정착해 살거나, 그렇지 않으면 어디에서든 통용될 수 있는 지혜를 익혀 각지를 떠돌며 장사를 할 수밖에 없었다.

19세기 초, 유럽의 유대인들 사이에 미국으로서의 이주 운동이 활성화되었다. 당시 독일의 바바리아 지방 바이엘스돌프에 살고 있던 패니 샐리그먼이라는 여성이 어떻게든 자기 자식들을 불편한 유대인 거주 지역 생활의 때를 벗겨 미국으로 보내고 싶다는 생각으로, 먼저 장남인 조셉을 대학에 보낼 결심을 했다.

그러나 한낱 직공에 불과했던 남편 데이비드는 어떻게 그 엄청난 학비를 댈 수 있겠느냐며 반대했다. 그러자 패니는 비상금으로 모아 두었던 돈을 내놓았다. 그 돈으로 겨우 10세였던 조셉은 에르랑겐 대학에 입학할 수 있었고, 그곳에서 그리스어, 영어, 프랑스어를 배워, 이미 알고 있던 독일어, 이태리어, 헤브라이어 등과 함께 6개 국어에 능통하게 되었다.

드디어 대학을 졸업한 조셉은 17세의 나이로 도미하게 되었는데, 그때 그가 가진 것이라곤 어머니가 바지 속에다 꿰매 넣어 준 미화 100달러뿐이었다. 하지만 그들 모자는 신대륙인 미국을 지혜가 있는 자에게는 약속의 땅이 될 것이라고 굳게 믿고 있었다.

사실 그는 그 뒤 형제들을 뉴욕으로 불러들여 'J. W. 셀리그먼 컴퍼니'라는 은행을 설립했고, 어학 능력을 유감없이 활용하여 국제 금융시장을 마음대로 주무르게 되었다.

이주인(移住人)들에게 'Mount Seligman(셀리그먼 산)'이라고 지칭될 만큼 큰 성공을 거둔 조셉의 어머니 패니는 아들에게 교육이라는 '지혜'만을 갖춰 주고 신대륙으로 건너가게 했던 것이다.

지혜가 없으면 아무것도 못 가진다는 건, 지혜 있는 자라면 모든 것을 가졌다는 말과도 같다. 유대인은 그러한 믿음을 가지고 2세들을 교육시켜 온 것이다.

배움이란 꿀처럼 감미롭다는 체험을 반복시킨다

아이들이 공부하기를 싫어하게 되는 책임은 거의가 어른에게 있다고 생각한다. 이 점에 대해서 구체적인 예를 들자면, 동양에서는 공부를 '하지 않으면 안 되는 것'으로, 학교나 유치원은 '가지 않으면 안 되는 곳'이라 생각하고 있는 것 같다. 그러므로 아이들은 자연히 공부나 학교를 '의무'라고 생각하게 되는 것이다.

이 세상에 의무처럼 따분한 것이 또 어디 있겠는가. 어쩔 수 없이 가는 곳이 좋아질 리가 없고, 안 하면 벌을 받는 일이 즐거워질 수가 없는 것이다. 공부하기 싫다고 하면, 안 하면 안 된다는 한결 같은 대답이 돌아올 뿐이므로 아이들이 더욱 공부를 싫어하는 악순환이 계속될 수도 있다.

유대인들의 눈에는 이런 일들이 참으로 기묘하게 보인다. 인간에게 있어서 배움이란 곧 기쁨이라고 알아왔기 때문이다. 스스로 길을 닦으며 지혜의 체계를 세우는 건 즐거움이 아닐 수가 없다.

동양권의 여러 나라에서는 의무 교육이 실시되고 있는데, 부모들이 이 '의무'라는 의미를 잘못 파악하고 있는 것 같다. 그것이 어른으로서 아이들에게 교육을 받게 할 의무라면 타당하지만, 반드시 아이들이 좋은 성적을 받아와야 되는 의무는 아닌 것이다.

유대인 학교에서는 학생들에게 공부란 '달콤하고 즐거운 것'이라는 인상을 심어 주기에 많은 노력을 기울인다.

이스라엘의 초등학교에서는 등교 첫날을 공부의 '달콤함'을 학생들에게 가르쳐 주는 날로 정해 놓고 있다. 교사는 신입생에게 헤브라이어의 알파벳 스물두 자를 가르치는데, 꿀 묻힌 손가락으로 글자를 써 보이는 것이다. 그러면서 이제부터 배우게 될 모든 것은 전부가 꿀처럼 달고 맛있는 거라고 얘기해 준다.

또 학생 전부에게 케이크를 나눠 주는 학교도 있다. 맛있는 크림으로 만든 달콤한 그 케이크 위에는 헤브라이어 알파벳이 역시 크림으로 씌어져 있다. 학생들은 교사를 따라 크림 알파벳을 손가락 끝으로 더듬어가며 빨아먹게 된다. 이것도 '배움이란 그처럼 달다.'는 것을 가르쳐 주는 의식적 노력인 셈이다.

싫으면 하지 말되, 하려면 최선을 다하라

유대인들은 자식의 장래에 대해서 아무런 환상도 갖지 않는다. 다시 말해, 아이들에게 커서 훌륭한 의사가 되라는 식으로 말하지 않는다는 얘기다. 물론 학문에 정진하는 것, 공부하는 것은 장려하지만 그 목적은 '무엇 무엇이 되기 위해서'가 아니다. 학문 자체가 목적이지 수단은 아니기 때문이다.

장래에 대한 선택은 아이들 자신의 행복과 직관되는 것이며, 부모들과는 얼마만큼 거리가 있는 것이다. 이런 이유들 때문에 공부 이외의 레슨이나 예능 따위에 대해서는 전혀 강요하지 않는다. 피아노든 바이올린이든 아이들 스스로가 배우고 싶어 하면 배울 수 있도록 뒷받침해 주고, 싫다고 하면 그만이다.

유대의 어머니들이 늘 아이들에게 하는 말은 '싫으면 할 필요가 없다. 하지만 하려면 최대한의 능력을 발휘하라.'는 것이다. 아이들이 만일 뭔가 스스로 선택하여 하고 싶다고 하면 그것을 위해서 후회 없는 노력을 하도록 충고를 아끼지 않는다. 이것은 아이들의 의지와는 상관없이 부모가 멋대로 결정해서 억지로 배우게 하는 행위와는 완전히 상치되는 방식이다.

레너드 번스타인은 러시아계 유대인으로 '웨스트사이드 스토리' 영화음악 작곡 등으로도 유명한 미국의 음악가인데, 그의 아버지는 자기 아들이 피아노를 배우고 싶다고 간청했을 때에야 비로소 근교의 여교사에게 1시간에 1달러를 내고 레슨을 받는 데 동의했다고 한다. 레너드는 비록 병약했지만 의지만은 굳어서, 자기의 용돈을 아껴 레슨비를 내면서 기량을 닦았다고 한다.

또한 앨버트 아인슈타인은 일곱 살 때부터 바이올린을 배우기 시작했으나 레슨 시간이 길고 매우 엄했기 때문에 싫증을 느끼게 되어 1년 만에 그만두어 버렸다. 그러나 2, 3년 지난 어느 날 스스로 모차르트의 곡을 연주하고 싶다는 생각을 하게 되어, 다시금 레슨을 시작했다. 그리하여 그가 일생 동안 바이올린을 사랑했다는 것은 널리 알려진 에피소드이다.

그처럼 의사를 존중해 주면 아이들은 공부에서도 스스로의 능력을 적극적으로 나타내 보이려 하는 좋은 경향이 나타난다.

어떤 유대인 아이는 10세 때 이미 남을 능가하고자 하는 갈망을 느끼게 되어 교사도 풀지 못할 어려운 문제를 구상해 내어 사람들을 놀라게 했다고 한다. 물론 이것은 지나치게 자기 능력을 시험해 보고 싶어 하는 행동의 일면이기도 하지만, 어쨌든 이처럼 유대 아이들은 부모의 희망을 수렴할 때도 자기 의사를 반영시키길 주저하지 않는다.

그 좋은 예의 하나가 유명한 정신 의학자 지그문트 프로이트이다. 그는 17세 때 빈 오스트리아 대학에 진학하여 아버지의 희망에 따라 의학부에 적을 두었다. 그러나 개업의가 되기를 거부한 채 13년 동안이나 연구실에 주저앉아 보다 과학적인 의학 연구에 몰두했다. 그의 정신분석 학설은 오랜 연구 결과 얻은 자연과학을 그 기초로 했기 때문에, 그때까지의 심리학 수준을 훨씬 능가한 것이 되었다.

아이들의 장래에 지나치게 큰 기대를 가지거나, 환상으로 인하여 그들의 나아가는 길에 방해물이 되어선 안 된다. 그들 스스로 자신이 나아갈 길을 찾아내어 제 나름의 능력껏 나아가도록 밀어 주는 것만이 최선책이라고 할 수 있다.

아버지의 권위는 아이들의 정신적 지주이다

유대 사회는 부계 사회이다. ≪탈무드≫에 부모 이야기가 나올 때는 반드시 아버지가 먼저 등장하며, 어머니가 먼저 나오는 이야기는 단 한 가지밖에 없다. 이 성전에는, 부모가 동시에 물을 원하면 먼저 아버지에게로 가져가라고 씌어 있다. 어머니에게 가져가도, 어머니 역시 아버지를 존중하기 때문에 결국 아버지에게 넘어가게 되는 것이다. 이러한 연유로 해서 예부터 아버지의 권위는 매우 강하며, 지금도 유대인 가정에서 자녀들에게 ≪탈무드≫를 가르치는 사람은 아버지이다. '아버지'라는 헤브라이어는 '교사'라는 의미도 포함하고 있다. 아버지의 권위는 아이들에게 있어 마음의 지주이다.

프로이트와 동격으로 일컬어지고 있는 오스트리아의 심리학자 알프레드 애들러도 아버지의 권위의 비호 덕분에 공부할 수 있었던 사람이다. 교사는 그가 너무도 공부를 못해 수학에서 낙제 점수까지 받자, 알프레드의 아버지에게 '그 애는 공부라곤 전혀 못하니, 학교를 그만두고 차라리 구둣방 같은 데서 기술이나 배우게 하라.'고 권했다. 그러나 그의 아버지는 그 충고를 물리치고 계속 학교에 다니도록 함과 동시에, 아들이 돌아오면 맹렬하게 수학 공부를 시켰다.

앞서도 이야기한 것처럼 유대 가정에서는 아버지의 권위가 아주 강하므로 알프레드도 그에 따르지 않을 수 없었다. 그러다 보니 그를 몹시도 괴롭히던 수학 콤플렉스가 차츰 사라져 갔다.

어느 날 교사가 어려운 수학 문제를 칠판에 써 놓고 누구든 나와서 풀어 보라고 했을 때 모두들 고개를 갸웃거렸으나, 애들러만은 자신 있게 손을 들었다. 교사는 속으로 고개를 저었지만 여하튼 시켜 보기로 했다. 애들러는 모두의 비웃음을 등에 받으며 앞으로 나아가 깔끔하게 문제를 풀었다. 물론 그의 수학 성적은 학급에서 첫째가 되었다 한다.

애들러는 후일 열등감 학설을 기초로 하여 심리학의 한 체계인 개인 심리학의 이론을 세우고, 프로이트 학파와 완강히 대립했다. 아버지로부터 가르침을 받은 '분발의 정신'이 그것에 영향을 주었는지 모른다.

요즈음 동양 각국에서는 아버지의 권위가 폭락하고 있다는 말을 흔히 듣는다. 주위 사람 하나도 '우리 집 아이들은 내 말을 들은 척도 안 해요. 댁의 아이들이 부럽군요.' 하고 한탄하는 걸 들었다. 얘기를 들어 보니, 아내가 자기를 마치 집에 돈이나 벌어들이는 일벌처럼 생각하며, 아이들 앞에서도 무심코 그러한 태도를 나타낸다고 한다. 때문에 아이들에게도 나쁜 영향을 미치게 되고, 결국 아버지의 권위가 추락했다는 것이다.

그런 상황은 유대 가정에서는 상상조차 할 수 없다. 아내는 남편을 가정의 지도자로서 존경하며 모든 최종 결정권을 일임하고, 이것을 보는 아이들은 가정 안에서의 아버지의 지위에 존경과 신뢰를 갖게 된다. 바로 이것이 유대인 가정에 확고한 질서를 뿌리내리게 하는 근본이다.

아이들은 항시 이상적인 아버지상을 추구하면서 정신적 완성을 이루어 나가고 있기 때문이다.

배움은 흉내에서부터 시작된다

《탈무드》엔 '돈을 빌려 주는 것은 거절해도 좋으나, 책을 빌려 주는 것은 거절해선 안 된다.'는 격언이 있다. 이것은 유대인이 얼마나 독서를 중요시하는가를 명확히 나타내 주는 말이다.

공부하는 아버지의 흉내를 내며 성장하여, 세계 최고의 외교가로 명성을 드날린 사람이 있다. 유대인으로선 최초로 미국 국무장관의 지위에 오른 헨리 키신저가 바로 그다.

그는 자서전에서 자기가 어렸을 때 매주 아버지와 함께 공부를 했었다고 밝혔다. 그의 아버지 루이는 과거 독일에서 여고 교사를 했던 사람인데, 가족들이 살던 방 다섯 개짜리 아파트는 책으로 미어터질 지경이었다고 한다.

화려한 키신저 외교의 배경에는 19세기 유럽 외교사에 대한 그의 깊은 조예가 깃들어 있다고 알려져 있다. 어렸을 적에 늘 대하던 아버지의 모습이 그를 학문의 세계로 이끈 계기가 되었음이 틀림없다.

'배운다.'는 말 속에는 '흉내 낸다.'는 뜻이 내포되어 있는데, 배움이 흉내에서 비롯된다는 점에서 그건 유대인의 생각과도 같다.

그런데 동양의 나라들을 다녀 보면, 아버지들이 자녀가 흉내 내도 좋을 만한 일을 별로 하지 않는다는 사실에 놀라게 된다. 때때로 동양권의 어느 가정에 초대를 받아 한동안 머무는 때도 있는데, 아버지가 책상 앞에 앉아 있는 모습을 거의 볼 수 없으니 참으로 이상한 일이 아닐 수 없다. 아버지 전용 책상이나 책장조차 없는 가정도 꽤 있는데, 유대인의 시각으로 볼 때는 정말 이해할 수 없는 상황이다.

사회나 기업의 구조가 우리와는 다른 게 원인이 되어 그런 것일까? 혹은 회사에서 내내 일을 하다가 돌아왔으므로 집에서까지 책상 앞에 앉을 필요가 없다고 생각하는 것일까?

그런데 그러면서도 아이들에게만은 공부하라고 몰아붙이고, 아무리 얘기를 해도 자기 아이는 통 공부를 하지 않아 속상하다는 애로점만 털어놓으니 참으로 모를 일이다.

그 이유를, 그들이 어렸을 때부터 흉내 낼만한 아버지상을 갖지 못했었기 때문이라고 말한다면 지나친 비약일까……?

배우기를 중단하면 20년 공부도 허사가 된다

유대인 사이에는 어진 사람이 존재하지 않는다. 다만 현명하게 배운 사람이 있을 뿐이다. 사람은 일생 동안 공부하도록 만들어져 있다는 것이 유대인의 기본적인 생각이며 신넘이기도 하다. 아무리 지혜로운 사람이라도 배우기를 중단 하는 것은 용납되지 않는다. 중단한 그 순간에 지금까지 배 운 모든 것을 잊게 된다고 생각하는 것이다. 흔히 20년 동안 배운 것도 2년 만에 전부 잊어버린다고 충고하는 것도 그런 이유에서이다.

다시 말하면, 인간에게는 '현명한 사람'과 '어리석은 사람' 의 구별이 있을 따름이므로, '안 배운 사람'은 '제대로 된 사람' 이 아니라는 인식이 뇌리에 단단히 박혀 있다.

유대의 오랜 전통에 의하면, 하느님을 공경한다는 것은 배 운다는 것과 같은 뜻이다. 시나고그에 모이는 사람들에게 있 어 예배란, 단지 하느님께 기도하는 일만 뜻하는 것이 아니다. 토라(Torah)를 배우는 것 역시 유대인에게는 중요한 포인트 였고, 이렇게 날마다 배움에 힘써야만 비로소 부모는 자녀의 교사가 될 자격이 있는 것이다.

예부터 유대인은 '책의 민족'이라 일컬어지고 있다. 유대인 이 다른 민족으로부터 숱한 박해를 받은 근본적인 이유도, 그들이 책으로 인해 뛰어난 지혜를 획득하여 강력히 정의를 주장하지 않을까 하는 두려움 때문이었다고 말할 수 있다.

《탈무드》 율법이 가르치는 것처럼, 책은 만인의 공유물 이며 만인은 배움의 의무를 지니고 있다. 이 '책의 민족'의 전통은, 유대인이 사는 곳이라면 어디서건 대할 수 있는 독특한 것이다.

아침 통근차 안에서 《탈무드》를 공부하고, 퇴근 후 집에 돌아오는 차에서 또 《탈무드》를 읽는다. 안식일에는 몇 시간 동안 《탈무드》에 파묻혀 있는 사람도 많다. 평생을 읽어도 다 못 읽을 《탈무드》이므로 한 권을 완전히 다 읽는 것만도 유대인으로서는 다시없는 기쁨이기 때문에, 그때는 친척이나 친구를 불러 축하 파티를 연다. 또한 유대인은 이처럼 학문에 대한 열정을 일생 동안 간직할 수 있다는 데 큰 긍지를 느끼고 있다.

그러므로 동양인들이 학교를 마치고 나면 공부를 중단해 버리고, 읽는 책이란 게 겨우 주간지 정도라는 말을 들을 때면 정말 의아하게 생각된다. 동양에서의 배움이란, 직장이나 결혼을 위한 통과증 정도로 여겨지고 있는 것이 아닐까 싶다.

이렇게 해서 그들이 다시 부모가 되고 나면 십몇 년 동안 학교에 적을 두고 애써 배운 것을 완전히 잊어버리고, 마치 학문과는 전혀 인연이 없는 사람처럼 되곤 한다.

그러면서도 그런 그들이 자녀 교육을 위해 그토록 열정적으로 달려드는 일은 참으로 웃지 못할 난센스가 아닌가. 배움과 거리가 먼 생활을 하는 부모가, 아이들에게 인생의 훌륭한 모델이 될 수 있다고는 도저히 생각할 수 없기 때문이다.

사실만을 얘기해 주어라

아이들이 가장 큰 흥미를 느끼면서도 결코 이해할 수 없는 관념의 하나가 죽음이다. 가까운 사람이 죽으면 아이들은 몹시 의아스러워하며 묻는다. '왜 죽었나요?' '나이를 많이 먹었기 때문이지.' 그렇게 사실을 대답해 주지만, 나이가 많지 않은 데도 죽은 경우엔 '매우 큰 병이 들어서.'라고 하면 된다. 그렇지만 아이들은 거기서 끝나지 않고 더욱 추궁하는 게 보통이다. '죽으면 어디로 가나요?' '죽으면 그것으로 끝이란다.'

유대인은 내세라는 것을 믿지 않기 때문이기도 하지만, 죽은 뒤의 세계를 상상할 만한 여러 이야기를 결코 아이들에게 해 주지 않는다. 아이들의 상상력은 그들 스스로 자유롭게 펼쳐 보도록 맡겨 두면 되는 것으로, 부모가 개입할 필요는 없다고 여긴다.

죽음에 대해서는 위와 같은 대답을 해 줄 수도 있지만, 아이들이 직접적으로 확인할 수 없는 관념, 예를 들자면 신에 대한 것 등은 대답 방식이 다르다.

필자의 딸이 세 살 때 '도대체 하느님이 뭐냐?'고 물어온 일이 있었다. 내가 '하느님은 어디에나 있다. 물론 공기 속에도 있지.' 하고 말하자, 아이는 연이어 숨을 들이쉬면서 '보세요, 나는 지금 하느님을 들이마시고 있어요.'라고 자랑스럽게 말하는 것이었다.

유대의 어머니는 아이들에게 무리하게 깨닫도록 하려 하지 않는다. 아이들의 상상력이 미처 이르지 못함을 알면서도 그들의 사고 방향을 조종하여 멋대로 끌고 가지 않는다는 얘기이다.

그것을 위해서 항시 스스로 명심하는 일은, 우선 아이들에게 거짓말을 하지 않는 것이고, 다음엔 공포심을 주지 않는 것이다. 그러므로 아이들이 신에 대해 물어도 산꼭대기를 가리키며 '하느님께서는 저기에 살고 계시다.'라든가 하는 따위의 거짓말은 하지 않는다. 또한 나쁜 짓을 하면 하느님께서 내려오셔서 벌을 준다는 등의 공포심을 자극할 말도 삼간다.

아이들에게 어려운 관념에 대해 거짓말로 얼버무리지 않고 간단명료하게 대답해 주는 것은, 원래 성경에서 비롯되고 있는 것이다.

≪구약성경≫에서 아브라함의 죽음에 대한 기술을 보면 이해가 된다.

'아브라함은 나이 175세에 이르러 수가 차고 쇠진하여 죽어서 그 백성에게 끼워졌다.'

이건 너무도 미진한 설명이라 생각될지도 모르나, 죽음이나 신에 대해 거짓말과 공포를 뒤섞은 이야기를 구성하여 아이들에게 들려주면 일단은 만족시켜 줄 수 있을지 모르지만,

아이들의 내부에 뿌리를 내린 죽음이나 신의 그림자가 진실을 캐기 위한 노력을 차단해 버릴 수도 있다는 걸 염두에 두어야 한다. 이야기가 화려한 상상으로 부풀어 있으면 있을수록 그 위험이 크기 때문이다.

유대인들은 지나치게 일에 빠져 가정을 소홀히 하는 극단을 좋아하지 않는다. 식욕이나 술, 돈에 대해서도 역시 그러하다. 전통적으로 중용을 가르치고 있는데, 관념의 세계에서도 그건 마찬가지이다. 때문에 지나친 자극을 주어 마음의 동요를 일으키는 것을 심적으로 건강하다고 생각하지 않는다.

아이들의 상상력에 무리한 요구를 하지 않고 사실만을 진지하게 말해 주는 이유도, 그들에게 적당한 자극을 주자는 데 있다. 자극을 알맞게 주어서 아이들의 심성을 계발시켜 자연스럽게 뻗어나가게 하려는 배려인 것이다.

신에 대한 상상이 추상적 사고의 계기가 된다

유대 민족은 높은 추상적 사고력이 요구되는 학문이나 사업 분야에서 수많은 인재를 배출해 냈다. 이처럼 그들이 추상 능력에 뛰어난 것은 어려서부터 '추상으로서의 신'에 대해 깊이 생각하는 습관을 들여왔기 때문이라고도 말할 수 있다.

유대인은 일체의 우상 숭배를 거부한다. 그리스도교에서는 신을 그림이나 조각으로 나타내는 것은 당연한 일이 되어 있고, 예수 그리스도가 십자가에 매달려 있는 그림을 흔히 볼 수 있다. 신이나 주님이 추상으로서가 아닌 구상으로 언제나 바라볼 수 있도록 했다는 말이다.

그러나 유대교에서는 하느님을 인간의 형체처럼 구체적으로 그린 예가 전무후무하다. 하느님께서는 언제나 추상의 영역에 있으며, 그런 의미에서 유대인들은 늘 '구상화할 수 없는 신'을 깊이 사고하는 훈련을 지속하고 있는 셈이 된다. 바로 이 일이 사물을 논리적·추상적으로 사고하는 계기를 만들어 주고 있는 것이다. 특히 아이들에겐 눈으로 볼 수는 없지만 엄연히 존재하는 신에 대해 생각하는 것이 커다란 지적 자극이 된다는 점을 간과할 수 없다.

유대 아이들이 자주 듣게 되는 이야기 가운데 최초의 유대인인 아브라함에 대한 우화가 있다. 아브라함은 그의 아버지가 작업장에서 손수 만든 나무 우상을 사람들이 사 가지고 가서 신으로 공경하는 것이 너무도 이상하게 생각되었다. 바로 그것이 계기가 되어, 그는 과연 하느님이란 무엇인가에 대해 깊이 고찰하기 시작했던 것이다.

'아버지 손으로 만들어진 우상이 진정한 신일 리는 없다. 그렇다면 신은 태양일까, 아니면 달일까? 그러나 태양은 일몰과 함께 사라지고, 달은 해가 떠오르며 없어져 버린다. 그러므로 하느님께서는 달이나 태양이 아니라 더 뛰어난 존재임에 틀림없다.'

그렇게 생각한 아브라함은 마침내 '하느님이란 물질이 아닌 정신'이라는 결론을 얻게 되었다. 인류 최초로 신에 대한 추상적인 개념을 추출해 낸 셈이다. 그리하여 이 이야기를 듣는 아이들도 아브라함의 체험을 간접적으로 느끼며 추상적 사고력을 키워 간다.

일반적으로 동양인 중엔 무신론자가 많은 것으로 알고 있다. 그렇기 때문에 유대인들처럼 하느님에 대해 생각할 필요가 없다고 한다면, 그것은 잘못된 생각이라 하지 않을 수 없다. 그들 역시 어떤 형태로든 종교를 가지고 있는 것이다. 스스로 알지 못하는 사이에 신에 대해 기도하고 있는 것이 아닐는지? 아무튼 반드시 필요한 것은 그 신을 의식화하는 일이다.

아이들에게 추상적인 사고를 가르치기란 매우 어려운 교육 과제로 인식되고 있다. 초등학교에 들어간 아이들이 산수를 잘 못하는 것은 학령기 이전에 추상에 대해 익숙해 있지 못한 게 하나의 큰 원인이 된다. 유대 아이들에게 있어서 하느님은 추상적인 사고력을 길러 주는 원동력이 되며, 그것을 보다 활발히 작용시켜 주는 에너지의 원천인 것이다.

어머니의 과보호가 필요할 경우도 있다

유대의 격언에 '신은 언제 어디에나 존재할 수가 없었으므로 어머니를 만들었다.'는 것이 있다.

아버지가 집안의 지도자임에는 틀림없다. 그러나 어머니의 애정은 아이들에게 있어 신처럼 절대적인 가치를 지니고 있는 것이다. 때로는 그 애정이 지나쳐서 예의 'Jewish Mother'라는 말이 흔히 '과보호하는 어머니'란 비아냥거림으로 쓰이는 예가 있을 지경이다.

랍비 요셉은 바로 그런 어머니의 손에서 길러졌는데, 자기 어머니가 다가오는 발소리를 들으면 재빨리 일어서서 '성령이 다가오고 있다! 일어서야지.' 하고 말했다는 기록이 ≪탈무드≫에도 남아 있다.

일반적으로는 과보호가 아이를 망친다고 여겨지며, 응석이 심한 아이를 보면 부모가 지나치게 받아주기 때문이라는 비판이 나오기도 한다. 일견 맞는 경우일 때가 많다.

하지만 과보호가 반드시 아이를 망친다고 인정할 수는 없다. 그와 반대로 과보호가 아이들의 독창적인 재능을 활짝 꽃피운 예를 우리는 많이 알고 있다.

그 한 가지 예로, 유대계 프랑스 작가 마르셀 프루스트는 일반적인 눈으로 볼 때 지나친 응석받이로 자랐다. 어려서 어머니가 며칠 집을 비우면 울고불고 난리를 쳤으며, 열서너 살 때는 '너에게 있어 가장 비참하게 생각되는 일은 뭐지?' 하고 물으면, '어머니와 떨어지는 일'이라고 대답했다 한다.

33세의 어른이 되어서도 어머니에게 보내는 편지의 서두는 늘 '그립고 그리운 나의 어머니'로 시작되었고, 하루에 두세 번이나 어머니에게 전화를 거는 일도 드물지 않았다고 한다.

당시 그가 어머니에게 보낸 편지 내용 중의 하나를 보면, '어머니와 나는 무선 전신 같은 것으로 이어져 있어, 곁에 있건 멀리 떨어져 있건 항상 마음은 하나이며 마주 앉아 있는 셈입니다.'라고 씌어 있다.

마치 사랑하는 연인에게 보내는 러브레터와도 같다. 하지만 그렇게 애정을 가지고 어머니를 대해 왔던 덕분에 그는 여느 아이들과는 다른 감정을 지니고 성장한 듯싶다.

예비 대학교인 리세에 다닐 때에도 장난꾸러기 급우들과는 어울리지 않아 계집아이 같다는 소리를 곧잘 듣곤 했다. 그런 성품이 어머니로부터 이어받은 문학적 소양과 결합되어 훗날 ≪잃어버린 시간을 찾아서≫와 같은 명작이 태어난 것이라 여겨진다.

분명히 보통 아이들과는 달랐고, 일반적인 상식의 테두리를 벗어난 기이한 존재였다고는 하지만, 어머니의 애정이 그에게 잠재되어 있는 특이한 재능을 발굴하여 이끌어올린 경우라고 할 수 있다.

프루스트뿐 아니라 아인슈타인과 프로이트 역시 어머니의 뜨거운 애정 가운데서 성장했다는 것은 잘 알려진 사실이다.

꿈의 분석으로도 유명한 프로이트는 어렸을 때 날카로운 부리를 가진 기이한 새같이 생긴 남자들이 침대에 누워 있는 어머니에게 덤벼들어 죽이려고 하는 꿈을 꾸었다고 회상하고 있다. 일종의 이상 성격이었는지도 모르지만, 그 위대한 업적의 배후에는 역시 어머니에 대한 남다른 집착이 있었던 것 같다.

어머니의 애정 과다는 아이들의 정신의 균형을 깨고 남과 원만히 사귈 줄 모르게 만든다고도 할 수 있지만, 그러나 반대로 그 애정 과다가 아이의 독특한 재능을 최대로 끌어올려 독창적인 인간으로 만드는 것도 사실인 듯하다.

무엇보다도 개성을 중요하게 여기는 유대의 어머니들로서는 다른 아이와 똑같은 아이를 기르기보다 두드러지게 다른 아이가 되기를 더 바란다고 할 수 있다. 그렇다고 해서 과보호를 권장하는 건 아니지만, 아이들을 애정으로 대하는 것은 결코 나쁜 일이 아니라고 생각한다.

두뇌 비교는 해가 되고, 개성 비교는 발전이 된다

유대인들은 형제나 자매를 전혀 다른 인격체로 인식하므로 형과 아우를 비교하는 일 따위는 절대적으로 피한다. 다시 말해, 동생에게 '형은 저렇게 공부를 잘하는데, 너는 뭐냐?' 식으로 두뇌의 우열을 비교하는 일은 없다는 얘기이다. 왜냐하면 그것은 아우로서 감당할 수 없는 일을 강요하는 것이며, 그런다고 해서 그의 두뇌가 좋아질 리도 없기 때문이다.

그것은 도리어 아이를 실망시킬 뿐이고, 형과 다른 인간으로 자라날 싹을 짓밟아 버리는 결과가 될 뿐이다. 형제를 단 한 가지의 능력으로 비교하는 것은 해는 있을지언정 아무 이익도 없는 일이다.

미국 국무장관이었던 헨리 키신저의 동생 워터 키신저는 현재 알렌 전기설비 회사의 사장으로 존경받는 비즈니스맨이다. 그는 '어렸을 때 형과 나는 라이벌이었습니다. 그러나 그다지 큰 대립 관계는 아니었어요. 서로가 좋아하는 일이 다르고, 성격도 달랐었거든요.' 하고 술회한다.

아마도 그들 형제는 유대인 부모에게 다른 인격체로서 대우받았을 것이라 생각된다. 그는 형이 국무장관을 하던 때에도 열등감을 가지기는커녕 '신문은 형만 쫓아다니지 말고, 내 성공담도 좀 싣는 게 좋지 않겠나.' 하고 정당한 라이벌 의식을 나타냈다 한다.

형제라 하더라도 어디까지나 각기 다른 개인이라는 사고방식은 유대인에게 있어서 수천 년 전부터 이어져 내려오는 것이다.

≪구약성경≫에선 '아버지를 아들 때문에 죽여서는 안 되며, 아들 또한 아버지 때문에 죽여서도 안 된다. 저마다 그 가족 모두가 벌을 받아야 했다.'

그러나 그 당시에도 유대인만은 개인의 책임을 분명하게 한계 짓고, 아무리 한 가족이라 할지라도 개인이 우선한다고 주장했던 것이다.

유대인 부모가 아이들을 대할 때 가장 관심을 기울이는 점은 그들의 능력 차이가 아닌, 개인 차이이다. 어느 경우에든 비교보다는 각자의 개성을 발전시키는 것을 중요시한다. 그러므로 아이들이 친구네 집에 놀러갈 때도 결코 형제를 함께 보내지 않는다. 서로의 흥미가 전혀 다르기 때문에 같은 장소에 가는 것은 의미가 없으며, 제각기 다른 세계를 배우는 것이 훨씬 이득이 되리라 생각하기 때문이다.

유대인 형제자매의 사이가 매우 좋다는 것은 잘 알려진 사실이다. 그건 부모가 어려서부터 차별하지 않고 대함으로써 그들 사이가 자유롭고 편안하게 되었기 때문이라고 할 수 있을 것이다.

유대계의 저명한 음악가 레너드 번스타인 잡지 편집자가 된 셀리와 버튼이 친밀한 우애를 지속시켜왔다는 것은 유명한 이야기이다.

유대 부모들은 모든 아이들이 저마다의 개성에 따라 성장하고, 또 서로를 아끼는 마음을 일생 지니길 바라고 있는 것이다.

외국어는 어릴 때부터 귀에 익도록 배려하라

유대인으로서 두 가지 이상의 외국어를 구사하지 못하는 사람은 거의 없다. 유대인은 세계 도처에 살지만, 박해에 쫓겨 각지를 방랑해야 할 때가 많았으므로 필요에 따라 여러 언어를 습득해야 했다. 게다가 숙부나 숙모 같은 친척들이 가족의 일원으로 늘 드나들고 있기 때문에 어릴 때부터 몇 가지의 언어를 사용하면서 자라나게 된다. 당연히 저절로 외국어를 익히며 성장하게 되는 셈이다.

동양의 여러 나라에서는 중학교 때부터 영어가 필수 과목으로 책정되어 있다고 한다. 그럼에도 영어를 자유자재로 구사하는 동양인은 그리 흔치 않은데, 이것은 영어를 배우기 시작하는 시기가 너무 늦기 때문이 아닐까 하는 생각이 든다.

외국어일수록 될 수 있으면 어릴 때부터 가르쳐야 하는 것이다. 그렇다고 해서 아기에게 영어회화 공부를 시키라는 것은 아니다. 말을 할 수 있게 되기 전에, 마치 음악을 듣는 것처럼 외국어가 귀에 익도록 해 주라는 것이다. 언어는 말하기보다 듣고 이해하는 것이 앞서기 때문이다.

근대 심리학의 아버지인 프로이트 역시 언어 영역이 풍부하여 라틴어, 그리스어, 프랑스어, 독일어에 전혀 불편을 느끼지 않았다고 한다.

전기 작가 러셀 베이커가 쓴 《프로이트, 그 사상과 생애》를 보면, 겨우 10세 정도의 프로이트가 벽을 두드리면서 라틴어의 어미변화나 그리스어 문법을 외우며 방 안을 걸어 다녔다는 에피소드가 있다. 이 얘기로 미루어 볼 때, 프로이트가 초등학교 때부터 그리스어와 라틴어를 배웠다는 사실을 알 수 있다.

유대인은 어려서부터 여러 나라 말에 접촉하므로 한 가지 언어만 쓰는 사람들보다 언어 능력이 훨씬 뛰어나다. 발음도 한 가지 언어에 묶이지 않은 상태이므로 원어에 가깝게 낼 수 있게 된다.

동양의 언어는 유럽의 언어와 구조가 크게 다르다. 헤브라이어도 역시 유럽의 언어와는 구조가 판이하다. 그러므로 유대의 아이들이 중학교에 들어가서야 비로소 외국어를 배우기 시작한다면 틀림없이 동양인과 똑같은 곤란을 겪게 될 것이다.

어쨌든 어렸을 때 그들이 외국어와 한 번이라도 접한 일이 있었느냐, 없었느냐 하는 사실이 성장 후 어학을 공부하는 데 큰 차이를 일으키는 요인인 것은 분명한 것 같다.

아이들이 스스로 사고하게 하라

아마도 유대인만큼 이야기를 좋아하는 민족도 드물 것이다. 모두 알다시피 ≪구약성경≫은 거대한 이야기의 보고(寶庫)이며, 성전 ≪탈무드≫는 일생을 두고 읽어도 다 읽을 수 없는 책이다. 그런데도 유대인은 새로운 것을 창작해 내어 남에게 이야기하는 것을 일종의 취미로 삼고 있다. 이처럼 이야기를 좋아하는 유대인 부모가 아이들에게 들려주는 것은, 항상 교훈이 내포되어 있는 내용이다.

아이들은 부모의 이야기를 들으며 머리를 써서 그 교훈을 이해하려는 노력을 해야 한다. 얘깃거리를 한없이 제공해 주는 ≪탈무드≫에는 사고력을 기르기 위해서 만들어진 내용이 많다.

한 예로, 유대 민족에 대해 이야기할 때 흔히 인용되는 '머리가 둘인 아기'를 살펴보자.

'만약에 머리가 둘 있는 아기가 태어났다면, 이 아기는 두 사람인가 한 사람인가?' 하고 물으면 아이들은 그 질문에 대해 갖가지 대답을 하면서 사고력을 키워가게 된다.

《탈무드》의 답은 간단하다. '만일 뜨거운 물을 한쪽 머리에 부어서 둘이 다 소리를 지르면 두 사람'이라는 것이다.

이것만 가지고는 하나의 유머로 들릴지도 모르지만, 실은 그렇지가 않다. 그 가운데서 '이스라엘의 유대인이 박해를 받거나 혹은 세계 도처에 사는 유대인이 괴로움을 받을 때 같이 아픔을 느끼고 소리를 지르는 사람은 유대인이고, 그렇지 않으면 유대인이 아니다.'라는 교훈을 끌어낼 수가 있다.

이처럼 이야기를 통해서 교훈을 끌어내면, 머리를 쓰는 훈련과 동시에 그 교훈이 마음에 깊이 스며들게 하는 효과까지 얻어 낼 수 있는 것이다.

성경 이야기 중에서 자주 인용되는 것은 <창세기>의 첫 부분이다. 여기에는 하느님께서 천지를 창조하신 엿새 동안, 어느 날에나 하루가 끝나면 '참 좋았다.'고 했다고 씌어 있다. 그러나 둘째 날만은 그것이 없다. 위쪽 물과 아래쪽 물을 나누는 작업이 셋째 날까지 이어졌기 때문이다.

그 이유에 대해 랍비들은 여러 가지 해석을 내리고 있다.

그 하나는, 나눈다는 것이 천지 창조에서는 불가피한 일이었지만, 일반적으로는 분열을 의미하는 바람직하지 않은 일이기 때문에 좋았다고 하지 않았다는 것이다.

그러나 다른 랍비는, 그렇다면 왜 빛과 어둠을 나눈 첫날은 좋다고 되어 있느냐는 반론을 폈다.

거기에 대해서는 빛과 어둠은 완전히 다른 것이므로, 동질인 물을 나눈 둘째 날과는 다르다는 의견이 피력된다. 둘째 날에는 하느님께서 위쪽 물과 아래쪽 물을 나누셨다는 것이다.

이것에 대해서 해는 절대 밤에 볼 수 없으나 달은 낮에도 가끔 나타나는 것은 왜냐고 되묻는 랍비도 있어, 논의는 끊임없이 지속된다.

하느님께서 해와 달을 만드시자, 달은 한 세계에 위대한 빛이 두 개씩이나 필요하진 않다고 불평했다. 하느님의 지혜를 의심한 달은, 그 벌로 빛이 약해지고 크기도 작아졌다. 그러나 하느님께서는 달의 이의에도 일리가 있다는 것을 인정하시고, 그 보상으로 해는 밤에 절대 나올 수 없지만 달은 낮에도 가끔 나올 수 있게 해 주셨다는 결론이 맺어진다.

아이들은 이러한 토론 전개에 이끌려가며 스스로 기초를 세워 사고하는 방식을 배우게 된다.

그러나 유대의 이야기나 우화는 꼭 한 가지 정답만을 끌어내는 데 의미가 있는 것이 아니고, 오히려 여러 가지 방법으로 심사숙고하는 그 과정 자체를 중요히 여긴다. 더구나 그러한 이야기에서 교훈을 끌어내어 살아가는 데 이용하는 것이 더 큰 목적이라고 가르치는 것이다.

동양의 여러 나라에도 나름대로의 전통적인 이야기가 많은 것으로 아는데, 성경이나 《탈무드》의 경우와 마찬가지로 그 이야기들에도 깊은 뜻이 내재되어 있을 줄로 믿는다.

　만일 어른이 그 해석을 정답 식으로 한정시켜 아이들에게 들려준다면, 그들이 두뇌를 활동시킬 수 있는 소중한 기회를 말살시켜 버리는 일이 되지 않을까 염려스럽다.

교육적인 장난감 선택에 신중을 기하라

　유대인 어머니들이 '교육적인 어머니'임에는 틀림없다. 그러나 흔히 듣는 소문처럼 치맛바람을 일으키는 어머니는 절대 아니고, 극성스럽게 공부를 강요하는 열성파 어머니도 아니다. 아이들의 지능 지수를 걱정하거나 영재 교육 따위의 방식에 아이들을 얽어매려 하지 않는다는 얘기다.

　유대의 어머니는 단순히 '교육적인 어머니'이기보다 '교육 환경적인 어머니'가 되도록 노력한다. 그리하여 아이들의 지적 성장을 돕는 환경을 정비하여 그 안에서 자유로이 자라게 하는 데 세심한 주의를 기울인다.

　유아의 경우, 교육 환경 중에서도 가장 중요한 요소가 장난감이다.

유대의 어머니들은 어떠한 장난감을 주든 항상 교육적 배려를 한다. 그렇다고 해서 이른바 교육 완구, 즉 학교 공부에 직결되는 장난감을 주는 것은 아니다. 아무리 하찮은 장난감이나 도구라 할지라도 선택하는 방법에 따라서는 눈부신 지적 자극이 됨을 알고 있다는 얘기이다.

특히 1세에서 3세 사이의 어린아이들의 경우, 여러 가지 감각 자극을 주고 운동신경을 활발하게 해 주는 장난감이 없어서는 안 될 것이다. 그러므로 마음과 두뇌의 성장을 촉진하는 면을 우선적으로 배려하여 선택하는 것이다.

유대의 어머니들이 예로부터 어떠한 장난감을 선택했는지, 몇 가지 예를 들어 보기로 하겠다.

확대경, 쌓기 나무(모서리를 정확하게 다듬은 매끄러운 나무가 좋은데 삼각형, 정사각형, 직사각형 등 기본적인 패턴을 고루 갖추어야 한다), 로크 박스(자물쇠로 뚜껑을 잠그고 열쇠로 열 수 있는 것), 플래시, 간단한 리듬 악기(종, 트라이앵글, 탬버린, 드럼, 심벌즈, 목금 등), 분해할 수 있고 올라탈 수도 있는 장난감, 소꿉장난용 모자(여러 가지 역할을 할 수 있도록 세트로 되어 있는 것이 좋다), 커다란 자석, 숫자풀이 판, 놀이용 집(완성품이 아닌 재료), 아이들이 직접 조작할 수 있는 레코드, 주머니(무엇이든 넣을 수 있는 것), 농장 장난감(동물을 포함한 것) 등 이외에도 여러 가지가 있으나, 대체적으로 이상과 같은 것이 유아들에게 좋다.

3세에서 6세가량의 아이들에게는 감각이나 운동신경의 자극보다 지적 자극이 될 만한 것이 선택 범위가 되리라 생각된다.

이 나이의 아이들에게 주는 장난감의 예로는 다음과 같은 것이 있다.

쌓기 나무(장소가 허락하는 한 큰 것을 구입해 준다), 어른 흉내를 낼 수 있는 것(유대인들은 아이들이 어른 흉내를 내면서 한층 많은 것을 배울 수 있다고 생각하므로 특히 이런 종류의 장난감은 매우 중요하다. 의사와 간호사 놀이 장난감, 돈 놀이 장난감, 살림살이 장난감, 목수 연장, 원예 장난감 등이 있다. 위험하지 않은 것이면 가게에서 파는 게 아닌, 실제로 어른이 쓰는 것이나 쓰다가 낡은 것을 준다), 그림과 조각 도구(크레용, 핑거 페인트, 색연필, 분필, 찰흙, 색과 크기가 다양한 종이 등), 악기(3세 이하 때 주었던 것도 계속 가지고 놀게 한다), 연극용 소도구(의상, 마스크, 손가락 인형, 가발 등), 손가락을 쓸 수 있는 것(주사위, 퍼즐, 도미노, 간단한 게임 판 따위).

물론 위에서 예로 든 것을 모두 줄 수는 없다. 그러나 아이들에게 장난감을 사 줄 때는 어느 한쪽에 치우침 없이 모든 방면에 자극이 되도록 종류 선택에 마음을 써야 할 것이다.

제2장 · 정(情)을 위하여

오른손으로 벌을 주면, 왼손으로 안아 주어라

가정에서 아이들에게 벌을 주는 것은 그들의 성장 일부를 돕는 좋은 수단이다.

≪구약성경≫에 '아이는 마땅히 가야 할 길을 따라서 가르쳐라.'라는 대목이 있다. 아이를 '마땅히 가야 할 길'로 나아가게 하기 위해서 벌을 주는 것이다. 그러므로 벌을 주는 한편으로, 반드시 애정의 표현이 따라야 한다. 벌로 끝나 버리면 부모는 권위에 의해서 아이들을 지배하게 되고, 아이들은 제 나름의 개성을 자유롭게 나타낼 수가 없게 되어 버릴 것이다.

'오른손으로 벌을 주면, 왼손으로 안아 주어라.'란 유대의 오래된 속담은 어떠한 벌에든 애정이 따라야 한다는 것을 뜻한 말이다. 그리하여 유대인은 어떤 도구 등을 써서 아이들을 때리는 잔인한 짓은 하지 않는다.

낮과 밤은 하느님께서 만드신 것으로, 사람은 그렇게 하루를 매듭지어 가며 살아가도록 만들어져 있다. 아침에 잠에서 깨어나 밤에 다시 자리에 들기까지 계속되는 하루는 그것 자체로서 완전히 끝나 버려야 한다. 그러므로 아이들을 대할 경우에도 하루를 완벽히 구분지어 그날에 느꼈던 두려움이나 슬픔 따위가 다음 날까지 연장되지 않도록 마음을 써야 한다.

앞에서도 말한 것처럼, 아이들을 심하게 벌준 날에도 자리에 들어갈 때는 따뜻한 애정을 보여 줌으로써 나쁜 감정이 마음에서 깨끗이 씻겨 나가게 해 주어야 한다. 아이들의 마음은 스펀지와도 흡사하므로 벌을 준 뒤에 그대로 방치해 두면 나쁜 감정을 모조리 빨아들이기 십상이다.

그러나 한 번이라도 좋으니 살며시 눌러 주면, 스펀지에서 물이 밀려나오는 것처럼 그들의 마음에서 여러 가지 불쾌한 감정이 밀려나와 버리게 된다.

또한 공포나 혐오, 미움 같은 부정적인 감정이 잠 속까지 들어와서 밤의 세계를 지배하는 것을 경계해야 한다. 일단 그런 감정이 꿈속에까지 스며들게 되면, 하루라는 영역을 넘어서 내일로 이어지기 때문이다.

'꿈의 분석'에서 큰 공적을 남긴 프로이트는 가족들과 함께 산장에 놀러 갔을 때 어린 딸 안나가 외치는 잠꼬대를 들었다.

'안나 프로이트, 딸기 많이! 딸기……'

그 아이는 그날 아침에 배탈이 나서 매우 좋아하던 딸기를 먹지 못했던 것이다. 그래서 딸기를 많이 먹고 싶다는 강한 염원을 지니게 되었고, 그 염원이 꿈으로까지 연결된 것이란 사실을 프로이트는 깨달았다.

그는 1천 가지의 꿈을 수집하여 '꿈은 무의식에서 생성된다.'는 이론을 발표하기에 이르렀는데, 어렸을 때의 원시적 감정을 나타내는 것이 꿈이라고 그는 생각했다. 어릴 적의 불쾌했던 체험이 축적되면, 어른이 되었을 때 꿈으로 나타나게 될 수도 있다는 얘기이다.

아이들에겐 그날 하루에 처리하지 못하는 감정이 분명 적잖게 있을 것이다. 그것이 무의식 속에 가라앉아 있다가 꿈의 구성 요소가 되는 셈인데, 어머니들이 그러한 감정 가운데서 최소한 부정적인 것만은 제거해 줄 의무가 있다고 생각된다.

잠자리에 들었을 때 어머니가 곁에서 따뜻하게 보살펴 주는 것만큼 아이들의 마음을 가라앉혀 주는 일도 없다. 아이들은 평화로운 기분으로 하루의 긴장을 완전히 풀고 잠들게 되며, 이튿날이 되면 또 새로운 기분으로 하루를 시작할 수 있게 된다.

어른과 아이의 세계는 다르다는 사실을 인식시킨다

유대인들은 어른과 아이가 전혀 다른 세계에 살고 있다는 것을, 의도적으로 아이들이 늘 생각하게 만든다.

《구약성경》에 의하면, 부모는 자식에 대해서 언제나 책임이 있으며, 아이에게 죽음을 주는 일과 장남의 특권을 뺏는 일만 못 할 뿐 절대의 권력을 가지고 있다고 되어 있다. 아이들을 어른의 세계에 가까이 오지 못하도록 하는 것은 어른의 책임을 분명히 밝히기 위해서이다.

요즈음 동양 각국에서는 아이들을 위한 화장품이 많이 팔리고 있다고 한다. 그러나 과연 그러한 상품을 아이들에게 사 줄 필요가 있는지 매우 의문이다. 또 텔레비전을 보면 어른의 유행을 그대로 흉내 내어 아이들에게 옷을 해 입히는 것을 자주 본다. 어떤 어머니는 자기 자녀가 어른처럼 행동하는 것을 자랑으로 여기고 있는 듯도 하다. 또한 부모와 자식 사이의 경계선을 없애는 것이 현대적인 부모 자식의 관계처럼 생각하는 사람이 차츰 늘어나는 것 같다.

그러나 유대인들은 부모 자식의 관계에 있어선 아무리 시대가 바뀌어도 본질적으로 달라지지 않는다고 생각한다. 아이들이 아이답게 행동하기보다 어른 흉내를 내는 데 열중하거나, 부모 역시 그런 행동을 좋게만 받아들인다면, 어떻게 스스로에 대한 존경을 아이들에게 가르칠 수 있을 것인가?

아이들은 작은 어른 따위가 아닌, 어른과는 다른 인간이라는 사실을 일상적으로 가르쳐 주어야 한다. 그렇지 않으면 가정의 질서가 유지되지 못할 것이다.

일생 동안 공부하게 하려면 어릴 때는 충분히 놀게 하라

동양의 아이들을 보면 어려서부터 공부만 강요당하기 때문에 거의 놀 틈이 없다. 그들은 놀 시간을 박탈당한 채 자라고 있다. 그런 것을 보면 마치 아이들을 일류 대학, 일류 회사에 밀어 넣어 하루속히 돈을 많이 벌게 해 자기의 뒷바라지를 시킬 생각이 아닌가 싶기도 하다.

동양권과 유대 어머니의 육아법이 다른 것은, 부모 자식의 관계를 언제까지 지속시키느냐는 그 시간적 차이에 있다고 여겨진다.

좀 더 자세히 설명하자면, 유대인들은 자식은 언제까지나 자식이고, 부모는 아무리 나이를 먹어도 부모 역할을 하는 것을 자랑으로 삼는다. 유대인 가운데 늙으면 자식들의 부양을 받겠다고 생각하는 사람이라곤 하나도 없다. 그렇게 되느니 차라리 죽어 버리는 것이 낫다고 생각한다. 이것은 가족이라는 테두리 안에서도 부모는 부모고, 자식은 자식이라는 개인주의적 관념이 철저하기 때문이기도 하다.

그러나 많은 동양의 부모들은 자식이 대학을 졸업할 때까지 돌봐줌으로써 부모의 역할은 끝난 것이라 생각하고 있는 듯하다. 그리고 자식이 부양하는 걸 당연한 일이라고 부모 스스로 생각하는 경우가 많다고 한다. 자식이 대학을 졸업하면 이제 부모 역할을 집어치우고, 이번에는 자식으로부터 부양을 받으려 한다는 것이다.

어느 쪽이 좋고 어느 쪽이 나쁜지를 따지는 것은 그리 중요치 않다. 다만 동양인은 부모 자식의 역할 분담을 짧은 시간의 일로 생각한다는 것이다. 그에 비해 유대의 어머니는 부모 자식의 관계를 좀 더 긴 시간적 척도로 생각한다. 부모는 일생 동안 부모이고, 자식은 일생 동안 자식이므로 전혀 서둘 게 없는 것이다.

또한 앞서도 말한 것처럼, 사람은 일생 동안 배워야 한다는 것이 유대인의 기본적인 생각이므로 놀 수 있는 동안은 충분히 놀게 해 주어야 한다고 생각한다.

만일 어린아이로부터 노는 것을 앗아 버리면, 그 후로는 내내 학문의 연속이기 때문에 일생 동안 놀이를 갖지 못하고 마는 것이다.

아이들에게 있어서 놀이는 정신 형성의 중요한 한 요소이다. 그것을 박탈하면서까지 공부를 강요하는 것은 긴 안목으로 볼 때 절대로 현명한 방법이 아니다. 진정한 학문은 어른이 되어서야 시작하는 것이란 생각을 가지고 있다는 얘기다.

이런 관점에서 볼 때 동양의 어머니들은 반대로 생각하는 것이 아닌가 싶다. 즉 아이들이 대학에 들어갈 때까지만 죽어라고 공부하면 그다음엔 학문이 그리 필요치 않은 인생이 기다리고 있다는 식의, 될 수 있는 한 어렸을 때 공부에 파묻히게 하여 유명한 대학에 입학시켜 버려서 한시바삐 부모의 책임을 끝내고 싶다고 생각하는 건 아닌지?

그러나 아이들의 진정한 행복을 위해서는 그들의 욕구를 한껏 채워 줘야 하지 않을까 여겨진다.

남의 쓸데없는 간섭에 화를 낼 만큼 엄격하라

아이들에 대한 책임, 특히 젖먹이나 유아에 대한 모든 책임은 부모에게 있는 것이다. 그러므로 유대의 어머니는 자기 아이들의 훈련 방식에 대해 누가 간섭하는 것을 인정하지 않는다. 왜냐하면, 어린아이로서 성장의 지침이 되는 것은 결코 남이 아닌 부모이기 때문이다.

어린아이들은 아직 자기가 어떻게 행동해야 하는가, 무엇을 하면 안 되는가 따위의 판단 기준을 전혀 갖고 있지 않다. 때문에 그 기준을 부모가 분명하게 보여 줌과 동시에 그것에 대한 책임도 부모에게 있다는 것을 알려 줘야 한다. 그 기준에 의지하여, 아이들의 몸과 마음이 자라나게 되고, 또한 그럼으로써 정서적으로도 안정감을 느끼게 되는 것이다. 아무 책임이 없는 남이 가정 훈련에 간섭을 하면 안 되는 것도 바로 그러한 이유에서이다.

아이들로서는 책임 없이 시키는 대로 하는 것이 매우 쉽고 편하게 느껴지기 때문에, 만일 어머니가 가정 훈련의 권리를 주장하지 않으면 아이들은 쉽사리 그것에서 벗어나는 길을 찾아내어 그쪽으로 달아나 버릴 것이다. 누구나 고달픈 쪽으로 가기보다 편한 쪽으로 가기를 원하게 마련인데, 아이들이라면 말할 필요조차 없지 않겠는가.

아이를 주체성 있는 인간으로 키우기 위해서는 부모가 엄격해야 한다. 남의 쓸데없는 간섭에 대해 화를 낼 만큼 엄격하지 않으면, 아이는 스스로 아무런 판단도 할 수 없는 의지가 약한 인간이 될 위험이 다분히 있다.

유대인은 다른 사람이 볼 때 지나치다 싶을 만큼 자기를 주장하는데, 아이들로선 그렇게 신념을 굽히지 않는 어머니를 보면서 자라나는 게 매우 좋으리라 생각한다. 그것은 그들에게 심리적인 거점을 주는 동시에, 신념이 중요하다는 사실을 뇌리에 깊이 심어 주는 좋은 방법이라 여겨지기 때문이다.

이름의 유래로 가족의 맥락을 일깨워 준다

여러분이 유대인과 알게 되거나 유대인에 대한 책을 읽게
되면, 그들의 이름이 좀 특이하다는 사실을 깨닫게 될 것이다.
'야곱(Jacob)', '아브라함(Abraham)', '사무엘(Samuel)', '다윗
(David)', '이삭(Issac)' 등 유대적 분위기가 물씬 풍기는 이름이
많기 때문이다.

그들은 성경이나 유대의 전통에서 따오거나, 할아버지나
할머니, 숙부나 숙모 등 친족의 이름을 아이들에게 주어서
그들에게 조상이 이어짐을 자각시키는 것이다. 같은 이름이
자주 나오는 것은 유대인이 가족, 즉 조상의 전통에 충실한
증거라고 할 수 있다. 유대 민족에겐 과거 수천 년에 걸쳐서
몇 만, 몇 십만 명이나 되는 사무엘, 이삭, 다윗이 있었던 셈이다.

자식이 성장하면, 부모는 그 아이 이름의 유래를 설명함으
로써 가족이란 일체감을 심어 준다. 더 나아가서는 그 이름을
바탕으로 성경이나 이스라엘 전통에까지 거슬러 올라가 그것
을 민족적인 자각으로 높이 일깨워 주는 것이다. 그리하여
자기와 똑같은 이름의 훌륭한 조상이나 위인이 먼 옛날에 있

었다는 것을 알게 된 아이들은 그것만으로도 조상에 대해 말할 수 없는 친근감을 느끼게 되는 것이다.

근래 동양에서는 이름을 짓는 데도 유행을 따르고 있다 한다. 그것을 유대인들의 사고로 보면, 앞에서 말한 이유에 의해 조금 납득할 수 없는 일이기도 하다. 유대인으로서는 아이들의 이름이 아이들을 기르는 것과 깊이 관계되는 일이므로, 시대 풍조나 유행과는 전혀 관계가 없다고 생각한다. 유행은 이내 지나가게 마련이므로, 아이가 어렸을 적엔 근사하게 생각되던 이름도 그 아이가 어른이 되었을 때는 완전히 광채를 잃을 수도 있기 때문이다. 그렇게 되면 아이는 '왜 나에게 이런 시시한 이름을 붙였어요?' 하고 물을지도 모른다.

유대인들은 이름을 통해, 선대 때부터의 전통을 아이들에게 설명해 줄 수 있는 것을 큰 긍지로 삼고 있다. 또한 자신의 이름 역시 손자나 증손자에게로 이어지리라 생각하면, 스스로의 이름을 더럽히지 않도록 주의를 기울이며 살아야 한다는 것을 거듭 통감하게 되는 것이다.

휴일은 아이들 교육에 필수적인 시간이다

부모와 자식 사이의 단절이 사회적인 문제로 대두되고 있는 것은 비단 동양에만 국한된 일이 아니다.

어떤 통계 자료에 의하면, 미국에서 아버지와 아이들이 대화를 나누는 시간은 하루에 약 3분이라고 한다. 결국 인스턴트 카레를 데우는 시간 만큼밖에 커뮤니케이션이 없다는 얘기다. 이래 가지고 어떻게 아이들이 아버지의 태도나 생각을 배울 수 있을 것인가?

하지만 유대인 가정에선 이러한 일이 결코 있을 수 없다. 아이들은 어려서부터 아버지를 집안의 중심으로 존경하고, 가장의 지도에 어울리는 행동을 해 나간다. 아버지 역시 그런 대우에 걸맞은 모범을 보인다.

공부하는 습관도 처음에는 아버지를 흉내 내면서 하나하나 배워 나가게 되는데, 이것을 가능케 해 주는 것이 바로 유대의 위대한 안식일 제도이다.

≪구약성경≫에 기록되어 있는 안식일에 대한 부분을 보자.

'야훼께서 너희에게 실천하라고 명하시는 말씀은 다음과 같다. 너희는 엿새 동안 일하고 이렛날은 너희가 거룩히 지내야 할 날, 곧 야훼를 위하여 푹 쉬는 안식일이니, 그날 일하는 자는 누구든지 사형에 처하여야 한다. 안식일에는 너희가 사는 곳 어디에서나 불도 피우지 못한다.'

어떻게 보면 지나칠 정도로 엄격한 규율이다. 오늘날에는 안식일을 어긴다고 하여 죽이는 일 따위는 없겠지만, 금요일 저녁부터 토요일 저녁까지 지속되는 안식일에는 지금도 여전히 불을 피우는 것을 금기시하고 있다. 요리도 할 수 없으므로 어머니들은 금요일 해가 지기 전에 미리 음식을 충분히 장만해 놓는다. 솥이나 냄비는 해가 떠 있을 때 붙여 놓은 불 위에 얹어 놓는다. 안식일 동안에는 불을 붙이지 못하기 때문에 미리 붙여 놓은 불이 꺼지지 않도록 조처하는 것이다. 또 안식일에는 자동차나 심지어는 엘리베이터도 탈 수 없다.

그날 예루살렘에 가 보면 '정통파'인 유대교도 몇 백만 명이 검은 코트 차림으로 모여드는 것을 볼 수 있다. 하지만 불이 붙은 담배를 물고 거리를 걷는 사람은 전혀 찾아볼 수 없다. 이처럼 엄격하게 안식일이 지켜지고 있는 덕택으로 아버지는 모든 걱정에서 벗어날 수 있으며, 또한 여느 때는 서로 대화할 기회가 적었던 아이들을 상대해 줄 수 있게 된다.

안식일에 아버지는 아이들을 자기 방으로 하나씩 불러들여 친밀한 분위기 속에서 이야기를 나눈다. 한 주일 동안 있었던 일이나 공부한 것에 대해 마음을 터놓고 서로 대화를 하는 것이다.

이것은 이미 단순한 부모와 자식의 관계를 넘어서는 것일 수도 있다. 아이들에겐 가장으로서의 아버지상이 뚜렷한 이미지로 부각될 것이며, 그것과 연관되어 '교사'로까지 생각될 것이다. 그러므로 유대 아이들에겐 자신의 아버지를 '아버지

이자 교사'라고 부르는 것이 보편화되어 있다.

그때의 대화 시간은 보통 30분 정도이지만, 아이들에게 있어서는 지난 한 주일을 총괄하는 매우 귀중한 시간이다.

안식일 같은 습관이 없는 동양에서도 일요일만은 아버지가 아이들과의 대화에 일정 시간을 할애하는 것이 바람직하리라 여겨진다. 그런데 요즈음 많은 아버지들은 쉬는 날 낚시나 골프 등 자신만의 취미에 몰두하여 가족들과 이야기할 시간을 낼 수가 없고, 평일에는 귀가 시간이 일정치 않아 아이들이 잠든 뒤에 돌아오는 일도 드물지 않다고 한다. 이것은 아이들에게 아버지란 존재가 없는 것과 마찬가지 일이 아닌가.

동양에서도 그렇지만, 유대의 아버지들은 아이들 문제에 대해 늘 심각하게 숙고한다. 아이가 독립해서 나간 뒤에도 늘 편지를 써 보내, 충고를 아끼지 않는 것이 극히 보편적인 유대의 아버지상이다. 아버지가 항상 커뮤니케이션의 기회를 확보하는 한, 부모와 자식 간의 단절이란 있을 수 없을 것이다.

가족의 범주에 삼촌이나 사촌들을 끼워 넣어라

오늘날 동양에서도 급속도로 핵가족화가 진행됨에 따라 지금까지 생각지도 못했던 일들이 문제시된다고 한다.

부모와 자식의 2대로 구성되는 이 핵가족은 문명사회에선 거의 통념이 되었다시피 하고, 서양에서는 핵가족 아닌 가정이 드물 정도이다.

예전에는 어디서나 흔히 볼 수 있었던 대가족과 비교한다면, 당연히 세대간의 압력도 그만큼 적다. 가족 수가 적기 때문에 실내 공간도 여유 있게 사용할 수 있고, 특히 어머니로서는 여러 인간관계에 골치 앓을 것 없이 육아나 교육에 전념할 수 있는 이점을 가진 가족 형태라고 할 수 있다.

그러나 반면 아이들은 할아버지나 할머니나 다른 친척들로부터 좋은 영향을 받을 기회가 거의 없어진다. 때문에 지적 자극이 극소화된 일종의 폐쇄 공간에 놓일 위험이 있다.

아이들을 기르는 데는 가능한 한 여러 세대의 많은 사람과, 또 될수록 친밀하게 접촉하는 것이 그들의 장래를 위해서 중요하다고 유대인들은 생각한다.

유대인이 가족이라고 지칭하는 건 단지 아이들과 부모만을 가리키는 말이 아니라, 아이들의 할아버지와 할머니, 숙부와 숙모, 또 사촌들까지 포함하는 것이다.

동양에서 할아버지와 할머니는 포함되지만 숙부나 숙모, 사촌 등은 일가족으로 보지 않는 것과 비교해 생각하면 더 넓은 의미를 내포하고 있다.

그러한 대가족의 울타리 안에서 성장하여 훌륭한 재능의

열매를 맺은 예를 한 가지 들어 보기로 한다.

유대계 독일 시인인 하인리히 하이네는 자랄 때 외삼촌과 큰할아버지에게서 큰 영향을 받아 시인의 소질을 길렀다고 한다. 학교에서는 별로 배우는 것이 없었던 하이네는 외삼촌인 시몬 반 괴르테른의 커다란 서고를 혼자만의 '교실'로 삼아 데카르트, 네트스하임, 헤르몬트 들의 철학서를 독파하여 그 결과 '스스로 문필적 시도를 해 보고 싶은 욕망을 느꼈다.'고 고백한 바 있다.

그 서고에서 하이네는 큰할아버지 시몬의 '비망록'을 발견했는데, 시몬이라는 인물은 동양과 북아프리카까지 여행한 적이 있으며, 마적의 수령 같은 생활을 하던 완전한 자유인이었다고 한다. 하이네는 이 큰할아버지 시몬의 '방랑기'라 할 수 있는 비망록에 의해 상상력을 자극받아 모험에의 동경을 느꼈다고 한다.

뛰어난 열정의 시인 하이네는 이러한 배경에 의해서 배출된 것이다. 만일 그가 핵가족의 테두리 안에서 성장했다면, 그의 소질이 그처럼 꽃을 피우지 못하고 말았을지도 모른다.

유대인들의 가족 관계는 이처럼 아이들의 성장을 돕는 데 다시 없이 큰 역할을 하고 있다.

친구를 선택할 때는 한 단 올려다보게 하라

유대인은 친구와의 교제를 매우 중요시한다. 하지만 그것이 아무하고나 친구가 된다는 뜻은 아니다. 물론 많은 사람과 사귀게 되는 것은 좋은 일이나, 유대인들은 진정한 친구를 선택할 때는 될 수 있는 한 신중해지려고 한다.

친구는 우선 자기를 끌어올려 줄 수 있는 사람이어야 한다. 그중에서 정신적 향상에 기여하는 친구가 가장 바람직한 친구이다. ≪탈무드≫는 그것을 '친구를 선택할 때는 한 단 올려다보라.'고 표현한다.

동양인도 그렇지만, 유대의 어머니는 자기 아이가 친구를 집에 데리고 오는 것을 좋아한다. 그러나 만일 바람직한 친구가 아니라고 판단되면, '네가 그 아이와 사귀는 것을 반대한다.'고 분명하게 말한다. 한 단 오르는 것이 아니라, 그와 반대되는 상황이 될 때 그러는 것이다.

'한 단 올려다보라.'고 하면 동양의 어머니들은 '공부 잘하는 친구를 선택하라.'는 말로 지레짐작을 할지도 모른다. 그러나 공부만이 친구를 선택하는 기준이 아님은 말할 필요도 없다.

유대인은 철저한 개인주의자들이다. 무엇보다도 개개인이 남과 다르다는 것을 중요시한다. 예를 들어, 조각도는 솜씨 있게 쓰지 못한다 해도 남보다 많은 언어를 구사할 수 있으면 그 나름대로의 가치를 인정해 주는 것이다. 공부를 잘하느냐 못하느냐는 단적인 기준에 지나지 않으므로, 비록 공부를 못할지라도 자기의 개성이나 잠재적 가능성을 끌어올려 주는 상대라면 '한 단 올라서서' 친구를 선택한 셈이 되는 것이다.

여기에서 주목해야 할 것은, 유대 어머니들은 자기의 좋고 싫음의 척도로 자식의 친구를 판단하진 않는다는 점이다. 자기 아이가 그 친구에 의해서 자극을 받고 개성을 빛낼 수 있다면 비록 싫은 타입이라 할지라도 반대할 이유가 없으므로 일단 아이의 입장이 되어서 생각해 준다. '그 아이는 너무 시끄러워.' 또는 '그 아이는 물건을 정돈할 줄 몰라.' 또 '그 애는 목소리가 너무 크니까.' 따위의 표면적이고 지엽적인 반대 이유는 아이로부터 좋은 친구를 선택할 시야를 차단해 버리는 결과가 될 것이다.

유대인은 친구를 신중하게 선택하고 또 매우 아낀다. 그것은 어려서부터 친구의 선택을 '자기 향상'이라는 목적에 결부시키는 관념을 지니고 있기 때문이라 여겨진다.

유대계 음악가 다리우스 미요가 청년기에 얻은 두 친구와의 우정에 잠재력을 자극받아 많은 곡을 만들었다는 것은 잘 알려진 사실이고, 그 외에도 친구와의 교제에 의해서 천재성을 더욱 빛낸 예는 수없이 많다.

≪탈무드≫는 '애매한 친구가 되기보다는 분명한 적이 되

라.'고 가르치는데, 이 말은 친구로 교제하려면 '분명한 친구'를 선택해야 한다는 의미이다.

유아를 데리고 남의 집을 방문하지 말라

유대인들은 생후 1년 내외의 유아는 바깥 세계와 접촉시키지 않는 것을 원칙으로 삼고 있으므로 아기를 데리고 외출하는 일이 거의 없다. 특히 남의 집 방문을 삼간다. 어린아이를 데리고 가는 것은, 아기 자신은 물론이고 어른들로서도 귀찮은 일밖에 되지 않는다.

혹 낮에 누군가로부터 '잠깐 오시지 않겠어요?' 하는 초대를 받았을 때에도, 아기가 있을 때는 '지금은 아기와 함께 있어야 하므로 안 되겠군요.' 하고 정중히 거절한다. 예외적으로 아기와 함께 초대를 받고서 데리고 갈 때도 있지만, 그런 경우에도 절대 오래 있지 않는다. 말 그대로 커피 한 잔 마시고 나서 바로 돌아오는 수도 있다.

아기는 남의 집 집기들을 더럽히고 귀중품에도 거리낌 없이 손을 댄다. 그럴 때 어머니는 아기에게 연신 '안 돼!'라고 하게 되는데, 아기 쪽에서 보면 자기의 모든 행동이 어머니로부터 부정 받게 되는 셈이다. 그렇게 되면 어머나나 아기는 물론이고 또 방문을 받는 쪽에도 이득 될 것이라곤 전무하다. 그래도 낮에는 어쩌다가 데리고 나가는 수가 있으나, 밤엔 절대로 그러지 않는다고 해도 과언이 아니다.

밤에 아기는 오로지 자는 일에 전념해야 하며, 어려서부터 정해진 시간에 잠을 자는 습관을 들이도록 해야 한다. 육아에 전념해야 할 때는 아기에게만 마음 쓰는 것이 부모로서도, 또 아기로서도 행복하리라 생각된다.

그러나 동양에서는 친척이나 아는 사람들이 자꾸 아기를 만나고 싶어 하고, 어머니가 아기를 데리고 방문하는 것을 오히려 장려하는 것같이 보인다. 아기를 어르는 것은 그들로서는 즐거움일지 모르지만, 그러나 그들이 진심으로 즐기고 있다면 그것은 아기를 살아 있는 장난감 정도로 생각하는 것이 아닐까 싶다. 왜냐하면 아기는 평소와는 다른 과도한 자극에 의해 몹시 흥분하게 되고, 어머니 역시 쓸데없는 심리적 피로에 빠지는 일이 있다고 생각되기 때문이다. 다시 말해, 아기에게 정서적 불안감을 느끼게 할 염려가 있다는 것이다.

친절은 인생 최대의 지혜이다

유대인에게 있어서의 친절은 단순히 도덕이나 공공심 같은 교훈적인 행위의 문제가 아니다. 친절을 베풀면 그만큼 지혜 있는 사람으로 성장해 가는 것이라 생각되고 있는 것이다. 그러므로 아이가 어떤 친절한 일을 했다고 해도 부모가 칭찬해 주진 않는다. 또 칭찬을 기대하고서 남에게 친절히 대하는 것은 그다지 평가해 주지 않는다.

친절이란 특히 아이들의 마음이 얼마나 성장하느냐를 나타내는 행위이므로, 어른들이 무조건 강요하거나 칭찬해 줄 것은 못 된다.

유대인이 아끼는 《구약성경》에는 친절과 관련된 이야기가 여러 가지 나온다. 유명한 '소돔과 고모라'의 이야기는, 친절이라는 지혜를 저버린 사람들의 죄를 표현한 것이라 할 수 있다.

'야훼께선 손수 하늘에서부터 유황불을 소돔과 고모라에 퍼부으시어, 거기에 있는 도시들과 사람과 땅에 돋아난 푸성귀까지 모조리 태워 버리셨다.'

이것이 친절한 사람을 죽인 도시의 운명이다. 이처럼 친절은 최고의 지혜이면서, 한편 친절을 부정하는 행위는 최고의 벌을 받는 것이다. 다른 사람으로부터 받은 친절에 대해 역시 친절로 보답하는 일은 가장 아름다운 행위로 묘사된다.

유대계 음악가 레너드 번스타인은 소년 시절 헬렌코츠라는 여교사로부터 피아노를 배웠는데, 어른이 된 후에도 그녀의 친절에 대해 성실한 마음으로 보답했다는 것은 널리 알려진 이야기이다.

유대의 격언에 '손님이 기침을 하면 스푼을 내어 드려라.'는 간결한 말이 있다. 손님으로선 식사 때 앞에 스푼이 없어도 주인한테 거리낌 없이 '스푼을 주시오.'라고 말할 수는 없다. 그래서 가볍게 기침을 하여 그 뜻을 전하면, 주인은 이내 그 눈치를 알아차려 친절하게 스푼을 갖다 주어야 한다는 얘기이다. 가까운 사람에 대한 친절의 중요성을 나타낸 격언이다.

이처럼 친절이란 남으로부터 칭찬받기 위해서 보란 듯이 나타내는 행위가 아니라, 도리어 일상의 평범한 일에 마음을 씀으로써 나타나는 것이라고 유대의 어머니는 아이들에게 가르치고 있다. 친절이란 도덕이나 공공심에 맞는 행위이기 때문에 행하는 것이 아니라, 남을 생각해 주기 때문에 행하는 것이라는 얘기이다. 그렇게 함으로써 남의 마음을 알게 되고, 반면 남의 친절을 받음으로써 그것이 아이들 스스로의 지혜에 이어진다는 생각이다.

자선을 통해 사회에 대한 눈을 뜨게 한다

길거리에서 신체장애자나 고아들을 위해 모금하는 것은 흔히 볼 수 있는 일이다. 그런데 이러한 '자선'이 동양인에게는 어떻게 받아들여지고 있는지 잘 모르지만, 유대인은 자선이나 남에 대한 선행을 매우 가치 높은 것으로 여기며, 그러한 행위에 대한 분명한 가치 기준이 오랜 옛날부터 전해져 내려오고 있다.

유대의 속담엔 '세계는 배움과 일과 자선 위에서 이루어지고 있다.'라는 것도 있다. 다시 말해, 아무리 열심히 배움에 임하고 제 아무리 일을 잘한다 해도 모두가 '자선'을 망각해 버리면 이 세계는 제대로 돌아갈 수 없다는 것이다. 자기보다 어려운 사람들에게 자선을 베풀 줄 아는 마음을 길러 주는 것은, 어른으로서 아이들에게 마땅히 가르쳐야 하는 사회 교육이다.

유대의 어느 가정이나 아이들에게 어려서부터 조그만 저금통을 주며 '자선'을 위해 저금하라고 가르친다. 아이들은 교회에 갈 때마다 그때까지 자기가 모은 돈을 가지고 가 내놓는다. 어릴 때부터 '자선'을 의무화시키는 것이다. 물론 어른이 된 뒤에도 이 습관은 계속되어, 생활이 넉넉한 사람은 수입의 5분의 1을, 평균적인 생활을 하는 사람은 10분의 1을 자선금으로 내놓는다.

'자선'을 의미하는 헤브라이어 '체다카'는 정의라는 의미도 포함하고 있다. 영어로 '자선'에 해당하는 '체리티(charity)'가

라틴어의 '베푼다.'라는 어원에서 비롯된 것과는 달리, 유대인에게 있어서의 '자선'은 곧 '정의'인 것이다.

아이들은 조그만 저금통을 통해 자기 생활이 늘 사회와 이어져 있다는 것을 의식하면서 성장해 간다. 그리하여 그것은 어른이 되었을 때 아무런 저항감도 느끼지 않고 사회에 동화할 수 있는 기틀이 되는 것이다.

유대인은 남에게 선물 주기를 좋아한다는 얘기를 흔히 듣는데, 그건 '자선'이란 것이 그저 베푸는 게 아니라 사회생활을 하는 데 당연히 해야 할 행위라는 의식에서 기인한다.

아이들의 지능 계발 따위에 연연하기보다는 사회에 눈을 돌릴 계기를 만들어 주는 것이 결국 풍요로운 생활의 기초를 닦아 주는 일이 아닌가 싶다.

선물 대신 돈을 주지 말라

유대의 격언에 '큰 부자에겐 아들은 없다. 다만 상속자가 있을 뿐이다.'라는, 어찌 들으면 섬뜩하기까지 한 말이 있다.

오래전 지폐가 없던 시대에 돈은 곧 금이나 은이었으므로, '돈이란 소름 끼치도록 싸늘한 것'이라는 이미지가 강했다. 부자들은 그것을 많이 쌓아 두고 있기 때문에 그 싸늘함이 자신에게 옳고, 가족에게까지 전염되어 따뜻한 정이 흐르지 않는 냉랭한 가정이 형성된다는 얘기다. 이리하여 자식은 자식이 아니라, 단지 부모의 그늘에 가려져 단순히 '싸늘한 재산'의 상속자가 되어 버림을 의미하고 있는 격언이다.

이 말은 오늘날에도 부모와 자식 간에 금전이 개재된다는 게 얼마나 무서운 일인가를 가르쳐 주고 있다 하겠다.

유대의 어머니는 돈을 매개로 해서 아이들과 접촉하는 것을 극력 피하고 있다. 왜냐하면, 돈을 주고받음으로써 앞의 격언처럼 부모 자식의 관계를 차갑게 냉각시키고 싶지 않기 때문이다. 그러므로 아이들에게 선물을 줄 때 결코 돈으로 대용하는 일은 없다. 만약 선물 대신에 돈을 준다면 아이 앞에 '자, 이것으로 뭐든 사거라.' 하고 돈을 내던지는 것과 마찬가지 행위로, 아이에 대한 자상한 마음이 없다는 것을 증명해 보이는 것이나 다름없다. 선물이란 뭔가 의미가 있고 또 부모 자식 간의 긴밀한 인간적 연결을 확인하는 것이어야 할 필요가 있는데, 돈은 이런 것과는 거리가 먼 존재이기 때문이다.

19세기 중엽까지 유대인들의 대부 격으로 로드차일드 가의 가장이었던 암셀은 반 유대 폭도들이 몰려들자, '너희들은 부자인 유대인으로부터 돈을 얻어가고 싶은 모양이구나. 독일 인구는 4천만이지? 그 정도 수량의 프로랑 금화는 가지고 있다. 우선 너희들 각자에게 1프로랑씩 나누어 주겠다.'고 하면서 손을 벌리는 폭도들에게 돈을 주었다고 한다. 그런데 이 암셀에게는 끝내 아들이 생기지 않았다. 만약 아들이 있었다면 이처럼 '모멸적으로' 돈을 사용하진 않았으리라 생각된다.

돈은 사랑을 대신할 수 없다. 그러므로 사랑의 표시여야 할 선물 대신이 될 수도 없는 것이다.

'유대인은 돈에 대해 무서울 만큼 더럽다.'는 편견이 아직까지도 씻겨지지 않은 것 같다. 그 전형이 셰익스피어의 ≪베니스의 상인≫에서 묘사된, 피도 눈물도 없는 고리대금업자 샤일록이라고 할 수 있겠다. 그러나 셰익스피어가 태어난 시대는 이미 유대인들이 영국에서 추방된 뒤여서, 그는 유대인에 대한 편견 속에서 성장했다. 그 때문에 '내재된 편견'에 의해 고리대금업자를 유대인으로 설정해 버린 것이다. 유럽의 지배적인 종교인 그리스도교가 돈을 죄악시하고 있으므로, 돈을 도구로 사용하면서 '부푼 지갑은 별로 좋은 것이 아니다. 그러나 빈 지갑은 나쁘다.'라는 격언대로 금전을 진지하게 생각하는 유대인이 상대적으로 이기주의자처럼 비친 것에 불과하다.

같은 유대의 격언에 '돈은 무자비한 주인이 되기도 하고, 유익한 종이 되기도 한다.'는 것이 있다. 돈 자체는 좋은 것도 나쁜 것도 아니지만, 주인으로 섬기든가 종으로 삼든가 하는 것은 그것을 사용하는 사람의 됨됨이에 달려 있다는 뜻이다.

아이들에게 이같이 미묘한 돈의 성격을 명백히 가르치기는 매우 어려운 일이므로, 필자의 경우는 알기 쉽도록 에피소드를 얘기해 주곤 한다.

18세기까지 유대인에게는 이름뿐이고 성(姓)이 없었는데, 당시 유럽 여러 나라의 정부가 유대인들에게 성을 팔기 시작했다. 유대인들이 좋은 성을 사기 위해서는 많은 돈을 내야 하고, 그저 그런 성은 싼 값으로 살 수가 있었다.

예를 들면, 보석이나 꽃 이름은 비싼 값으로 샀다고 생각하면 될 것이다. 그중엔 골드 브룸(황금, 꽃) 따위의 욕심 많은 성도 있다. 값싼 것은 동물의 이름 등으로 울프슨(늑대) 같은 것이며, 돈을 낼 수 없는 사람에게는 힌터게시츠(엉덩이) 같은 성이 주어지기도 했다.

이 얘기를 들려주면, '그래도 나는 로젠탈보다 울프슨 쪽이 훨씬 좋은 것 같은데.'라고 말하는 아이도 있다.

돈이란 것은 개개인에 따라 어떤 식으로든지 사용할 수 있으며, 로젠탈 씨가 힌터게시츠 씨보다 인간적으로 우월하다는 보증은 아무 데도 없는 것이다.

아이들은 그러한 얘기를 매우 즐거워하며 듣지만, 그러나 그것은 표면적으로 이해하는 것에 지나지 않는다. 결코 내용의 본질을 알고 있는 것은 아니라는 말이다.

음식에 대한 감사는 신에 대한 감사와도 같다

유대인은 매일 식탁에서 신에게 축복하고 감사를 드린다. 식사는 일종의 종교적인 행위이며, 신의 도움으로 매일 식사를 할 수 있다는 사실을 자식들에게 가르치는 것이다. 이렇게 하여 아이들은 그날 하루가 평온하게 끝난 기쁨을 저녁 식사를 하면서 느끼게 된다. 특히 안식일이 시작되는 금요일 저녁엔 세 시간이나 걸려서 만든 고기요리를 차려 놓고, 역시 세 시간에 걸쳐 천천히 먹고 난 후에는 노래하고 춤추며 즐겁게 시간을 보낸다. 인간은 동물과 다르므로 그냥 먹기만 해서는 인간으로서 가치가 없다고 믿고 있는 것이다.

요즈음 대부분의 가정에서는 가족이 함께 식사하는 기회가 줄어들고, 그 시간도 단축되어 재미가 없어지는 경향이 있는 듯하다. 그러나 유대인 가정에서는 절대 그런 일이 없다.

신에 대한 감사가 바탕이 되는 식사는 언제나 여유를 갖고 시간을 들여 화기애애한 분위기 가운데서 진행된다. 축제 역시 식사가 중심이 되어, 신년 축제(음력인 유대력의 1월 1일로서, 보통 쓰는 양력 9, 10월경이 된다)의 식사는 다섯 시간이나 지속되는 경우도 있다. 봄 유월절(이스라엘 민족의 자유와 해방의 축제. 대략 3, 4월 중의 1주일간)에는 식탁 위에 갖가지 음식들이 푸짐하게 차려지는데, 이때의 고기 역시 세 시간 이상 걸려서

요리된다. 축제 때는 할아버지, 할머니, 숙부와 숙모, 사촌과 조카 등 '가족 전원'이 대형 식탁에 둘러앉아 음식을 먹으며. ≪구약성경≫에서 따온 시나 전설을 얘기하고 듣고 또 노래를 부른다. 이처럼 신에게 기도하고 가족들의 굳건한 유대를 확인하는 식탁의 분위기 속에서, 아이들은 자연스럽게 신께 감사하는 마음을 길러가는 것이다.

식사를 즐겁게 또한 천천히 음미한다는 것은 건강의 비결이기도 하므로 식탁에서 신을 축복하는 것은 스스로의 생명을 소중히 여기는 것과도 같다고 하겠다.

또한 유대인은 무엇을 먹느냐에 대해서도 아주 예리한 느낌을 드러내는 민족이다. 무엇이든 먹으면 된다는 식의 생각은 절대 하지 않는다. '인간답게 깨끗한 음식을 먹는다.'는 것은 개나 고양이 등의 동물과 스스로를 엄격히 구별하는 것이라 믿는다.

≪탈무드≫에는 먹어서 좋은 것과 나쁜 것이 분명하게 나뉘어져 있다. 유대인은 이 계율에 맞는 청정한 음식을 '코샤 푸드'라고 하는데, 오늘날까지도 거의 모든 가정에서 엄격히 따르고 있으며 아이들이 어렸을 때부터 무엇이 코샤 푸드인가를 분명히 가르친다.

유대인의 식습관이 일반적인 것과 크게 다른 건 아마도 고기를 먹는 방법일 것이다. 유대인은 식육용으로 동물을 죽일 경우, 피가 살 속에 박힌 채 굳어 버리지 않게끔 단번에 죽여 거꾸로 매달아서 피를 뺀 다음 다시 완전히 빼내기 위해 고기를 30분간 물에 담갔다가 굵은 소금을 뿌린다. 이 소금이 피를 깨끗이 빨아내고 나서야 비로소 고기를 먹을 수 있게 된다. 이는 원래 성경의 가르침에서 유래된 것이다.

노아의 홍수 때까지는 고기를 먹는 것이 허용되지 않았다. 하지만 노아가 방주에서 내린 뒤 신은 방침을 바꾸어 인간에게 육식을 허용했으나, 그때 생명의 상징인 피가 남아 있는 고기를 먹지 말 것, 죽인 뒤에 먹을 것 등의 조건이 붙은 것이다. 유대인은 그때의 가르침을 지금도 지키고 있는 셈이다.

아무튼 음식에 대한 계율은 지나칠 정도로 엄격해서, 네 발 달린 동물로 두 개 이상의 위가 있고 발굽이 양쪽으로 갈라져 있는 것만 허용된다. 따라서 위가 하나인 돼지는 먹을 수 없고, 말은 발굽이 갈라져 있지 않으므로 안 된다. 또 물고기는 비늘이 있어야 한다는 조건이 딸려 있어서, 장어나 미꾸라지는 먹을 수 없다. 육식을 하는 새인 독수리는 먹지 않고, 새우도 먹을 수가 없다.

아이들도 물론 이것을 지키지 않으면 안 된다. 그들은 어려서부터 구체적인 음식물을 통해 '유대인다움'뿐만 아니라 '인간다움'을 자각해 가는 것이다.

유대인은 예로부터 일관되게 먹는 행위를 종교와 결부시켜 생활해 나가고 있는 민족이다. 그리하여 아이들은 음식을 먹을 때도 항상 신을 의식하는 것이 인간답게 사는 것이란 사실을 자각하도록 길러지고 있다.

성에 대해서는 사실을 간결하게 알려 준다

유대인에게 있어서 섹스란 극히 자연스러운 것이다. ≪구약성경≫에 아담이 아내 하와와 한자리에 들었더니 아내가 임신하여 카인을 낳고 이렇게 외쳤다. '야훼께서 아들을 주셨구나!'라고. 이와 같이 인류 최초의 성행위가 간결하게 기술되어 있다.

유대인은 크리스천들처럼 섹스에 대해 죄의 관념을 갖지 않는다. 신에 의해 허용된 일이므로 나쁘지 않다고 단순하게 정의하고 있는 것이다.

≪탈무드≫에도 '성은 자연의 일부이므로 섹스를 하는 데 있어 부자연스러운 것이라곤 아무것도 없다.'라는 거리낌 없는 표현이 있다. 섹스는 곧 자연이란 사고방식은 아이들의 성교육에도 그대로 적용된다.

아이들이 4, 5세가 되면 섹스에 대해 흥미를 갖기 시작하여 부모에게 여러 가지를 질문하게 되므로, 이런 질문을 받았을 때 어떻게 대답해야 하는지 따위의 성교육 문제가 거론되는 일은 그리 드물지 않다. 이런 때 유대의 어머니들은 결코 적당히 얼버무리거나, 얼굴을 붉히거나, 혹은 화를 내거나 하지 않는다. 아이의 질문에 대해 사실을 성경처럼 간결하게 전달할 뿐이다. 그런 경우에 망설이는 것은 오히려 아이의 상상력을 자극하여 쓸데없는 호기심을 품게 하는 외엔 아무 이득도 없기 때문이다.

바로 그런 순간에 '비밀스런 냄새'를 느끼게 되어, 섹스는 본연의 자연스러움을 잃고 아이의 생각 가운데서 괴물처럼 생성되어 부풀어 오를 것이다. 그렇다고 해서 질문하지 않는 것까지 구구하게 설명할 필요는 없지만, 만약 질문해 오면 절대로 거짓을 말해선 안 된다. 사실을 있는 그대로 얘기해 주면 대부분의 아이들은 더 이상 추궁해 오지 않는다. 상상력을 발휘할 여지를 잃고 들은 그대로를 받아들이기 때문이다. 나머지는 아이가 성장함에 따라 스스로 알게 하면 된다.

이스라엘의 키부츠에서는 어린아이가 자위행위를 해도 금지당하는 일은 없다. 어떤 키부츠에선 9세 전까지는 자위에 대해 아무런 주의도 받지 않으며, 9세가 되면 비로소 '남이 모르게 해라.'는 말을 듣게 된다는 것이다. 또 6세 된 남자아이가 여자아이의 성기를 만지작거리는 것이 난처해 '자기 몸으로 해라.'고 간결하게 말했더니, 그때부터 그런 장난은 하지 않게 되었다는 것이다.

이처럼 아이가 이해할 수 있게 되면 섹스란 자연스러운 것이지만, 극히 개인적인 공간에서 행해져야 한다는 것을 차츰 납득시킨다. 어린아이가 섹스에 연관된 행위를 공공연히 했을 때도 그 자리에서 한 마디로 주의를 주는 것만으로 족하다.

유대인은 '5분 동안에 다 얘기할 수 없으면 말하지 말라.'는 경구를 흔히 듣는데, 무엇이든 간결하게 얘기하라는 그 구절은 성교육에도 알맞은 말이다.

어릴 때부터 남녀의 성별을 일깨워 준다

유대인은 이 의식을 행함으로써 일찍부터 아이에게 남녀의 성별을 명확히 일깨워 준다. 할례 의식은 다음과 같이 이루어진다.

한 가정에 아들이 태어나서 8일째가 되면 그 아이의 형제자매와 친척, 이웃들이 모여 주시하고 있는 가운데 먼저 아버지가 입에 술 한 모금을 머금게 된다. 그리고 나서 솜을 술에 적셔 아기의 입을 축여 준다. 이것은 통증을 느끼지 못하도록 하는 알코올 마취인 셈인데, 실상은 그렇게 하지 않아도 채 신경이 발달되지 않은 아기는 아픔을 느끼지 못한다.

할례를 행하는 이는 '모헤르'라고 불리는 특별한 사람으로서, 그는 비장하고 있는 예리한 칼로 아기 성기 끝의 껍질을 베어 낸다. 그것이 끝나면 모두들 춤추고 노래하고 잔치를 벌이는데, 어머니는 그 자리에 없는 것이 통례이다.

할례야말로 유대인의 조상인 아브라함 가족의 일원이 되는 계약 의식이기 때문에 할례를 받지 않은 남자는 유대인으로 인정되지 않는다. 그러나 태어난 아기가 여자일 때에는 교회에서 이름을 붙여 주는 의식뿐, 남아의 경우와 같은 축하 파티는 일체 없다.

할례는 순수한 종교적 의식이지만 최근에는 위생적인 의의도 크게 인정되어, 유대인이 아니어도 부모가 이 같은 '수술'을 받게 하는 경우가 많아졌다. 어렸을 때 포피를 제거하는 것은 남자가 성장한 뒤 그 부분의 청결을 유지하고 또 포경 등으로 고생하는 일도 없어져 그 효용이 널리 인정되고 있기 때문이다.

유대 남아가 장남일 경우 생후 30일째 되는 날에 또 다른 의식이 있으며, 13세가 되면 성인식이 거행되어 장차 존경받는 인물이 될 것을 다짐하게 된다. 이 성인식은 '바르 미스바'라고 하는데, 곧 '신의 계율을 지키는 아들'이라는 의미이다. 이 의식은 13회째 생일 다음의 안식일이 행해지고, 해당 소년은 교회에 가 여러 사람 앞에서 성경을 읽고 집에 돌아와서는 친척과 친지들을 초대하여 축하 파티를 연다.

유대 사회는 이처럼 남성의 권위가 존중되는 사회이다. 아이들은 이런 의식을 통해 힘과 권위를 자각하면서 성장해 가는 것이다. 이것은 앞으로 가정을 이룰 때 가정의 중심에 남편이 굳건히 자리 잡고 아내가 그를 떠받들면서 아이를 기른다는 구조와 연결되는 것으로, 안정된 가정과 사회생활의 기초가 생후 8일째의 의식에서부터 이미 정착되어지는 것이라고 말할 수 있다.

TV의 폭력 장면은 보이지 말되, 전쟁 기록은 보게 하라

TV의 보급에 따라 폭력은 거의 일상적인 것이 되어가고 있다. 부모들은 흔히 'TV는 나쁘다.'고 말한다. 그러나 유대인들에겐 TV의 악영향이 거의 없다고 말해도 과언이 아니다.

아우슈비츠를 시작으로 하는 나치 포학의 역사는 다큐멘터리 영화로 남아 있는데, 이런 종류의 폭력을 묘사한 기록은 아이들에게 반드시 보여 주기로 하고 있다. 때로는 교회에서 직접 상영하는 일도 있다.

아이들에게 폭력을 전혀 안 보여 줄 수는 없다. 사실이라면 마땅히 보여 주어야 한다. 사실을 사실 그대로 받아들이는 자세가 형성되면, 폭력이 아이들에게 악영향을 미치는 일은 없다. 그것이 아이들에게 나쁜 것은 사실과 픽션을 혼동해 버리는 '마음의 자세' 때문인 것이다.

아우슈비츠에서 죽어가는 겨레의 모습만큼 아이들에게 폭력의 적나라한 현실을 알려 주는 것은 없다. 아이들은 그것을 직시하도록 습관들여지며, 거기에서 끌어낼 수 있는 것은 결코 그 상황을 되풀이하고 싶어 하는 소망이 아니라 절대로 반복되어선 안 된다는 '역사의 교훈'일 것이다.

그러므로 무조건 'TV는 나쁘다.'고 매도해 버리는 것은 잘못이며, 오히려 TV와 현실의 차이를 아이들에게 명확히 가르쳐 주지 못하는 부모 쪽이 옳지 않다고 생각한다.

아이들에게 합리주의를 가르친다

유대인은 합리주의자들이다. 가령 《탈무드》의 해석을 둘러싸고 수 시간에 걸쳐 토론할 때도 서로 이치를 따져 주장하는 것을 조건으로 한다. 이런 경향 때문에 때로 유대인은 추상적이란 말을 듣기도 하지만, 얘기가 이치에 맞아야 한다는 것이야말로 참으로 중요한 일이다. 그러므로 유대 아이들은 산타클로스가 있다는 따위의 비현실적인 것은 배우지 않는다.

유대의 어머니들은 현실적으로 아무 근거가 없는 거짓을 아이들에게 가르쳐서 쓸데없는 꿈을 갖게 하지 않는다. 그것은 일시적으로 아이의 상상력을 자극하게는 되겠지만, 그들의 일생을 통해서 볼 때는 단지 덧없는 환상에 지나지 않는 것이다.

이처럼 유아 때부터 합리주의적 환경 속에서 성장하는 유대인 가운데 상대성원리를 발견한 아인슈타인이나 매독 반응의 발견자 왓세르망, 혈액형 발견자 랜드시타이너 같은 과학자, 또한 냉철한 현실적 감각으로 세계 제1의 금융 재벌로 도약한 로드차일드 일족 등이 생겨난 것은 오히려 당연한 귀결이라 하겠다.

또한 합리주의자인 유대인들은 '기적'이라는 것을 절대로 믿지 않는다. '그렇다면 ≪구약성경≫이 온통 기적으로 채워져 있는 것은 무슨 이유에서인가?'고 질문할지 모르나, ≪구약성경≫의 기적은 어느 것이든 과학적으로 입증할 수 있는 일뿐이다. 세밀히 살펴보면 이 세상에서 절대로 있을 수 없는 기적은 단 한 가지도 씌어 있지 않음을 알게 될 것이다.

모세가 이집트의 노예가 된 유대인을 이끌어 도망쳐서 홍해에 이르렀을 때, 이집트의 군대에 거의 붙잡힐 뻔한 얘기가 있다. 그런데 바로 이 절대 절명의 순간에 기적이 일어난다.

'모세가 팔을 바다로 뻗치자, 야훼께서는 밤새도록 거센 바람을 일으켜 바닷물을 뒤로 밀어붙여서 바다를 말리셨다. 바다가 갈라지자, 이스라엘 백성은 그 가운데로 마른 땅을 밟고 걸어갔다. 물은 그들 좌우에서 벽이 되어 주었다.'

홍해가 양쪽으로 갈라져 유대인들이 그 사이를 지나 도망쳤다는 것이다. 하지만 그런 일이 있을 수 없다고 단정할 수만은 없다. 왜냐하면, 100년에 한 번쯤 지중해로부터 불어오는 강풍을 받아 바닷물이 밀려나게 되고, 홍해 가운데 사람이 건너갈 시간만큼 개펄이 드러나는 수가 있기 때문이다.

이 기적의 현상은 때마침 꼭 필요한 때에 일어난 것에 불과하다고 유대인들은 생각하고 있다. 즉 얘기를 보다 감명 깊게 하기 위해 이 현상을 적절한 시간에 맞춰 활용한 것이라고 할 수는 있겠지만, 그것이 결코 거짓은 아닌 것이다.

이렇게 생각함으로써 기적마저도 합리적으로 해석하려고 하는 점에서도 유대인의 철저한 합리주의가 나타나고 있는 것이다.

제3장 · 의(義)를 위하여

꾸짖을 때의 기준은 옳은지, 그른지 뿐이다

'당신들 유대인은 신앙심이 돈독한 사람들이므로, 아이들을 꾸중할 때 하느님께서 화를 내신다며 옳은 것과 그른 것을 구별시키는 건 아닌가?'

이것은 드물지 않게 듣는 질문의 하나인데, 대답은 항상 '그렇지 않습니다.'이다.

유대의 어머니는 아이를 야단칠 때 절대로 하느님을 들먹이지 않는다. 꾸짖는다는 것은 부모와 자식의 문제이며, 거기에는 옳은지, 그른지의 기준밖에 없기 때문이다.

동양에서는 신뿐만 아니라 남이 욕한다면서 꾸짖는 일이 많다고 하는데, 이것 역시 좋은 훈계 방법이라고는 할 수 없다. 옳은지 그른지 외에 다른 어떤 것도 질책의 기준이 될 수 없기 때문이다.

아이들을 가르치는 것은 부모 자신이다. 부모는 아이에 대해 모든 책임을 지고 있으므로 꾸짖는다는 행위는 그 책임을 완수하기 위한 수단의 하나라고 말할 수 있겠다. 부모가 아이들에게 잘못했다고 꾸중할 때는 그것이 절대적인 의미를 갖고 있지 않으면 안 된다. 이를 위해서라도, 하느님께서 이렇게 가르치셨다는 따위의 다른 요소를 끼워 넣어 부모의 책임을 흐지부지 흘려버려서는 안 되는 것이다.

미국에서 베스트셀러가 된 추리소설에 '랍비 시리즈'가 있는데, 이것은 유대계 작가인 해리 캐멜만이 쓴 것으로, 그 첫 번째 작품인 《화요일에 랍비는 격노했다》 가운데 다음과 같은 대목이 있다.

'유대인의 종교는 매일매일 그것을 의식하며 선과 정의를 실현하는 것이다. 게다가 우리가 구하는 것은 인간적인 덕이지, 초인간적인 성인의 덕이 아니다……'

이는 소설의 주인공 데이비드 스몰이라는 랍비의 말이다. 선과 정의는 매일매일 행하지 않으면 안 되는, 인간으로서 살아가기 위한 조건이다. 굳이 신을 끌어내지 않고도 현실 세계에 적응해 가는 성실한 자세를 우리 스스로 확립하도록 요구되고 있으며, 아이들을 꾸짖을 때도 우선적인 목적은 그것을 분명히 하는 것이다.

《탈무드》에는 노아의 대홍수 때 '선'이 방주에 태워 달라고 하자, 무엇이든 짝을 이룬 것만 태운다고 거부당한다. 그러자 상대를 찾던 '선'이 결국 '악'을 데리고 왔다는 얘기가 있다.

선과 악은 마치 동전의 앞면과 뒷면처럼 항상 동반하고 있다. 그러므로 모든 일에 있어 그것이 어느 쪽인가를 올바로 판단하여 아이들에게 전해서, 그들 내부에 정의로운 가치 기준을 세워 주어야 한다.

'꾸짖는다.'는 것은 바로 그 옳고 그름과 선과 악을 구별하는 하나의 기준을 자식에게 가르치기 위해 행하는 부모의 책임 행동이라고 생각한다.

침묵이란 벌이 한층 효과적일 경우도 있다

아이에게 어떤 벌을 줄 것인가? 다시 말해, 어떤 벌을 얼마만큼 효과적으로 주느냐 하는 것은 교육의 첫걸음이라 할 수 있을 정도로 매우 중요하다.

아이가 만져서는 안 될 것을 만졌을 때를 예로 들어 본다면, '손대지 말라고 했잖아!' 하고 그저 야단치는 방법과, 아이를 때려서 금지시키는 방법 등 여러 가지가 있다. 아이가 저지른 일이 얼마나 나쁜가를 알게 하기 위해 갖가지 벌의 방법이 동원되는 것이다.

이것을 잘 조절하지 않으면 어머니의 주의나 꾸중은 아이에게 아무런 효과가 없는 것이 되어, 버릇없는 아이로 자랄 것이 뻔하기 때문이다.

이 같은 형편은 어느 시대, 어느 사회나 마찬가지겠지만 유대의 어머니도 아이에 대한 처벌 방법엔 적잖이 고심하고 있다. 엄격한 면에서도 결코 누구에게 뒤지지 않는다. 그러므로 아이가 버릇없게 굴면 엉덩이나 뺨을 때리는 것도 주저하지 않는다.

하지만 그보다 한층 가혹하고 특이한 벌로, 침묵이라는 게 있다.

어머니와 아이의 커뮤니케이션 수단인 언어를 일시에 단절한다는 것은, 아이에 대한 최대·최악의 벌이라고 생각한다. 침묵하고 있을 동안은 아이와의 교류를 중단하고 완전히 무시해 버리는 것인데, 그보다 더 무거운 벌은 없다.

경우에 따라서는 직접적으로 때리는 것보다 훨씬 더 아이의 마음을 아프게 하는 벌이다. 아이는 당황하고 의아해하면서 자기가 저지른 일에 대해 다시금 되새겨보지 않을 수 없는 처지가 되는 것이다.

하지만 이런 벌은 늘 사용할 수 있는 방법은 아니다. 이미 말로 주의시킨 것을 소홀히 넘겼다가 그 결과 최악의 사태를 초래한 경우, 또는 부모를 모욕하는 언동을 취했을 경우, 예의 범절의 뿌리가 굳건하지 못하다고 느낄 경우에만 사용할 수 있는 일종의 '강력한 무기'라고 할 수 있다.

이 침묵은 어머니 자신에게 있어서도 실은 대단히 가혹한 벌이다. 유대인은 세계 제일의 수다쟁이 민족이라고 할 만큼 대화를 중시한다.

≪탈무드≫에도 입이나 말에 관한 경구가 숱하게 있다. '이스라엘은 누에다. 그 입을 항시 움직이고 있다.'라는 경구도 그 하나이다.

지도에서 보면, 이스라엘은 누에처럼 지중해에 연하여 길게 누워 있다. 원래의 뜻은 누에가 쉴 새 없이 뽕잎을 먹듯 그렇게 입을 움직여 기도하고 있다는 것이지만, 유대인들은 수다쟁이라는 의미도 있다.

이러한 이유로 해서 아이에 대해 침묵을 지키는 어머니는 아이의 버릇을 잘못 들인 자신도 벌하고, 동시에 아이에의 사랑도 새삼 확인하게 되는 것이다.

'침묵'의 효용은 벌을 받는 쪽과 벌을 주는 쪽에 똑같이 대화의 끈을 끊어 버림으로써 독특한 심리 작용을 일으키게 한다는 것이, 다른 벌과 다른 점이라고 할 수 있다.

위협해선 안 된다

유대인들은 '건강'을 대단히 중요하게 생각한다. 물론 첫째로는 신체의 건강을 꼽을 수 있다. 그를 위해 유대인들은 깨끗한 코샤 푸드를 먹고, 먹기 전에 손을 씻는 것을 종교적인 계율로까지 나타내고 있다는 것은 이미 앞에서 설명한 바와 같다.

그러나 그보다 더욱 중요한 것은 마음의 건강이다. 마음의 건강이란, 몸의 컨디션이 좋지 않은 것 같은 상태에 인간의 마음이 빠져들지 않게 하는 것을 말한다. 즉 아이의 정신상태가 개운치 못하면서 기분이 좋지 않아 보이고, 언제나 주저하며 남의 눈치나 보게 하지 않는 것이다.

아이의 마음을 억압하지 않고 솔직 명랑한 마음을 갖게끔 하는 최대의 포인트는 부모가 자식에게 명쾌한 자세로 대하는 것이다. 그것은 아이들의 마음을 건강하게 하는 데 절대 간과할 수 없는 요소다.

부모가 아이들을 대하는 명쾌한 태도가 어떤 것인가에 대해, 유대의 격언은 '아이를 위협해선 안 된다. 벌하느냐, 용서하느냐를 결정하라.'고 충고한다.

그러므로 벌하려고 마음먹은 이상 결코 망설이지 않으며, 반면에 벌하지 않기로 작정했다면 모든 것을 잊고 완전히 용서해 버린다.

프로이트에게는 7명의 충실한 제자가 있었다. 그들은 주피터의 두상이 새겨진 고대 로마의 모조품 반지를 스승으로부터 선물 받고 일치단결하여 정신분석 학계를 지도해 나가기로 다짐했었다.

그런 제자 중 한 사람인 오토 랭크가 프로이트 학파를 배반하고 자신의 학파를 형성한 일이 있었다. 랭크는 청년 시절에 프로이트가 측근에 끌어들여 정신분석 훈련을 시킨, 프로이트에겐 마치 자식과도 같은 제자였었다.

그러나 랭크의 배반에 대해서 프로이트는 '나는 하나부터 열까지 모두 용서하기로 마음먹었다. 이제는 끝났다.'라고 담담히 말했을 뿐이었다고 전해진다.

이 에피소드는 프로이트와 그 제자라는 사제 관계에 있어서 스승이 명쾌한 판단을 내린 좋은 예이다.

이 같은 명쾌한 결단이 부모와 자식 간에 내려졌다면, 자식은 '벌' 아니면 '용서'라는 분명한 부모의 태도로 인해 불필요한 마음의 부담을 느끼지 않고 넘어갈 수 있다. 반대로 부모가 어느 쪽인지 분명치 않은 태도를 취하게 되면, 자식은 내내 불안감을 떨쳐 버릴 수가 없는 것이다.

동양의 어머니들이 자식에 대해 이처럼 어정쩡한 태도를 취함을 흔히 보게 된다. 즉 분명하게 야단치는 것도 용서하는 것도 아닌 채, 언제까지나 중얼중얼 잔소리를 늘어놓는 상태는 아이들에게 건강치 못한 심리 상태를 안겨 줄 뿐이다. 또한 뭔가 잘못을 저지른 아이에게 '맙소사! 이런 일을 저지르다니! 무슨 벌을 받아도 너로선 할 말이 없어. 이번엔 가만두지 않을 거야.' 하고 협박하면 아이들은 겁에 질려 버릴 것이다.

그렇게 위협하는 행위는 용서하는 것도 벌하는 것도 아니면서, 아이로 하여금 무슨 일이 닥칠지 모른다는 불안감을 일으키게 한다. 그 결과, 불건강한 요소를 부풀릴 뿐 아무런 이득이 없게 되는 것이다.

매질을 늦추는 만큼 아이가 그릇된다

유대의 어머니들은 아이가 그릇된 일을 했을 때, 지혜의 원천인 머리를 제외한 다른 부분에 매질하길 주저치 않는다. 아이와 함께 외출했을 때 아이가 남에게 해선 안 될 말을 했다든가 하면, 아무리 중요한 일이 있더라도 다시 집으로 데리고 돌아와 엉덩이나 뺨을 때리고 꾸짖는다. 아이가 몹시 나쁜 일을 했을 때는 길거리 같은 대중 앞에서도 때릴 정도로 엄한 어머니까지 있을 정도이다.

부모의 손은 입(꾸짖음)이나 눈(침묵의 질책)과 마찬가지로, 아이를 올바르게 가르치기 위한 한 도구라고 생각한다. 그 손은 아이에게 실제적인 아픔 때문에 자기 행위를 반성시키는 효과가 있다.

그러므로 아이의 마음을 바로잡는 데 필요하다면, 아이의 몸에 고통을 주는 건 오히려 마땅한 일이다. 매질을 주저했기 때문에 아이가 그릇된 일을 아무렇지도 않게 하는 인간이 된다면, 그 부모는 자식에 대한 책임을 회피해 왔다는 말을 들어도 당연하다.

매질에 대해서는 ≪구약성경≫에 몇 군데 언급되어 있다.

'자식이 미우면 매를 들지 않고, 자식이 귀여우면 채찍을 찾는다.'

어떤 아이건 네 멋대로 하라고 응석을 받아 주고 방임하는 것은 부모의 책임을 다하지 못하는 것일 뿐 아니라, 아이를 미워하는 것과 마찬가지라는 뜻이다. 다시 말해, 참으로 자식을 사랑하는 부모라면 매질을 할 수도 있으며, 그것을 하지 못하는 부모는 남들이 자식을 미워하고 있다고 생각해도 할 수 없다는 것이다.

또 다음과 같은 구절도 있다.

'아이들 마음에는 어리석음이 뭉쳐 있다. 채찍을 들어 혼내 주어야 떨어져 나간다.'

혹은, '아이는 매를 맞고 꾸지람을 들어야 지혜를 얻고, 내버려 두면 어미에게 욕을 돌린다.'

어느 것이나 매질이 자식의 버릇을 가르치는 데 반드시 필요하며, 그것이 슬기마저 깨우쳐 준다는 사실을 강조하고 있는 것이다.

물론 진짜 '채찍'을 가지고 아이를 때리는 부모는 없을 것이다. 이 말은 상징적인 의미이며, 부모의 손으로 직접 때리는 게 미움이 아닌 '사랑의 채찍'임을 분명히 밝히고 있는 것이다.

유대의 격언에는 '아이를 때려야만 할 때는 구두끈으로 때려라.'라는 부드러운 조언도 있다. 매질의 목적은 육체적인 고통을 주는 데 있는 것이 아니라 마음의 교정에 있는 것이므로, 아이에게 깊은 상처를 주거나 다치게 하는 매질은 피하는 것이 당연하다는 얘기이다.

요즈음은 아이들을 거의 때리지 않는다고 한다. 일반적으로 매질은 야만적인 행위라고 생각하는 풍조가 강해진 탓일 것이다. 그러나 매질은 단지 육체적 고통을 주려는 목적에서 사용될 때만 야만적인 것일 뿐, 비뚤어진 아이의 마음을 고치려는 매질은 오히려 더욱 장려할 만한 것이다. 그러므로 부모가 사사로운 감정에 이끌려 마구 때리는 것이 아니라면, 아이는 부모의 손에서 애정을 느낄 것이다.

매질을 삼가는 것은 혹 부모 쪽에 자신이 없기 때문이 아닐까 생각된다. 어떤 경우든 자기의 소신이 정당하다고 느끼며 그것을 자식에게 전하는 것이 부모에게 지워진 진정한 역할이라는 참된 의식이 있다면, 매질을 포함한 모든 수단을 동원해서라도 자식에게 올바르게 사는 법을 가르쳐 주려고 노력할 것이다.

부모가 스스로의 신념에 대해서 자신을 잃고 어정쩡하게밖에 훈계하지 못하면서, 자기의 자식이 신념 있는 아이가 되기를 기대하는 것은 대단히 무리한 얘기이다.

매질을 혐오하는 최근의 풍조는, 민주주의 같은 것과는 상관없이 자신을 잃은 부모들이 어떻게 손을 써야 할지조차 몰라서, 단지 자식에게 기대하기만 하는 상태를 반영하고 있는 것처럼 느껴질 뿐이다.

정해진 일은 정해진 시간 안에 끝내도록 한다

유대인 가정의 아이들은 아버지가 귀가하기 전에 샤워를 끝내고 옷을 갈아입어야 한다. 그래야 아버지가 돌아오면 곧 샤워를 하고, 가족 모두가 여유 있고 즐겁게 저녁 식탁 앞에 모일 수 있기 때문이다. 저녁 식사 시간을 효과 있게 이용하고 있는 한 예이다.

이처럼 정해진 일은 정해진 시간 안에 끝내 버리는 훈련을 항상 또 철저히 받고 있는 것이 유대 아이들이다. 샤워뿐만 아니라 모든 일에 시간제한이 있어 그 안에 완성하도록 되어 있다.

안식일은 금요일 일몰 때부터 시작되는데, 학교에 다니는 아이들이라면 서둘러 귀가하여 숙제를 마치고 민첩하게 목욕을 하고 나서 가장 좋은 옷으로 갈아입지 않으면 안 된다. 이 같은 모든 일들이 어머니가 촛불을 켜기 전까지 끝내도록 정해져 있기 때문이다.

이런 점으로 보아 아이들은 매일, 매주 시간과 투쟁을 하고 있다고 해도 과언이 아니다. 이렇게 해서 아이들은 자기가 반드시 해야만 할 일을 한정된 시간 안에 하는 습관을 자연스럽게 익히는 것이다.

또 축제 때도 아이들 입장에서는 시간의 중요성을 통감하도록 되어 있다. 예를 들면, 봄의 대축제인 유월절에는 과자 같은 마른 음식이 주가 되고 빵은 먹을 수 없다. 누구에게나 이 축제가 계속되는 7일 동안은 참고 견뎌야 할 의무가 있는 것이다. 이렇게 해서 시간의 중요성을 거의 생리적으로 이해하게 된다.

유대인에게 있어 시간은 생의 전부라고 해도 과언이 아니다. 불교나 그리스도교와 같이 윤회나 부활을 믿지 않으므로,

다시금 태어나리라고는 절대 생각하지 않는다. 그렇기 때문에 더욱 짧은 생애 동안 어떻게 시간을 유용하게 쓰느냐에 진지한 관심을 갖는 것이다.

유대 소년들은 13세가 되면 성인식을 거행하는데, 그때 선물은 일반적으로 손목시계이다. 시계를 선물함으로써 시간을 낭비하지 않는 사람이 될 것을 은연중에 가르치고 다짐받는 것이다.

유대 민족에게 '내일이 있다.'는 식의 사고방식은 존재치 않는다. 오늘의 일을 오늘이라는 시간 안에 어떻게 완성하느냐 하는 시간표 짜기에 익숙해져 있으므로, 그 시간표에 따라 일하는 것은 그들에게 있어 하나의 기쁨이기도 하다.

흔히 부모들이 아이가 공부를 하지 않아서 걱정이라는 말을 많이 하지만, 이것은 아이나 부모가 제대로 된 시간 관리 습관이 없기 때문이 아닌가 생각된다. 아이들은 공부의 스케줄을 세워도 곧 무리한 것임을 알고 몇 번 변경하는 동안에 공부가 싫어진 상태인데, 어머니는 오로지 책상 앞에 붙들어 두려는 생각만 할 뿐 단시간에 능률적으로 공부하는 방법을 아이들에게 가르치지 않는 것은 아닐까?

시간을 유용하는 방법은 아이가 학교에 들어간 뒤에는 이미 가르치는 것이 늦다고 생각되며, 아직 유아일 때 부모 쪽에서 생활의 리듬이 몸에 배도록 배려해 주는 것이 필요하다.

결론적으로 유아기의 시간 관리야말로, 장래에 능률적으로 공부하는 방법의 기초가 된다는 말이다.

자리에 들게 한 후, 책을 읽어 주어라

유대인 어머니로서 가장 중요한 시간은 아이들을 잠자리에 뉘어 놓고 그 옆에 있어 주는 짧은 동안이다. 아이들이 잠들기까지 함께 있어 주는 그 시간은 아이들에게도 그만큼 중요한 때이다. 낮에 아이들이 아무리 심한 꾸지람을 들었어도, 일단 잠자리에 들어가면 될수록 따뜻하게 대해 주는 것이다. 어머니가 아이들의 가슴 위에 손을 얹고 내일이면 모든 걱정이 깨끗이 사라지고 없을 것이라고 말해 주는 건, 아이들이 불안이나 걱정의 한 자락을 지닌 채 잠들지 않도록 하기 위해서이다. 아이들 하루의 끝이 편안하고 내일도 무사하기를 바라는 예부터의 관습이다.

아이들이 잠들기까지의 그 짧은 시간을 이용해서 대개의 어머니는 책을 읽어 준다. 그러므로 이것은 유대의 어머니가 아이들에게 직접 주는 지적 교육의 하나라고 할 수 있다.

유대의 전통에 따라 어머니가 읽어 주는 책은 대개 《구약성경》이다. 물론 성경엔 아이들이 이해할 수 없는 대목도 많은데, 그것을 풀이해 쉬운 이야기로 만들어서 읽어 주는 것이다. 성경의 이야기 중에서 아이들이 제일 좋아하는 것은 영웅들에 관한 부분이다. 모세가 유대인들을 이끌고 이집트를 탈출한 이야기, 다윗 왕과 거인 골리앗의 이야기는 아이들이 매우 열중하여 몇 천 년의 오랜 역사를 단번에 거슬러 올라가서 마치 자기가 거기에 있는 것처럼 상상력을 전개시킨다.

가정뿐만 아니라 유치원에서도 성경 이야기를 곧잘 해 준다. 그것은 어머니의 '머리맡 이야기'와 함께 아이들에게 무한한 상상력을 심어 주는 것이다.

세계적으로 저명한 유대인 중에는 그처럼 어려서 들은 성경 이야기를 회상하는 사람이 많다. '홍해의 대기며 바다의 향기가 산들바람에 실려 왔다. 우리는 구름기둥을 앞으로 나아가게 한 미풍의 한없이 부드러운 감촉이 피부에 와 닿는 느낌으로 이야기를 들었다.'고 상기하는 사람도 있다. 잠들기 전에 책을 읽어 주는 것은 유치원이나 학교 교육을 보강해 주는 효과도 있는 것이다.

또 이렇게 성경의 영웅담을 듣고 마음에 새기게 되면 훗날까지도 그것이 계속되어 상상력이 풍부한 시인이나 작가를 낳는 계기로 작용하기도 한다. 그래서 그런지 유대인 중에는 시인 하이네를 비롯하여 작가인 프란츠, 토머스만 등 뛰어난 상상력을 구사하는 문학가가 많다. 하이네는 영웅 나폴레옹을 찬미하다 걸작을 낳게 되었고, 특히 토머스만은 몇 줄의 성경 구절에서 아이디어를 얻어 그처럼 훌륭한 장편을 썼다고 한다.

또 어머니의 머리맡 이야기는 2, 3세의 아이들에게 정해진 시간에 잠자리에 드는 좋은 습관을 붙여 주는 계기도 된다. 잠자리에 들었을 때 어머니가 재미있는 책을 읽어 주게 된다면, 텔레비전 앞에 달라붙어서 자려고 하지 않는 나쁜 버릇 따위는 저절로 고쳐지게 될 것이다.

그리고 또한 저녁마다 책을 통해서 어머니와 아이들이 대화를 가지는 습관을 들여 놓으면 성장해서도 따뜻한 관계를 유지하게 된다.

유아를 외식에 동반하지 말라

레스토랑 등에 자녀를 동반한 부모들을 흔히 본다. 부모와 자녀가 집에서 먹는 것과는 색다른 분위기에서 식사하는 것은 사실 즐거운 일이다. 그러나 한 가지 걸리는 점은, 때때로 데리고 나온 아이들 중에 두세 살 정도밖에 안 되어 보이는 유아가 있다는 것이다.

가족 모두가 즐겁게 식사하는 것이 왜 나쁘냐고 의아해하는 사람도 있겠지만, 유대인들의 상식으로 보면 이 같은 나이의 유아는 밖에서 식사하는 즐거움을 아직 이해하지 못하므로 아예 데리고 가지 않기로 하고 있다. 즉 유아에게 있어 외식이란 전혀 불필요한 것이기 때문이다.

아이들이 레스토랑에서 식사를 하면 주위의 시선을 아랑곳하지 않고 뛰어 돌아다니며 큰 소리를 내어 다른 손님들에게 폐를 끼치게 된다. 그러므로 레스토랑 측의 환영을 받지 못할 수도 있다.

그러나 유대의 부모는 이처럼 남에게 폐를 끼치기 때문에 유아를 데리고 나가지 않는 것은 아니다.

밖에서 식사하는 경우라면, 생일 등 특별한 경사가 있을 때나 집에서는 먹을 수 없는 것을 맛보기 위해 또는 단순한 기분 전환일 수도 있다. 그런 일이 어른에게는 그 나름대로의 의미가 있지만, 유아에게는 어느 경우건 이해하기 힘든 것뿐이다. 아이들은 평소와 다른 상황에서 다른 음식이 나오는 것을 보고 흥분할 뿐이지, 아무런 기쁨도 수확도 없다는 생각이 지배적이다.

이처럼 밖에서 식사를 하는 의미를 정당하게 평가할 수 없는 동안에는 데리고 가도 그들 자신에게 조금도 이득이 안 되는 셈이고, 또 부모들도 그로 인해 기대했던 즐거움이 도리어 반감될 수 있다.

요약하자면, 어른들에게는 즐거운 일일지라도 아이들에게 불필요한 것이면 시키지 않는다는 얘기이다.

≪탈무드≫ 가운데 '매일매일 오늘이 네 최후의 날이라고 생각하라.'는 말이 있다. 하루하루, 시간 시간을 모든 생애처럼 사는 것이 '내세'나 '영생'을 믿지 않는 유대인의 생활 방식이다. 그러므로 외식 역시 귀중한 생의 한순간이며, 내일은 어떻게 될지 모르기 때문에 그 시간에 만족스럽게 충실하지 않으면 안 된다. 밖에서의 식사에 유아를 동반하는 것은, 그런 유대인의 관념에 비추어 판단한다면 생활 방식에 어긋나는 것이다.

레스토랑에서 아이가 남에게 폐를 끼쳤다는 것은 그 결과이지, 결코 데리고 가지 않는 원인은 아닌 것이다. 개인주의에 투철한 유대인은 남에게 폐를 끼친다는 것 때문에 스스로의 행동을 제약하는 식의 발상은 하지 않는다. 우선 스스로에게 충실하게 사고하여 행동하는 것이 결과적으로 남과의 협조에 연결되는 것이라 생각하기 때문이다.

동양에서는 남과의 협조라고 하면 곧 '자기희생'이라는 생각을 떠올리는데, 이런 것도 유대인의 사고방식으로 보면 매우 불합리한 것으로 여겨진다.

유아는 가족들과 함께 식탁에 앉히지 말라

앞서도 기술한 것처럼 아이가 단순한 구성원으로서가 아니라, 무엇인가 교류를 한다는 의미에서 가족의 일원으로 참가하는 최초의 장소는 식탁이다. 가족이 테이블에 둘러앉아 서로 얼굴을 마주했을 때 어른은 물론이거니와 비록 말을 못하는 어린아이라도 무의식중에 '가정'이라는 하나의 집단을 의식하기 때문이라고 생각한다.

물론 그 느낌에는 아이의 나이에 따라 상당한 차이가 있을 것이다. 예를 들자면, 아직 말을 못하는 아이와 말을 할 수 있게 된 아이와는 비록 같은 식탁에 앉아 있어도 의식되는 상황이 전적으로 다를 것이란 얘기다. 아무리 식탁이 가족 교류에 있어 중요한 장소라 하더라도 한 살도 채 안 된 아기를 동석시킬 필요는 없다고 생각된다.

왜냐하면 젖먹이인 경우, 때로는 식탁에의 참가자가 아닌 침입자가 될 수도 있기 때문이다. 그들은 식탁에서의 예의를 전혀 모르는 데다 또 자기 몸을 자유로이 움직일 수도 없기 때문에 즐거워야 할 식탁 분위기를 엉망으로 만들어 버리기 십상이다.

그러나 어리다고 해서 언제까지나 가족과 따로 떼어 식사를 시킬 수만은 없다. 그래서 대부분의 유대 어머니들은 이

한계선을 첫돌로 정하고 있다. 이 무렵부터 아이는 비로소 다른 가족들과 함께하는 식사를 허용 받게 된다. 식사법을 겨우 흉내 낼 수 있는 수준에 도달했기 때문이다.

그래도 한동안은 여전히 식탁의 침입자일 수밖에 없지만, 어떤 아이든 부모의 흉내를 내면서 식탁에서의 예의를 배워 가게 되므로 웬만한 것은 눈감아 주기도 하면서 협력한다.

지금까지 얘기한 사고방식의 바탕은, 첫돌까지는 아직 미숙하게라도 흉내 낼 수 있을 만한 수준이 못 되므로 함께 식탁에 앉는다 해도 아무런 의미가 없다는 것이다.

유대인은 동물이나 인간이 똑같이 하는 행위에 대해서는, 인간 역시 동물의 일종이기는 하지만 또한 그것을 초월한 존재라는 의미에서 특히 주의하지 않으면 안 된다고 생각한다. 단적으로 말해 동물과 인간이 똑같이 하는 행위는 섹스와 먹는 것인데, 섹스 문제는 차치하고, 먹는 경우에 있어 동물처럼 앞에 먹을 것이 있다고 해서 곧 입에 대거나 손으로 집는다면 인간으로선 실격이라고 여긴다.

포크나 나이프, 또는 젓가락 같은 집기를 사용하여 먹을 수 있게 되는 것이 인간답게 먹는 첫걸음이다.

그러므로 아이가 부모와 함께 식사를 하는 것은 무엇보다도 동물 졸업 훈련이라고 생각해도 좋겠다. 그리고 그 시기가 지나면, 식탁에서 형성되는 가족 의식을 심어가는 순서를 맞이하게 되는 것이다.

이처럼 유대인은 식탁을 인격 형성의 장소로서 매우 중시하고 있다.

아이의 편식을 묵인하지 말라

이미 말한 바와 같이 'Jewish Mother(유대의 어머니)'라는 영어에서 맨 먼저 연상하는 것은 '교육에 극성스런 어머니'이고, 다음에는 성가실 정도로 아이에게 많이 먹으라고 하는 어머니이다. 사실 유대의 어머니들은 집요할 정도로 아이에게 많이 먹을 것을 요구한다.

동양의 어머니들은 '우유는 단백질이 많이 들어 있으니까.'라든가, '시금치는 철분이 많으니까.' 등의 영양학적인 이유를 붙여서 아이가 싫어하는 음식을 먹이려는 어머니들도 적지 않다고 한다. 하지만 유대의 어머니들은 '먹어라, 먹어라.' 하고 끈질기게 말할 때도 그 같은 과학적인 이유를 부연하지는 않는다.

지나치게 소박하게 들릴지는 모르나 아이에게는, 더구나 유아에게는 '성장'이 가장 필요한 것이다. 더욱이 모든 음식은 그 성장의 에너지가 되는 것이므로, 아이가 자라서 어떤 생을 살아가게 되든 어떤 직업을 가지게 되든 남에게 뒤떨어지지 않을 '굳건한 토대'를 만들어 주는 것이 부모의 의무라고 유대인들은 믿고 있는 것이다.

그런 이유에서 아이들이 싫다거나 좋다고 단정하는 것을 허용하지 않는다. 싫으니까 안 먹는다는 것을 그냥 내버려 두면 그만큼 아이의 성장이 늦어지게 된다. 그것은 책임 회피와도 같은 것이다. 또한 아이 자신은 그때그때 기분으로 먹는 것이니까, 일일이 영양학적 근거로 설명해도 알아들을 리가 없다. 단지 그것이 부모로서의 책임을 완수하는 유일한 길이므로, 유대의 어머니들은 먹으라고 계속 말할 뿐이다.

아이가 아무리 해도 안 먹을 때는, '이곳에는 이 메뉴밖에 없으니 싫으면 딴 데 가서 먹어.' 하고 선언할 경우도 있다. 하지만 부모가 참을성 있게 먹으라고 되풀이해서 말하면 대개의 아이는 먹게 되므로 편식 같은 것은 생길 수 없다고 생각한다. 단, 초콜릿이나 과자 따위의 자극성이 강한 것은 아이의 몸에 나쁜 영향을 줄 가능성이 있으므로 결코 먹으라고 강권하지 않는다.

아이가 학교에 들어갈 무렵이 되어 사물을 웬만큼 이해하게 되면, 음식에 대한 문제는 더욱 엄하게 다룬다. 이미 말했듯이, 음식은 동물처럼 단지 먹기만 한다고 좋은 것이 아니다. 그것은 가족이 모여 결합을 굳게 하고, 신을 축복하는 기회라고 유대인들은 생각한다. 따라서 아이가 자라남에 따라 식사는 단지 성장을 돕는 것만이 아니라는 사실을 확실하게 일깨워 줄 필요가 있다고 여기는 것이다.

또한 싫은 것과 좋은 것을 인정하여, 가족들이 먹는 것과 다른 음식 먹는 것을 허락한다는 것은 가족의 일체감을 깨뜨리는 계기가 될 위험이 있다고 생각한다. 때문에 편식을 절대 인정하지 않는다고 해도 과언이 아니다. 육류를 먹고 있는 부모 옆에서 아이만이 따로 생선을 먹는다면, 가족이 따로따로 살아가는 것을 장려하는 것과 무엇이 다르겠는가.

유대인 가정에서는 어머니가 정성껏 만든 음식이 가족들의 마음을 맺어 주는 가장 중요한 역할을 한다고 생각한다. 그리하여 '식사'라는 의식을 한층 북돋게 되는 것이고, 아이들도 그 의의를 알게 되는 나이가 되면 싫고 좋고를 얘기할 단계가 이미 지나 있게 되는 것이다.

몸의 청결은 신앙과도 직결되는 일이다

어머니가 아이들 버릇을 가르칠 때 가장 먼저 하는 건 식사 전에 손을 씻는 습관을 길러 주는 것이다. 손을 씻는 것뿐 아니라, 자기 몸을 깨끗이 하고 단정한 외모로 나 아닌 남을 대한다는 것은 사회생활을 영위해 나가는 데 있어 반드시 지켜야 할 의무라고 생각한다.

이러한 사고방식은 다른 나라에 있어서도 마찬가지이겠지만, 유대인 가정의 경우엔 또 한 가지 중요한 뜻을 두고 있다. 손을 씻고 식탁 앞에 앉아 식사를 시작하기 전까지는 절대로 입을 열어선 안 된다고 아이에게 가르친다. 그렇게 함으로써 신을 축복하는 것이다. 유대인에게 있어서 손을 씻는 것은 신과 만나는 신성한 행위이므로 당연히 절대로 잊어서는 안 되는 일이다.

유대 교회 입구에는 언제든지 물을 담아 놓은 그릇이 있어 누구든 손을 씻게 되어 있다. 유대인이 청결을 좋아하는 것은 옛날부터 내려온 전통으로, 다음과 같은 에피소드까지 있을 정도이다.

중세 유럽에서 페스트가 유행하여 전 인구의 3분의 1가량이 죽은 일이 있었다. 그때 페스트를 유대인이 퍼뜨렸다는 소문이 떠돌았는데, 그 이유는 유대인들만이 페스트에 걸리지 않았기 때문이었다.

유대인들이 페스트를 면한 진짜 이유는 간단하다. 당시 크리스천들에게는 목욕하는 습관이 없었다. 크리스천으로부터 돈을 감추려거든 비누 밑에 놓아두라는 유머가 있을 정도로, 어쩌다 한 번씩밖에 목욕을 하지 않았기 때문에 비누를 거의 사용치 않았다고 한다.

하지만 유대인들에게는 늘 목욕하는 습관이 있어, 식사 전에 손을 씻는 것은 물론이고 화장실에 다녀온 뒤에도 반드시 손을 씻는 것이 종교상의 규칙이기까지 했다. 이 청결함 덕택으로 유대인들은 페스트에 감염되지 않았던 것이다.

그렇지만 어떤 시대나 소문이란 무서운 것이어서, 유대인이 페스트 병균을 우물에 넣었다고 하여 극심한 박해를 받았던 것이다.

유대인들은 신앙이 돈독하기도 하지만, 또 대단히 현실주의적인 생활 태도를 꾸준히 지켜내려 온 민족이기도 하다. 몸을 청결히 하는 것이 신에게 이어진다는 신앙이, 동시에 건강이나 위생이라는 과학적인 이유에 의해 뒷받침되고 있는 것이다.

다시 말해, 건강에 관한 생활의 지혜가 고대 유대인에 의해 신앙으로까지 승화되었다고 할 수 있겠다.

이처럼 유대의 어머니들은 청결의 필요성을 아이에게 가르치는 경우에도 손을 씻고 샤워를 하는 것이 질병을 막고 외모를 깨끗이 하여 남에게 불쾌감을 주지 않을 뿐만 아니라 신앙과도 직결됨을 이해시킴으로써, 아이들의 마음속에 그 습관이 보다 확고하게 뿌리내리도록 하는 것이다.

또한 현대에서는 이렇게 의식처럼 되어 버린 습관을 통해 단정한 태도와 경건한 마음으로 사물에 접하는 마음가짐을 기를 수 있으리라고 믿는 것이다.

용돈은 저축을 가르칠 훌륭한 계기이다

유대 아이들 가운데는 용돈을 받는 아이와 받지 않는 아이가 있는데, 그것은 부모들이 아이들에게 반드시 용돈을 줄 필요가 없다고 생각하기 때문이다. 아이들의 생활에 필요한 것은 부모가 사 주든지 아이들이 요구하여 필요한 만큼의 돈을 받아가기 때문에, 그 이상의 돈이 아이들 생활에 필요치 않은 것이다. 물론 고등학교쯤 다닐 나이가 되면 다르겠지만, 적어도 초등학교까지의 아이들에게 용돈이 절대적으로 필요한 것은 아니다.

만약 아이들에게 용돈을 준다면 돈을 쓰게 하기 위해서보다는 오히려 저금하는 것을 가르치기 위해서일 것이다. 아이들역시 일상생활에 있어 돈으로 물건을 사는 데 익숙해 있지않기 때문에 용돈은 저축을 위한 것이란 생각이 일반적이며, 부모가 개입되지 않은 아이들끼리의 '교제'에서만 돈을 쓰도록 버릇 들여져 있다. 친구가 놀러 와서 아이스크림을 먹기로 했더라도, 어머니에게 '아이스크림을 사고 싶은데, 용돈을 써도 괜찮을까요?' 하고 물어본 다음에야 돈을 쓰는 아이가 많다.

부모로선 아이들이 돈을 사용하는 행위에 대해 항상 마음이 따르지 않으면 안 된다는 걸 가르쳐야만 한다고 생각한다. 가족에게 줄 선물을 사는 것은 사랑의 표시이고, 친구와 아이스크림을 먹는 것은 우정의 표현일 것이다.

유대의 아이들이 조그만 저금통을 받아 자선용으로 저금을 하는 것과 용돈을 저축하는 것과는 똑같은 마음인 것이다.

유대인들이 돈의 사용법에 마음을 쓰는 것은 흔히 일컬어지듯 구두쇠이기 때문이 아니라, 돈의 귀중함과 무서움을 뼛속 깊이 알고 있기 때문이다.

'돈을 벌기는 비교적 쉬운 일이지만, 어떻게 쓰느냐는 매우 어려운 것이다.'라는 유대의 격언이 있다. 아이들은 돈에 대해서 먼저 '저축'하는 행위에서부터 비롯하여 신중한 사용 방법을 배워간다.

그릇의 겉을 보지 말고, 내용을 보라고 가르쳐라

유대인들은 일반적으로 외모를 꾸미는 것에 매우 서투르다. 서투르다기보다 주저하고 싫어한다는 편이 옳겠다. '그릇의 겉을 보지 말고, 내용을 보라.'는 유대의 격언은 그 같은 사고의 바탕을 고스란히 표현하고 있다.

그들이 구애받는 것은 어디까지나 내면이다. 따라서 표면을 지나치게 꾸미는 것은 내면을 위장하는 것이라고 생각한다. 그러한 생각이나 생활 의식은 비단 인간에 대해서 뿐 아니라 사물에 대해서도 철저해서, 쇼핑을 할 때도 그 상품이 번드르르한 포장으로 소비자를 속이는 것이어서는 안 된다고 아이들에게 가르친다.

인간이 외모를 꾸미는 데 집착하게 되면 아무래도 내면을 갈고 닦는 데 소홀해지기 쉽다. 또 내면이 잘 닦여져 있지 않은 사람일수록 표면만을 남과 다른 식으로 꾸며, 마치 알맹이가 차 있는 것처럼 보이고 싶어 하는 것은 동서를 막론하고 똑같다.

뉴욕의 유대계 부호 가운데 한 사람인 필립 J. 구다드 부인은 '은은 무겁지 않으면 안 된다. 그러나 무거운 것처럼 보여서는 안 된다.'란 금언을 좌우명으로 삼고 있었다. 의복은 최고의 천, 최고의 바느질로 해 입어야 하지만 화려한 색이나 최신 유행에만 따른 것이어선 절대로 안 되며, 모피 코트는 아무리 부자라 할지라도 40세 이하의 여성은 입어선 안 된다. 또 벽에는 좋은 그림을 걸어 놓아야 하지만, 손님 눈에 띄는 장소에 거는 것은 피한다. 소녀는 둥근 모자와 하얀 장갑을 끼어야 한다는 등이 그녀의 '무거운 것처럼 보이지 않는 방법'

이었다. 자기를 필요 이상으로 꾸며 과시하지 않고, 그렇게 함으로써 남으로부터 쓸데없는 반감을 사는 일 없이 좋은 물건을 적절히 활용한다는 것이다.

또 런던의 로드차일드 가 초대 종주인 네이산 로드차일드도 당시 신사들에게 유행되던 소매 끝 장식 등의 겉치레나 허식을 극단으로 경멸하고, 오직 실력이 전부라 믿고 있었다고 전해진다. 이처럼 유대인들은 외면치레를 경멸하는 만큼 은이 진짜 무게를 자랑하듯이 내면의 진실을 빛내기에 힘을 기울인다.

별로 좋은 예가 아닐지 모르나, 동양 사람들의 명함을 보면 흔히 직함이 즐비하게 나열되어 있다. 하지만 유대인들은 그 직함을 모두 떼어 버린다 해도 그 이상으로 인정받을 만한 실력을 기르고자 스스로 생각하는 것이다.

아이들에게 어려서부터 소박하지만 단정하게 차리고, 눈에 벗어나는 행동을 하지 않도록 가르치는 것도 바로 그 때문이다.

내 것과 네 것, 우리 것을 확실히 구별케 하라

유대 어머니들의 육아에 있어서 '소유권'은 큰 비중을 차지하는 문제이다. 소유권이라고 하면 좀 과장된 것 같지만, 어쨌든 집안에서 무엇이 누구의 것인지를 아이들에게 명확히 인식시켜 비록 가족끼리라도 남의 것에는 제멋대로 손대지 않도록 가르치는 것이다.

이 경우 물건의 소속에는 '내 것(Mine)', '우리의 것(Ours)', '네 것(Yours)'의 세 가지가 있는데 바로 그 점을 뚜렷이 구별시키며, 형제간이라도 동생의 공을 누나가 빌리고 싶을 때는 반드시 '내게 좀 빌려 주겠니?' 하고 동생에게 동의를 구하도록 가르친다.

무엇 때문에 그처럼 한 가정 안에서 소유권을 명확하게 가르느냐고 의아해할지도 모르겠으나, 어릴 적부터 철저한 의식을 가져 버릇하면 장래 사회생활을 하게 될 때에도 남의 것이나 공공의 것을 어떻게 다루어야 하는가를 자연스럽게 터득하리라고 생각하기 때문이다.

집 안에 있는 가구를 가족 전체의 것으로서 소중히 해야 한다는 사실을 아는 어린이라면 성장한 뒤 길거리에 함부로 침을 뱉거나 동물원의 동물들에게 장난을 치지 않을 것이며, 이러한 것들을 공중도덕이라고 새삼스럽게 가르칠 필요도 없이 가정교육 과정에서 스스로 이해하게 될 것이다.

2, 3세까지는 앞에 든 세 가지를 아이들이 확실히 구분하기 힘들다. 그러나 유대 어머니들은 아직 아기니까 어쩔 수 없다는 태도 따위는 절대 취하지 않는다. 진정으로 아이의 '인격'

이나 '인권'을 존중한다면 특별 취급하는 식은 오히려 없어야 한다고 생각하기 때문이다.

노인 공경은 아이에게 물려주는 유산의 하나이다

'늙은이는 자기가 다시는 젊어지지 않는다는 것을 알고 있지만, 젊은이는 자기가 늙어간다는 사실을 잊고 있다.'라는 유대의 격언이 있다.

인생을 아는 노인과 전혀 모르는 아이들과의 사이에 세대 차가 생기는 것은 어쩔 수 없는 일이다. 그러나 보다 중요한 문제는 가족이 부모와 자식만으로 형성되어 가고 있는 문명 사회에서 노인이 무시되고, 그에 따라 전통의 맥이 끊기는 경향이 나타나고 있다는 점이다.

유대인들에게 있어 문화적인 전통은 공기나 물처럼 참으로 익숙하면서도 귀중하게 여겨지고 있다. 《구약성경》의 가르침이 지금까지도 충실히 지켜지고 있다는 사실만 봐도 알 수 있을 것이다.

유대 노인들은 전통의 메신저이므로 결코 무시당하는 일 따위는 없다. 그들은 오랜 경험과 슬기를 후세에 전하고 가르쳐야 한다는 책임에 항상 유념하고 있고, 또 젊은이들은 노인의 얘기에 귀 기울여 유대 5천 년 역사를 이어 내려오는 생활 방식을 이해하고 취하려 노력한다.

헤브라이어엔 경어가 없지만, 노인에 대해서는 '공손한 태도'로 얘기하는 것이 존경의 표현이 된다. 그러므로 노인에게 난폭한 말씨를 쓰는 사람은 유대의 전통을 경시하는 자로서 모두에게 경멸을 당할 뿐이다.

《구약성경》에도 노인을 공경하는 일에 대해 '백발이 성성한 어른 앞에선 일어서고 나이 많은 노인을 공경하며 너희 하느님을 경외하여라. 나는 야훼이다.'라고 적혀 있다.

동양에서는 최근엔 핵가족화 때문인지 노인 문제가 갑자기 사회적으로 대두되고 있는 것 같다. 자식들로부터 외면당하고 모든 것에서 소외된 쓸쓸함 속에서 살아가고 있는 노인들의 얘기가 자주 들린다. 이 같은 사회 문제는 차치하더라도 노인을 문화의 메신저로 존중하는 사고 의식이 매우 희박한 듯하다.

얼마 안 있어 생을 마감하려 하는 그룹으로서만 노인들을 파악한다면, 젊은이들이 취할 태도란 연민을 보이든지 내버려 두든지 하는 길밖에 없다. 동양에서는 옛날에 고령의 노인을 산에 내다 버리던 관습이 있었다고 하는데, 노인을 문화의 메신저로 중요시하는 유대인들에게는 생각할 수조차 없는 일이다.

노인의 '육체'가 아닌, 경험과 지혜가 풍부한 '정신'에 주목하는 사고법이 확립되면, 그분들을 대하는 태도 또한 달라지지 않을까 생각된다. 노인은 연민이나 버림받아야 할 대상이 아니라 아이들에게 장차 살아가는 데 절대적으로 필요한 지혜와 조언을 주는 사람이며, 그렇기 때문에 당연히 존경받아야 하는 것이다.

박해 받은 역사는 기억하되, 용서하라고 가르쳐라

복수와 증오, 그 두 가지는 유대의 어머니들이 자기 아이에게 절대로 가르치지 않는 것이다. 잘 알다시피 유대 민족의 역사는 '박해의 역사'라고 해도 과언이 아니지만, 그러한 박해에 대해 증오로써 얘기한 유대의 문헌은 찾아볼 수 없다. 복수는 오직 하느님만이 할 수 있다는 사고방식을 지니고 있기 때문이다.

그러므로 아이들은 학교나 가정에서 '악한 자가 네게 한 일을 잊어서는 안 된다. 그러나 용서하라.'는 가르침을 받는다.

유대인들에게 있어서 박해는 긴 역사상의 사실로도 여실히 증명되며, 그 잔인한 처사가 나치에서 비롯된 것은 결코 아니다. 이미 ≪구약성경≫ 가운데도 기원전 5세기 때의 박해에 대해 언급되어 있다.

페르시아의 왕 아하수에로가 중신 하만의 참언에 따라, '12월, 곧 아달월 십삼 일 하루 동안에 유대인들은 남녀노소를 막론하고 다 죽인 뒤 사유 재산을 몰수하라.'는 명령을 내리고 있다. 이 명령은 다행히 실행되지 않았지만, 그리스도교가 유럽의 지배적인 종교가 된 이래 유대인들에게 가해진 박해의 예는 열거하기조차 어려울 정도로 많다.

1215년 라테란 교회 회의에선, 유대인들은 황색 또는 심홍색의 천 조각을 '차별 표지'로 가슴에 달지 않으면 안 된다는 결정을 내렸고, 분간하기 쉽도록 눈에 잘 띄는 색깔의 모자까지 쓰도록 했었다. 나치에 의한 박해는 결국 그 '전통'을 계승한 데 불과한 것이다.

나치 치하의 네덜란드에 살고 있던 한 유대 소녀 안네 프랑크는 《안네의 일기》에 이렇게 쓰고 있다.

'유대인은 천으로 만든 황색 별을 가슴에 달지 않으면 안 됩니다. 유대인은 자전거를 공출하지 않으면 안 됩니다. 유대인은 전차도 자동차도 탈 수 없습니다. 유대인은 오후 3시부터 4시까지 하루에 한 시간밖에 쇼핑할 수가 없는데, 그것도 유대인 상점이라고 씌어 있는 곳밖에 갈 수가 없습니다. 유대인은 밤 8시 이후엔 집 안에만 있지 않으면 안 됩니다……'

안네는 얼마 뒤 강제수용소에서 죽게 된다. 이것은 유대인들에게 있어서 단순한 비극이 아니라 개개인의 역사인 것이다.

전 미국 국무장관 헨리 키신저는 독일에서 소년 시절을 보냈는데, 그의 아버지는 나치에 의해 교직에서 쫓겨나고 그 자신도 김나지움에서 퇴학당해 유대인 학교에 들어가야 했다. 그가 14세가 되었을 땐 이미 친족 14명이 나치의 손에 살해되어, 키신저 일가는 얼마 후 뉴욕으로 이주하지 않으면 안 될 운명에 처해졌다.

유대의 어머니들은 상기의 사실들을 '결코 잊지 말라.'고 아이들에게 반복해서 말한다. 그러나 동시에 '또다시 그런 일이 반복되지 않을 것을 기대하자. 역사는 좋은 방향으로 나아가는 것이니까.'라고 덧붙이는 것 또한 잊지 않는다.